水平社論争の群像

朝治 武

解放出版社

装丁◉森本良成

水平社論争の群像——目次

第二期　治安維持法と男子普選の体制のなかで

第四期 総力戦体制とファシズム支配のなかで

はじめに——なぜ「水平社論争の群像」か——

◉全国水平社と私

いきなり私事から入ることを許していただこう。

一九五五年七月に郷里の兵庫県で生まれた私が篠山鳳鳴《ささやまほうめい》高等学校に入学した一九七一年四月、一九六九年七月に施行された同和対策事業特別措置法にもとづいた同和対策高校・大学等進学奨励費（いわゆる「同和奨学金」）に関係して、担任の教師から自らが部落の生まれ育ちであることを知らされた。しかし、日置《ひおき》小学校と城東《じょうとう》中学校の同和教育では部落問題に対して明確な認識が得られていなかったので、うれしさはもちろんのこと、怒りや悲しささえもなかった。そして私は地区の先輩に誘われるまま、高校二年生であった夏休みの一九七二年八月一六日から一八日にかけて、福岡市で開かれた第四回部落解放奨学生全国集会に参加した。これを契機に部落差別の深刻さを知って部落解放運動に参加することになったが、この年は奇《く》しくも全国水平社創立五〇周年であった。このときに私は全国水平社という名前を初めて知ったが、その歴史的内容をまったく理解することができなかった。

一年間の自宅浪人を経て、一九七五年四月に入学した大阪市立大学では部落解放運動と学生運動に明け暮れた。水平運動史に関するつたない卒業論文を仕上げることで六年かけて卒業した一九八〇年から、私は二年後の全国水平社創立六〇周年を記念する部落解放同盟中央本部編『写真記録 全国水平社六十年史』（解放出版社、一九八二年）のためのアルバイトをすることになった。矢野直雄さんと渡辺俊雄さんに導かれた作業は実に楽しく、水平運動史の勉強になるものでもあった。

私は、一九八二年四月からは大阪で二つの部落に関する地域部落史の編纂《へんさん》にかかわることになり、友永健三さんから誘いを受けて、全国水平社創立六〇周年にあたる一九八二年八月から大阪人権歴史資料館（現・大阪人権博物館）を開館させるために勤務することにもなった。一九八五年一二月に大阪人権歴史資料館が開館し、開館前に佛教大学の通信教育課程で学芸員の資格をとった私は、一九九二年二月から五月にかけての全国水平社創立七〇周年を記念した特別展「全国水平社展」を担当し、展示図録『全国水平社―人の世に熱あれ！人間に光あれ！―』（大阪人権歴史資料館、一九九二年）をまとめた。この際に私は、数多くの水平運動史に関する史料や先行研究と格闘して独自的な見解をもつようになり、水平運動史研究に参入することになった。

そして全国水平社八〇周年を控えた二〇〇一年一〇月、私は綱領や宣言、決議、規約、荊冠旗《けいかんき》、水平歌などの意義を探った『水平社の原像―部落・差別・解放・運動・組織・人間―』（解放出版社、二〇〇一年）を出版した。また、翌年の全国水平社創立八〇周年には、宮武利正さんが編集実務を担った部落解放同盟中央本部編『写真記録 全国水平社』（解放出版社、二〇〇二年）に協力し、水平運動史の歴史的意義を明らかにしようとする部落解放・人権研究所の企画のもとに、秋定嘉和さんと私が編集した『近代日本と水平社』（解放出版社、二〇〇二年）、黒川みどりさんや関口寛さん、藤野豊さんとの報告と討論をまとめた『「水平社伝説」からの解放』（かもがわ出版、二〇〇二年）も出版された。この前後から私の水平運動史研究も加速し、全国水平社の戦争協力と消滅の過程を本格的に検討した『アジア・太平洋戦争と全国水平社』（解放出版社、二〇〇八年）の出版につながっていった。

このあとは、問題関心が拡散していくなどいくつかの要因が重なって、私の水平運動史研究に対する意欲は徐々に減退していった。しかし、二〇一二年の全国水平社創立九〇周年には、全国水平社創立宣言を多角的に検討するため守安敏司さんと私が編集した『水平社宣言の熱と光』（解放出版社、二〇一二年）が出版され、翌年に出版された、内田龍史さんと畑中敏之さんと私が編集した『差別とアイデンティティ』（阿吽社、二〇一三年）には私は「部落差別と部落民アイデンティティ」と「全国水平社創立の地下水脈」を載せた。また、初期水平運動において重要な役割を果たし、のちには国家主義運動に転身した平《ひら》野《の》小剣《しょうけん》については、『差別と反逆—平野小剣の生涯』（筑摩書房、二〇一三年）を出版することができた。いま現在では編集委員の一人として、記念すべき二〇二二年の全国水平社創立一〇〇周年に向け、総勢四五人の執筆者による論文集を準備している。

このように歴史的存在としての自己を簡単に振り返ってみると、部落問題とのかかわりや水平運動史研究は、全国水平社創立を記念する出来事が密接に関係していたことがわかる。私の問題意識は一貫して、自らも投影した部落民としての主体形成であり、それを主として水平運動の成立から終焉《しゅうえん》までの展開において検証しようとしたのが、水平運動史研究であったといえよう。

◉触発する論争の魅力

私が大学生のころ、部落解放運動にかかわるなかでマルクス・レーニン主義に魅《ひ》かれ、その立場から部落解放の展望を見いだすようになった。つまり、理論的には日本の社会主義革命と部落解放の展望との関係や接合を模索するようになり、必然的に近代日本の国家権力と資本主義の性格や特質に関心が向かっていった。

部落問題の認識については、部落差別は近代になっても封建的な身分が遺制として残存したとする、いわゆる封建的身分遺制論が強い影響力をもっていた。この封建的身分遺制論に私は疑問を抱いていたが、近代日本の天皇制を軸とする国家権力や資本主義、帝国主義への移行などの性格や特質を把握し、そこに封建的身分の残存や部落差別の存在を位置づける必要を感じていた。そこで私が関心を向けていったのが、主として講座派と労農派との論争を含む広い意味での日本資本主義論争であった。

このような問題意識から私がむさぼり読んだのが、内田穣吉『日本資本主義論争』上・下巻（新興出版社、一九四九年）、小山弘健編『日本資本主義論争史』上・下巻（青木書店、一九五三年）、上田耕一郎『戦後革命論争史』上・下巻（大月書店、一九五六・七年）、高内俊一『現代日本資本主義論争』（三一書房、一九七三年）などであった。いまとなっては楽しい思い出であるが、これらの慣れ親しんだ著書が本棚の片隅に追いやられ、現在では顧みられることがなくなったことに、私のみならず時代状況の変化を感じずにはいられない。

部落問題の領域において論争を初めて本格的に論じたのが、師岡佑行『戦後部落解放論争史』全五巻（柘植書房、一九八〇年〜一九八五年）という大著であった。これを師岡さんは「部落解放理論を再構築するための理論作業」と位置づけ、戦後部落解放運動をめぐる多様な論争を丹念にたどった。私とは評価を異にする部分は少なくないが、その意義はいまもって失われていないだけでなく、これからも参照されるべき貴重な成果であろう。

論争は主として、研究と社会運動の分野で繰り広げられた。だれしも学問や研究の世界では独自の論をもつにいたるから、その論の正当性を主張するためには争い事、つまり論争が起こるのは必然的である。論争は、論点が明確になって共通理解に行きつくことがあるが、激しい論争の場合には往々にして論争者同士のあいだに、感情的な疎隔と人間関係の破綻を生じさせるのも事実である。

論争、それにつけても魅力的に響く言葉である。しかし私はといえば、意味ある批判であれば仕方なく反批判に応じ、また、研究史の整理と書評という範囲内で批判的な見解を述べることはある。しかし、背負い込んでしまう気苦労や人間関係の破綻などを生じさせてしまう危険性があることを想定すると、あえて自ら煩わしい論争をしかけようとは思わないし、できうれば面倒な論争に巻き込まれたくもない。にもかかわらず、俗っぽくいうと広い意味でのけんか、つまり理論や意見を戦わせる他人様《ひとさま》の論争は、私を触発してやまない魅力を発散している。

◉論争が起こる要因

なにゆえに水平運動史において論争が起こったのかということに関して参考になるのが、共産主義こそ唯一の科学的な理論であると主張するウラジーミル・イリイチ・レーニン（本名＝ウラジーミル・イリイチ・ウリヤノフ）が「ヴェ・イリイン」の筆名で一九一〇年一二月一六日に『ズヴェズダ』第一号に発表した「ヨーロッパの労働運動における意見の相違」（『レーニン全集』第一六巻、大月書店、一九五六年）という、学生時代に読んだ短い論説である。この論説では、いかにもレーニンらしく労働運動に限定して意見の相違が生まれる要因として、「労働運動が成長していくという事実そのもの」、「資本主義の発展速度は、さまざまの国、国民経済のさまざまな分野で、一様でない」、「矛盾のうちを、また矛盾を通じて進行する社会的発展の弁証法的な性格」、「支配階級の、とくにブルジョアジーの、戦術の変化」などを列挙した。

いまの私は共産主義とは一定の距離をおき、新たな理論や思想を摂取するにいたっているが、レーニンにならって水平運動において論争が起こった要因を簡単にあげてみよう。まず第一は、二〇年間にわたる水平運動の展開過程である。その具体的な内容は、運動的特徴である差別糾弾闘争や生活擁護闘争、国内外を対象とした共同闘争など闘争形態の展開であり、また全国水平社の組織形態や部落民の結集度、そして時期に応じた主要な担い手に関する事柄である。

次に第二は、資本主義の発展にともなう近代日本社会がもたらす部落差別の現れ方や部落の存在形態などに関する認識、つまり部落問題認識である。全国水平社が部落解放を実現しようとする場合、いかに部落差別の内容をとらえ、どのように部落の現実を把握しているかということが重要であるのはいうまでもない。

そして第三は、日本の政治や外交、軍事、経済、社会、文化などに対する認識である。それは部落問題と水平運動の展開が、近代日本の天皇制や資本主義、地域社会、民衆意識のみならず、当該期における東アジアを中心とした世界情勢に対する認識と密接に関係していたからである。

最後の第四は、日本の支配体制や時々の支配政策、そして国家権力に与《くみ》する動向である。水平運動を展開しようとすれば、否応《いやおう》なしに全国水平社は政府の部落問題対策と対峙《たいじ》しなければならず、また水平運動と異なる方向で部落差別を撤廃しようとした融和運動に対応しなければならなかったのである。

全国水平社での論争は、主として大会における方針をめぐる議論というかたちでおこなわれた。その意味で、論争とはいいつつも、全国水平社内において公然と文書戦を繰り広げたことは多くはなかった。公然と文書戦の論争を繰り広げれば、対立が激しくなって組織的分裂を生じさせる恐れがあったからである。しかし、時として全国水平社内に存在した思想的集団や個人は激しく論争し、また、全国水平社は国家権力や融和運動に対して果敢に論戦を挑んでいった。

このような水平運動の方向をめぐる論争の体験を通じて全国水平社は鍛えられ、また変化していくのみならず、時には危機に陥ることにもなった。しかし、そうであるがゆえに今日の私たちからすれば、全国水平社における水平運動の方向と課題をめぐる論争は大きな示唆を与えてくれることになる。

◉「論争の群像」という視点

論争に関する著書のなかで私がもっとも感銘と刺激を受けたのは、長岡新吉『日本資本主義論争の群像』(ミネルヴァ書房、一九八四年)であった。これで長岡さんが意図したのは「日本資本主義論争の人と時代」を描くことであり、その意図を反映した質の高い内容と読み物としてのおもしろさによって多くの読者から好評を博したという。

何事もそうであるが、事柄には多様な側面がある。しかし、事柄を見る私たちの視野や視点は限定されていて、ある側面だけを強調することになる。そこで、対立する視野と視点にもとづく論を追うことによって、その事柄の全体的な把握につながっていく。論争が魅力的であるのは、その論争が対立する論を突き合わせることによって論点が明確になり、総体的な理解に近づくからであろう。

しかし、論争をおこなう論争者は、あくまでも人である。日本資本主義論争の場合でいえば、その人とは研究者や社会運動の活動家である場合が多い。水平運動の方向と課題をめぐる論争であれば、主として水平運動の活動家の場合が多いが、さらに広げれば、研究者やジャーナリスト、権力側の官憲関係者、他の社会運動の活動家、融和運動家らも論争者に入ってくることになる。

これをふまえると、論争の魅力は論争者、つまり人への関心ということにもなろう。私からすれば人ほど魅力的な存在はないが、同時に人ほど厄介《やっかい》な存在はないのも確かである。現実には人に勇気づけられ、人に傷つけられ、人に対して満足感や緊張感を抱くのみならず、ストレスさえ感じているのが私の日常である。人が遠のくと寂しいが、人と接近しすぎると暑苦しさを覚えるのは、だれしもが直面する現実であろう。

論争者も人であるかぎり、それぞれ個人的には多様な背景をもっている。人は生まれた時代や地域だけでなく、幼少期から青年期にかけての家族関係や教育環境、交友関係などに大きな影響を受けている。このような来歴を人は容易に選択することができず、人格や個性の形成に重要な役割を演じることになる。

水平運動など社会運動の活動家であれば、運動へ参加した時期と年齢、運動団体に占める地位と役割、課題意識と活動基盤、思想的傾向や他の運動団体との関係などによって活動家としての資質や特徴が異なってくる。また、活動家も日常生活を営む人であるかぎり、生業の有無や主たる生計、婚姻と家族、交友関係と趣味嗜好《しこう》などが水平運動への姿勢や立場に微妙に関係してくる。

つまり、論争は論争者という人の特徴が如実に表れているともいえるものであり、論争者という人への着目は論争をより豊かに理解することにつながってくる。その意味では、長岡さんが論争者という人に焦点を当てた「論争の群像」は、私が継承すべき重要な視点であるといえよう。

◉本書に込めた意図

以上をふまえて、本書のタイトルを象徴的に「水平社論争の群像」とする。このタイトルで意図したのは、全国水平社において展開された論争を論争者の群像と関係させながら追うことによって水平運動史の歴史的意義に迫り、今日における部落問題の認識や部落解放を展望するための重要な論点を浮かび上がらせようということにある。その意味では本書は、決して水平運動史に関する通史的著作ではなく、あくまでも水平運動史に関して重要な論点に絞った論説的著作ともいうべきものであり、結果として私の現時点における水平運動史に関する総体的な認識を示したものになるであろう。

ただし、今日の部落解放運動は基本的に水平運動の歴史と伝統を継承しているが、水平運動とは歴史的な段階と位相を異にしているため、より広い課題を追求するにいたっている。しかし、水平運動も今日の部落解放運動も、日本社会の部落問題に向き合って部落解放を実現しようとしているかぎりでは共通の基盤に立っているので、水平運動の方向や課題をめぐって展開された論争は、今日の部落解放運動に対して有益な示唆と教訓を与えるのではないかと考えている。

内容的には、私が重要だと考える二五の特徴的な項目の論争を取り上げる。このなかには歴史的用語にもとづく項目だけでなく、今日からみて重要であるとの認識から名づけた項目が混在している。

これらの項目をめぐる論争は、主として全国水平社によって展開された水平運動の課題と方向に関するものであったが、必要に応じて特徴的な府県や地域の水平社との関連も重視することにする。また、項目によっては対象とする時期が短いものから長いものまであるが、基本的に主たる対象の時期によって配列することにした。

周知のように全国水平社は、一九二二年三月三日に創立され、一九四二年一月二〇日に消滅するまで、約二〇年にわたる歴史をもっていた。概して水平運動の歴史は運動的な特徴から、一九二五年五月の全国水平社第四回大会までの第一期、一九三〇年一二月の全国水平社第九回大会までの第二期、一九三七年三月の全国水平社第一四回大会までの第三期、一九四二年一月の全国水平社消滅までの第四期に区分することができる。

この四期に時期区分できる水平運動史において、それぞれの時期において特徴的な論争が巻き起こることになった。そこで第一期を「国際協調とデモクラシー状況のなかで」、第二期を「治安維持法と男子普選の体制のなかで」、第三期を「侵略戦争とファシズム化が進行するなかで」、第四期を「総力戦体制とファシズム支配のなかで」と名づけ、それぞれの時期を冒頭において概観したうえで、二五の項目について述べることにする。そして「おわりに」では「「水平社論争の群像」の歴史的意義」と題して、二五項目にわたる検討を通じて水平運動史の歴史的位置など総括的な見解を示すことにする。

基本的には、蓄積されてきた水平運動史研究をふまえながら、論争と群像に関する歴史的事実を提示して、歴史的評価にふれることにもなろう。歴史の連続性という観点からみると、私は歴史的存在であることを自覚しているが、現在を生きる私は明らかに現在的存在でもある。その意味で本書の対象が論争と人であることを考慮すると、時として私が現在におかれている状況を反映して現在的評価に及んでしまう可能性も十分にあろう。

記述にあたっては、発表された文書や全国水平社大会での議案については、歴史的事実であることを尊重して基本的には変更しなかった。しかし、個人などの発言や文章については、わかりやすくするために、文意を損なわないかぎりにおいて多少の変更をおこなうことになった。水平運動史に関する多くの参考文献に助けられることになったが、それらを鵜呑《うの》みにすることなく、可能なかぎり史料に当たって正確な内容を確認することに努めた。また、参照文献については項目ごとに重要な二点のみをあげ、全体を通しての参考文献については巻末に史料集や復刻版、著書についてだけまとめることにした。なお、水平運動に関係する人物の情報については紙幅の関係から最低限にとどめざるをえなかったので、より深く知ろうとすれば、日本近現代史辞典編集委員会編『日本近現代史辞典』（東洋経済新報社、一九七八年）や部落解放・人権研究所編『部落問題・人権事典』（解放出版社、二〇〇一年）などをぜひとも参照していただきたい。

それでは「水平社論争の群像」に分け入っていくことにしよう。

第一期　国際協調とデモクラシー状況のなかで

一九一八年一一月に第一次世界大戦が終結したあと、一九一九年六月にパリでベルサイユ講和条約、一九二二年二月にワシントンで大国の軍備を制限する条約が締結されたように、世界大戦を防止しようとする国際協調を基調としたベルサイユ・ワシントン体制が成立した。また、初めての社会主義革命である一九一七年一一月のロシア革命に引き続いて、帝国による植民地からの解放をめざして民族独立運動が台頭するなど、世界的には民主主義を基調としたデモクラシー状況が生まれることになった。これらを背景として帝国化を遂げた日本は大国の一角を占めるようになり、これに対応して、労働運動や農民運動、女性解放運動、普通選挙運動などの社会運動が影響力を伸ばし、社会主義運動も復活した。このようななかで、人間の尊厳と部落民の団結を主張して一九二二年三月に全国水平社が創立され、水平運動の方向と課題をめぐって論争が開始されることになった。

1　全国水平社創立

◉全国水平社創立の始まり

全国水平社創立の動きが始まったのは、奈良で燕会《つばめかい》という親睦団体で活動していた西光万吉《さいこうまんきち》（本名＝清原一隆《きよはらかずたか》）や阪本清一郎《さかもとせいいちろう》、駒井喜作《こまいきさく》らが、一九二一年七月の『解放』第三巻第七号に載せられた佐野学《さのまなぶ》の「特殊部落民解放論」を読んでからであった。社会主義者の佐野は「特殊部落民解放論」の「解放の原則」のなかで、「特殊部落民自身がまず不当なる社会的地位の廃止を要求することより始めなければならない」「搾取者なく迫害者なき良い社会をつくるためには労働者階級と親密な結合と連帯的行動をとる必要がある」と述べ、それによってこそ「善き日」が到来すると主張した。これに西光らは大きな影響を受けて、佐野に会って教えを乞い、さらに社会主義者の堺利彦《さかいとしひこ》や山川均《やまかわひとし》、無政府主義者の大杉栄《おおすぎさかえ》らとも親交を結ぶことになった。

そして西光らは、同じく奈良の米田富《よねだとみ》（本名＝千崎富一郎《せんざきとみいちろう》）を同志として引き入れ、主として西光が執筆した『よき日の為《た》めに―水平社創立趣意書―』というパンフレットを発行しようとして、一〇月二四日には大和同志会《やまとどうしかい》の会長である松井庄五郎《まついしょうごろう》を訪ねた。しかし、松井から内容が過激であると協力を拒否されたが、そこに居合わせた部落改善運動家である京都の南梅吉《みなみうめきち》と出会い、西光に賛同した南は全国水平社創立の準備に加わることになった。そして南を通じて、京都で青年団活動をおこなっていた桜田規矩三《さくらだきくぞう》と社会主義者の近藤光《こんどうひかる》（本名＝近藤惣右衛門《こんどうそうえもん》）という同志も獲得することになった。一二月には西光らに協力する中外日報《ちゅうがいにっぽう》社の三浦参玄洞《みうらさんげんどう》の紹介によって京都市の同朋舎《どうほうしゃ》で『よき日の為めに』が印刷され、一九二二年の三月初旬には全国水平社創立大会を開く予定を立てた。

しかし同時期から、融和運動を始めようとしていた寺田蘇人《てらだそじん》が元大阪府知事の菊池侃二《きくちかんじ》や融和運動家の岡本弥《おかもとわたる》、大阪時事新報社の難波英夫《なんばひでお》らとともに、一九二二年二月に大阪市で大日本同胞差別撤廃大会を開く準備を進めることになった。つまり、全国水平社創立大会と大日本同胞差別撤廃大会は激しく対立しながら準備が進められていくことになったが、一九二二年一月一二日の『大阪朝日新聞』では水平社側の南と駒井が大日本同胞差別撤廃大会の発起人に加わり、一日目に大阪、二日目には京都で大会を開くことで一度は妥協したとの報道もあった。

一九二二年一月一五日、大阪市で大日本同胞差別撤廃大会の発起人会と準備委員会が開かれた。一月一八日の『中外日報』によると、この場で南から紹介された西光は南と駒井が発起人になったことを否定し、「部落以外の人びとによってなされた過去の運動が常に不徹底であったから、部落の解放は部落民自身によって真剣に展開されねばならない」と主張した。この発言は大日本同胞差別撤廃大会を否定するものであり、当然に激しい議論となった。

ここには大阪の部落で一誠会《いっせいかい》という青年団体で活動していた泉野利喜蔵《いずのりきぞう》も参加し、西光らに賛同して全国水平社創立大会の準備に加わることになった。また、直後に西光らは難波と会い、大日本同胞差別撤廃大会を全国水平社創立大会の宣伝の場にするという約束を取りつけた。このあと、寺田ら大日本同胞差別撤廃大会を準備する人びとと西光ら全国水平社創立大会を準備する人びとは、対立しながら部落差別の撤廃にむかって奔走していった。

◉全国水平社創立大会をめぐる対抗

岡山での部落改善運動を経て内務省社会局嘱託になっていた岡山の三好伊平次《みよしいへいじ》は、二月二一日に開かれる大日本同胞差別撤廃大会をめぐる状況などを把握するため、一九二二年二月二〇日から二四日にかけて大阪と京都に出張し、直後に内務大臣の床次竹二郎《とこなみたけじろう》をはじめ内務省幹部に報告のための「復命書《ふくめいしょ》」を提出することになった。

大日本同胞差別撤廃大会は午前一〇時から午後一〇時まで大阪市中央公会堂で開かれ、昼間には約四五〇人、夜間には約一〇〇〇人が参加した。この大会では菊池が提案した「一、本大会は一般社会の少数同胞に対する謬《あやま》れる観念の根絶を期す／一、少数同胞は一般社会の反省を促すと共に皇室に対し奉り益々《ますます》忠に勇に一面一般社会と進んで融和を計るを要す」という融和的な決議が採択され、元衆議院議員であった大阪の森秀次《もりひでじ》の建議によって永続的な融和団体を設けることも決められた。

昼間の講演では、森や静岡の北村電三郎《きたむらでんざぶろう》、京都の若林弥平次《わかばやしやへいじ》ら著名な部落改善運動家もしくは融和運動家とともに、水平社側の西光や南、泉野らが演壇に立った。また夜の演説では、融和を主張する歴史研究者の喜田貞吉《きたさだきち》や東本願寺の武内了温《たけうちりょうおん》らに交じって、駒井とともに水平社側に近い和歌山の岡本弥智夫《おかもとやちお》や大阪の岡部《おかべ》よし子《こ》と中田与惣蔵《なかたよそぞう》らが熱弁をふるった。二月二二日の『大阪朝日新聞』によると、とくに岡部は「同情的差別撤廃を排し、純真なる心の叫びをもって自発的撤廃に努力しなければならぬ」と訴え、これを聴いていた聴衆も熱狂したという。また喜田も四月の『民族と歴史』第七巻第四号に載せた「学窓日誌」で、「聞くところによると、午後の大会では、かなり激烈な意見の発表もあった」と書きつけた。

また、夜の演説会の最中に米田と全国水平社創立に賛同する大阪の石田正治《いしだしょうじ》によって、「一、同情的差別撤廃を排し、部落民の自発的運動を起こして集団的見解を発表し／一、常に自ら卑下せんとする特殊部落民の自覚と民衆の反省を促さんとする」という、大日本同胞差別撤廃大会を批判するとともに全国水平社創立大会を宣伝するビラが二階からまかれ、さながら大日本同胞差別撤廃大会は全国水平社創立大会の宣伝の場になってしまった。これを五月の帝国公道会機関誌《ていこくこうどうかい》『公道』第三八号は、「全国水平社創立大会の広告が大会中にあったことは、世の中に疑問を生じさせることになった」と批判的に紹介するほどであった。

この大日本同胞差別撤廃大会に参加していた、三重で徹真同志社《てっしんどうししゃ》という団体で部落解放を模索していた上田音市《うえだおといち》は、西光らと会って話し合い、全国水平社創立大会へ参加することを決意した。翌日の二月二二日には『大阪朝日新聞』で、全国水平社の仮事務所が京都の桜田宅に置かれ、全国水平社創立大会の準備に忙殺されていると報じられた。その直後には「水平社同人」の名によって、全国各地の部落民に対して「われわれの立場に理解を示し、共鳴する者は全国水平社創立大会に参加してほしい」との案内状を送った。

これらの動きと合わせるように、京都市の平田嘉一《ひらたよしかず》が発行する『関西タイムス』が「水平社創立大会号」として出された。発行は二月一五日となっているが、大日本同胞差別撤廃大会にふれているので、おそらく二月二二日のあとであろう。ここでは佐野の「解放の原則」や「水平社設立趣旨」なども掲載され、全国水平社創立を支援することになった。また、全国水平社創立の準備に参加することになった東京の平野小剣《ひらのしょうけん》（本名＝平野重吉《じゅうきち》）は、二月二八日の『労働週報』第四号に「特種民族解放運動の先駆／刀禰静子《とねしずこ》女史に」を寄せ、二月一五日の大日本同胞差別撤廃大会の発起人会と準備委員会に参加していた刀禰静子に全国水平社創立大会に参加するよう呼びかけた。

◉三好伊平次と西光万吉らの初めての議論

大日本同胞差別撤廃大会の会場でメモをとりながら注視していた三好は、南をはじめ西光や駒井、泉野らの演説が過激であると思われ、これらの人びとによって準備されている水平社が単なる部落差別撤廃の運動ではないと感じ取った。そこで三好は夜の演説会途中の九時に、京都府職員の森梁香《もりりょうこう》を介して西光や南、駒井、泉野の四人と会見することにした。西光らは準備している水平社について、「目的は徹底的部落解放である。運動の手段としては、政府が部落問題に冷淡なので対政府運動をやる。また、東西両本願寺が部落を搾取しているだけで部落のために尽くしていないので、東西両本願寺から離れる運動もする。この運動を有効なものとするため、社会主義運動と労働運動とも連携する。そして機関雑誌も発行する」と説明した。

これを聴いていた三好は、自らも同じく部落民であり、その立場から率直に意見交換し、将来的には相提携して部落問題の解決に努力したいと述べた。そして、「部落問題は、国民相互の了解によらなければ解決しない。階級闘争によって部落差別撤廃という目的は達成されない。部落の人びとのみの集団による対抗運動は、害が多く利が少ない。社会主義運動および労働運動と部落解放運動を混同することは間違っている。立場を問わず部落問題に理解ある人びとによって、部落問題の解決促進機関をつくるのが適当である。諸君は周囲に誤解と反感を抱かせないよう注意し、穏健な態度と不断の熱意をもって周囲の理解と同情を求めるべきだ。政府や東西両本願寺が部落問題の解決に力を注ぐよう運動することがもっとも賢い方法で、尽くすべき手段も尽くさずに対抗運動を起こすことは得策ではない。私は諸君の熱烈な意気に感激するが、同時に前途有望な諸君が一時の情熱に駆られて目的を誤ってはいけないと信じ、あえて苦言を呈するのだ」と西光らの主張に真っ向から反論した。

そこには、約二〇年にわたる部落問題の経験と、政府の部落問題対策にかかわって多くの共鳴者を獲得したことなどを背景に、部落民の先輩として部落青年の将来を憂うる三好の立場が反映されていた。当初は激烈な議論であったが、三好の熱心な説得によって部落青年のなかには三好の意見に素直に耳を傾ける者も出てきて、翌日に京都府庁で会見することも約束して散会した。

翌日の二二日、三好は、大谷栄韶《おおたにえいしょう》や森梁香、早崎春香《はやさきはるか》、久保庄太郎《くぼしょうたろう》、若林弥平次らとともに京都府庁で南と会見して前夜の意見を繰り返し、「なるべく穏健で賢い聖人のような選択をすべきだ」と述べた。また、同席していた大谷は「老いた西郷隆盛《さいごうたかもり》の末路を見よ、部落の先覚者は慎重な態度をとるべきである」と述べるなど、会見は三時間にも及んだが、南は他の者と協議したうえで回答するとした。そこで南は西光を伴って三好の宿舎を訪ね、懇談することになった。

そして南と西光は三好の意見を了解し、南にいたっては「水平運動を中止する」とまで述べたが、西光は南と異なって「一カ月もかけて宣伝ビラを配布した手前、いまさら中止できない。部落問題解決の表明のほかは誤解を受ける行動をとらないよう注意し、警察にも了解を得、全国水平社創立大会を開く」と答えた。南と西光との微妙な違いは興味深いが、西光は何よりも全国水平社創立大会の目的が部落問題の解決のみであることを強調して三好の理解を得たと考え、三好は自らの論理で南と西光を説得したと考えたように、この会見は西光と三好の双方の思惑も絡んで決定的な対立を避けたものであった。

◉全国水平社創立大会と「特殊部落民」の論戦

二月二八日の夕刻に南をはじめ西光、阪本、駒井、米田、桜田、平野、近藤が京都駅前の宮本旅館に集まり、最終的な協議をおこなった。綱領の第一項と第二項は平野、第三項は阪本が提案し、宣言は西光が起草して、それを平野が添削し、決議は全員で考え、これらは全員の話し合いによって決定されることになった。そして三月三日の正午から、京都市公会堂で全国水平社創立大会が開かれた。まず南が開会の辞で、「部落問題は部落民自らの覚醒と努力によって解決すべきものであるから、ここに虐げられている人びとのみの団体である全国水平社を組織した」と述べた。阪本の経過報告のあと、南が座長となって桜田による綱領の朗読、駒井による宣言の発表、米田による決議文の朗読と続き、これらが可決された。

この全国水平社創立大会にも参加したのが三好であり、三好は克明にメモをとり、七日には内務大臣の床次竹二郎らに対して「復命書」を提出した。三好は可決された綱領や宣言、決議などには特別にコメントしていないことから考えると、そう大きな異論はなかったのであろう。むしろ三好が注目したのは、九人の各地代表者による演説の内容であった。

婦人代表である大阪の岡部よし子は、「今日はわれらの理想的団体をつくった紀元節である。われらの進路には幾多の障碍《しょうがい》があるかもしれない。あるいは蜜のような誘惑があるかもしれないが、わ

01-1 全国水平社創立関係者（1922年３月３日）。左から平野小剣、米田富、南梅吉、駒井喜作、阪本清一郎、西光万吉、桜田規矩三

れらは明るい日の光に浴するために勇往邁進《ゆうおうまいしん》しなければならない。われらの熱と炎によって全世界の悪風を掃《はら》わねばならない」と述べた。

少年代表である奈良の山田孝野次郎《やまだこのじろう》は、「教壇に立った先生の瞳は侮辱の光でわれらを射ます。現社会において比較的われらを理解すべきはずの先生でさえこうですから、われらはわれらの力によって問題解決にあたるほかない」ことを強調した。また、三好と話し合った西光万吉は、「部落改善を説く人を見ていると、一方では、われらを迫害しながら、われらに物心両面の欠陥を充実させれば平等に扱ってやると言い、他方では、物心両面において完備しているわれらに対しては、あまり権利や自由を主張するのはよろしくない、しばらくは従順にして時のくるのを待てと言う。いずれにしても究極は平等にしないのだ。貧乏ならば貧乏だから平等には見ない、富んでもやはり部落民だから富める部落民として差別する。おれたちはどうも仕方がない、ただ革命によるのみだ。すなわち部落問題を政治に上げるのみだ」とまで述べた。

三好がもっとも警戒してチェックマークを付したのが、近藤と平野の演説であった。平野は、「母が臨終の際、「社会を呪《のろ》へ」と遺言した。それから孤軍奮闘の私はこの大会を母の霊に捧《ささ》げて感慨無量だ。ユダヤ民族の奮闘はユダヤの国を再建した。われらはわれらの努力によって、われらの独立国を建てざるを得ない」と述べた。また近藤は、一九一七年のロシア革命を例に引いて、「われらは自由と幸福と正義を求めることに目覚めた。一大団結して古い世界を壊し、新しい世界を建設しよう」と呼びかけた。二人の演説は、ともに社会主義革命を連想させるものであり、三好にとっては危険な内容に映った。

全国水平社創立大会を終えてから部落民のみが参加する代表者協議会が開かれ、これに三好も参加した。ここで岡山の融和運動家で三好とも親しい岡崎熊吉《おかざきくまきち》は、綱領などで「特殊部落民」を自ら名乗っているのに対して「これは自らを卑下するものであるから、もう少し穏やかな文字にしてはどうか」との意見を述べた。これに西光らは反論し、また岡崎に賛成する者も応酬し、約一時間にわたる激しい論戦となった。この時点で岡崎にとって明らかに「特殊部落民」はいまわしい言葉であり、これによって部落民を結集させることは絶対に容認できなかったのである。

この論戦の結末について、七月に発行された全国水平社機関誌『水平』第一号に平野が書いた「全国水平社創立大会記」は、「名称によってわれわれが解放されるものではない。今の世の中に賤称《せんしょう》とされている「特殊部落」の名称を、反対に尊称《そんしょう》とするまで、不断の努力をすることで喝采のうちに綱領どおり保存されることになった」とまとめた。しかし三好は「復命書」で、西光ら「発起者のほかは一定の信念なく、態度に迷っている者は多いが、原案に反対すれば発起者から反撃されるから、反対者も黙ってしまって原案どおりとなった」と記した。三好は岡崎と同様に、全国水平社が名乗りとして「特殊部落民」を使用することに賛成できなかったのであろう。

この全国水平社の姿勢は、部落民と一般社会との融和を説く喜田貞吉《きたさだきち》とも共通していた。すなわち喜田は、四月の『民族と歴史』第七巻第四号に載せた「学窓日誌」において、「綱領に「特殊部落民」が保存されたのは、誠に結構なことである。「特殊部落民」という言葉にこだわるより、その言葉の背景にある差別を撤廃すべきである」と評価した。しかし「そのために水平社が集団運動を起こすのは結構なことであるが、ただし反抗的態度ではかえって一般社会からの新しい差別を生じさせることもある」とも述べ、水平運動の集団運動が危険性をはらんでいることを警告することも忘れなかった。

◉三好伊平次と西光万吉らの再度の議論

創立大会の翌日である四日の午前九時、三好は西光や駒井らを訪ねて会見することになった。西光らは、「小学校時代から差別を受けて憤然としているが、他の方法によっては解放という目的には達しないため、ここに水平社を組織した。一部に非難を受けている社会主義者の後援を求めるのも、目的のために手段を選ばない、やむを得ない行為である。もしわれらの運動が効果を奏せず、解放が達成されない場合は、同じ境遇を繰り返すわれらの子孫をつくるに忍びなく、新マルサス主義によって断種するか、革命によって大転換を図るしかない」と涙ながらに語るばかりであった。断種や革命を口にしたことから考えると、ここからは西光らの部落解放への並々ならぬ決意が感じられる。

この悲壮な告白を聴いていた三好は、自らの境遇にあきらめている部落民が多いなかで、西光らが自らの力によって部落問題を解決しようとする意気込みに感激せずにはいられなかった。しかし三好は、「有為な部落青年が方針を誤ることは、水平社の不利のみならず部落民全体の不幸となる。部落解放運動は労働運動や社会主義運動などとは離れ、単なる部落解放運動として社会から誤解を受けないよう注意する必要がある。社会は実際には諸君が想像するほど冷酷ではない。官庁はもちろん、知識階級のあいだには部落問題に相当の考慮を払って、同化と融合を企画している際なので、ことさら社会に対抗するような態度は得策でない」と述べて再考を促した。この三好の発言について西光らは反論せず、ただ聴いているだけであったという。

結局のところ三好は、全国水平社創立の動機に関して、小学校時代の迫害と過激な思想の持ち主として檀家《だんか》から糾弾されて寺を離れざるをえなかったと見なす西光、自らの境遇に憤慨したと見なす桜田や駒井、南、阪本の四人、もっとも過激かつ危険人物で水平運動によって生活費を稼ごうとしているると見なす近藤、社会主義者の後援によって運動をしようとする唯一の主導者と見なす平野に分類した。そして三好は、「やむなく過激な言動をなそうとする者に対しては善導する可能性はあるが、社会主義のために扇動する者にいたっては相当の取り締まりを必要とする」との意見を「復命書」で述べた。

また三好は「全国水平社創立大会に参加した者の心のうちは、部落民のみの団体による部落解放運動はどのような会合なのかを見ようとしたため集まった者が多く、強い信念の者はほとんどいないようである。ただし、付和雷同《ふわらいどう》に富んだ部落の人びとに対しては、常々から善導することを怠らず、もし指導方法を誤るか自然のまま放任するときは、思慮が乏しい人びとが労働運動や社会主義運動に雷同する恐れがあるので注意すべきである」と冷静に分析して「復命書」を結んだ。

01-2 三好伊平次

全国水平社創立大会にかかわる三好の行動については、のちに大いなる誤解も生じることになった。それは、三好が「せっかくの努力だが、今度の水平社創立大会を見合わせ、政府からウント金でも取って部落の改善事業を起こしてはいかがですか。少なくとも毎年二〇〇万円くらいの改善費を必ず出させます」と言ったという、一九二四年八月二〇日の『水平新聞』第三号に掲載された阪本清一郎による「サーベルと毒饅頭《まんじゅう》」をはじめとした阪本の回顧である。これは、三好の「復命書」を見るかぎり事実ではないように思われる。三好がもっとも好ましいと考えていたのは、政府の部落改善政策と官民合同の融和運動であった。しかし、部落青年が自覚的に部落問題にとりくむことには賛成し、その立場から全国水平社創立そのものを否定することはなかった。むしろ三好が警戒心を抱いていたのは、全国水平社が労働運動や社会主義運動などと結びつくことであった。

西光らが主張した、全国水平社が労働運動や社会主義運動などと結びつくことは、結局のところ、三好のように部落解放を官民合同による部落改善と融和に終始させるのではなく、部落差別を日本社会に根ざしたものとして位置づけ、労働運動や社会主義運動などと連携しながら日本社会を部落解放と関連づけて変革するという展望をもつものであったととらえることができ、この点において対立していたと評価することが可能であろう。この全国水平社創立時における主張は水平運動史の全過程において大きな問題となって論争となり、さらには今日にいたるまで続いている部落解放運動の方向と課題をめぐる論争のもっとも重要かつ根底的な論点でもあったといえよう。

◇参照文献
手島一雄「史料紹介 全国水平社創立に関する三好伊平次（内務省社会局嘱託）「復命書」」（『水平社博物館研究紀要』第一三号、二〇一一年三月）
朝治武「水平社宣言の歴史的意義」（朝治武・守安敏司編『水平社宣言の熱と光』解放出版社、二〇一二年）

2 徹底的糾弾

◉徹底的糾弾の意味

「吾々《われわれ》ニ対シ穢多《えた》及《およ》ヒ特殊部落民等ノ言行ニヨッテ侮辱ノ意志ヲ表示シタル時ハ徹底的糺弾《きゅうだん》ヲ為《な》ス」――これは一九二二年三月三日に京都市で開かれた全国水平社創立大会で可決された決議の第一項である。この第一項を含む三項にわたる決議は米田富《よねだとみ》によって朗読され、参加者は総立ちになって可決し、会場は拍手と喝采につつまれたという。この徹底的糾弾こそが、初期の全国水平社を象徴する独自の運動形態であった。

全国水平社創立大会が開かれる三日前の二月二八日夕刻、京都駅前の宮本旅館の二階の八畳間に京都の南梅吉《みなみうめきち》、桜田規矩三《さくらだきくぞう》、近藤光《こんどうひかる》、奈良の阪本清一郎《さかもとせいいちろう》、西光万吉《さいこうまんきち》、駒井喜作《こまいきさく》、米田富、それに東京からきた平野小剣《ひらのしょうけん》の八人が集まった。その夜、八人は創立大会に提案する綱領や宣言、決議などに

02-1 阪本清一郎

ついて最終の協議をおこなった。綱領の第一項と第二項は平野が、第三項は阪本が提案したものが承認されたという。宣言は西光が起草し、平野が添削したものが提案され、検討に付された。決議についてはだれが提案したかわからないが、全員が賛成したという。

それにつけても、徹底的糾弾の決議をだれが提案したかは興味深い疑問であるが、福田雅子『証言・全国水平社』（日本放送出版協会、一九八五年）によると、阪本は「糾弾ということばは、結局、私が出したんですがね。西光君は手をたたいて、一番いいと言うてね」と自らが提案したと語っていた。幼いころから差別に抗議していた阪本は、その抗議の思いを糾弾という言葉で表現したのであろう。徹底的糾弾については阪本が提案した可能性が高いが、私には東京の労働運動で労働争議を経験していた平野の影響も無視できないように思える。

当時のいくつかの国語辞典をひも解いてみると、「糺弾」は「罪を正す」「官吏の罪過などをただして劾奏すること」「罪状をといただして弾劾すること」とあり、ほぼ「弾劾」と同じ意味であった。しかし阪本によると、「弾劾」は壊すという意味で政治家がよく使っているため、正しく改革するという意味から「糺弾」を使ったという。つまり差別は罪であり、その罪を問い糺《ただ》す正義の行為を「糺弾」と呼び、「徹底的」という言葉で強い意志を示して、「徹底的糺弾」を採用することになったのであろう。

木村京太郎《きむらきょうたろう》『水平社運動の思い出―悔いなき青春―』（部落問題研究所、一九七〇年）によると、大阪の泉野利喜蔵《いずのりきぞう》は「徹底的糺弾」を次のように説明していたという。「徹底」とは象が河を渡るときに河底に足をつける、すなわち「底に徹する」ことで、「糺弾」の「糺」は大工が材木の曲直をはかる「きゅう」という道具と同じで「はじく」とも読む、「弾」は曲げられたものが元の状態に戻ることを意味していた。これをふまえて泉野は、「徹底的糺弾」を「不当な力で圧迫されている部落民が、もとの正しい地位に復帰することを要求し、しかも象の河渡のように、根底からこれを堂々と糺し貫き徹すこと」と説いていたという。

なお、融和を基本とする歴史研究者の喜田貞吉《きたさだきち》は、一九二二年四月の『民族と歴史』第七巻第四号に載せた「学窓日誌」で、徹底的糾弾について述べた。すなわち、全国水平社創立大会で可決された決議の第一項を引用し、「実際上の団結の力にはなるだろうが、それは単に公衆の面前での表示を禁止するだけで、陰ではかえって激しくなる。議論や腕力は他の言語行動を束縛することができるが、いまだもってその意志を束縛する力はない。実際上の差別撤廃は「誠」であり、「愛」でなければならない」と批判したのである。

そして喜田は、「ともかくも部落民による水平社としての団結は、確かに社会に対する大きな刺激である。これによって一般社会は長い眠りから覚醒し、速やかに理由なき差別待遇を撤廃し、心の底から差別する観念を除去しなければならない」と注文を付けた。しかも喜田は、「生活において水平社は一般社会と水平の地位に到達することに力を注ぐべきであり、これと差別撤廃とが相まって理想的な差別撤廃が実現されるべきである」と述べ、一般社会と同様の生活上の水平的な地位を獲得することを強調することも忘れなかった。

◉徹底的糾弾の開始

徹底的糾弾は、これまでにない部落解放のためのまったく新しい運動形態であった。部落民に対しては、「穢多」や「特殊部落」などの差別語を投げつける差別事件が横行していた。しかし、部落改善運動は差別事件にとりくまず、融和運動は差別事件が起こっても差別者に抗議することなく、融和のために簡単な反省を求めることが多かった。これまで差別を受けても泣き寝入りの状況であった部落民にとって、まさに徹底的糾弾は自らの尊厳を守り、自らに勇気を与える希望の光であった。

水平運動においてもっとも早い徹底的糾弾闘争は、一九二二年五月一五日に奈良で闘われた大正高等小学校に対するものであった。一般村の児童が部落児童に対して「今日は穢多の掃除か」と侮辱し、小林《こばやし》水平社が徹底的糾弾闘争に起《た》ちあがった。この闘いの先頭には青年の木村京太郎や中島藤作《なかじまとうさく》らが立ち、児童と保護者に陳謝させた。そして木村らは校長や担任教師の責任を追及するため多数で学校に押しかけ、小競り合いになった。そこで警察が介入することになり、木村ら七人は騒擾《そうじょう》罪で検挙され、裁判で有罪となった。

　これに対して奈良県水平社は、五月二一日に「小学校に於《お》ける不合理なる差別待遇に就《つい》て」という文章を発表した。ここで奈良県水平社は「人類が従来のように子どもを軽視する態度を捨て、野蛮な鞭《むち》に代わって文化の宝冠を捧《ささ》げて、これを尊重し擁護することがなければ、遂《つい》に人類の上に燦燦《さんさん》と輝く「よき日」を望みえないとすれば、われらは教育者の言う些細《ささい》な事実の陰にこそ許しがたい「よき日」の敵の姿を見る」と述べ、徹底的差別糾弾によって学校などでの部落差別をなくしていく決意を表明した。

　多くの場合、差別事件が起こると地域の水平社は集会を開いて部落民の総意を確認し、交渉委員を中心として多数の部落民が差別に関係した個人に抗議して陳謝や謝罪を求めた。しかし水平社は、いくら個人に陳謝や謝罪を求めても、解決は個人の範囲に終わると考えた。そこで水平社は、差別した個人や関係した者に謝罪状を印刷して配布させるか、新聞に謝罪広告を載せさせ、差別事件を起こすことは大きな罪であることを広く社会に訴えようとした。現在では数多くの印刷された謝罪状が残されているが、初めて新聞に載せられた謝罪状もしくは謝罪広告として確認できるのは、一九二二年七月一六日の『大阪時事新報』に載せられた次のものである。

02-2 木村京太郎

謝罪状

一、拾一日夜、御町区民諸君ニ対シ不合理ナル差別観念ヲ以テ御入浴拒絶仕リ候事不都合ニ付キ、以後再ビ如斯所為致サザルハ勿論謝罪ノ意ヲ以テ三日間謹慎休業仕リ、此段紙上謝罪ニ及ビ候也。

大正拾一年七月拾四日

奈良県高田町
双葉湯営業主
伊藤繁太郎

奈良県高田町
山内水平社
中井戸水平社
御中

まず「謝罪状」であることが明確にされ、差別の内容と謝罪の内容や年月日、差別した本人の名前、宛名が記され、水平社の糾弾によってこの差別事件は解決にいたったことを明示している。

◉全国水平社第二回大会での議論

一九二三年三月二日から三日にかけて、京都市で全国水平社第二回大会が開かれた。ここで阪本清一郎が一年間の経過を報告することになったが、自らが提案した徹底的糾弾に関して、「一般民の部落民に対する差別観念は依然として強い。知識階級も差別言動をしている。差別事件は、小学生児童に関するものだけでも五六件にのぼっている。差別事件から徹底的糺弾となった件数は非常に多く、新聞に謝罪広告を載せることになったものは約二六〇件になった。徹底的糺弾によって、刑に処せられたのは四件であった。徹底的糺弾に対する世間の無理解や批判によって刑罰を受けたことは、われわれがいかに社会から蔑視されているかということがわかるというものだ」と説明した。

全国水平社第二回大会では、いかに徹底的糾弾を展開していくかということが議論された。兵庫の神戸市水平社や芝村《しばむら》水平社、住吉《すみよし》水平社、それに奈良の飛騨《ひだ》水平社から、「侮辱処罰ノ特別刑法設定ヲ建議スルノ件」が提案された。提案理由は、「一般民の差別観念の根本原因を撃退するための方法として、政府に対して差別撤廃に関する特別刑法の制定を要求する」というものであった。しかし「実現は不可能、かりに実現されても、根本的に差別撤廃に効を奏しない。やはり徹底的糺弾が有効である」「現在の役人がいるかぎり、法律ができても駄目だ。現在の社会では法律は無益である。社会の根本的改造が必要だ」など反対意見が続出し、否決された。

また奈良の河合村《かわいむら》水平社と京都の和束《わづか》水平社から、「戸籍身許調査等ノ改正ヲ要求スルノ件」が提案された。提案理由は「役場や警察署などの身許調査書に「特殊部落民」と記入されていることを、どうすべきか」というものであり、議長の南梅吉が「その事実を発見したときは、役場や警察署などに対して徹底的糺弾をおこなう」とまとめて、可決された。また三重の西岸江《にしきしえ》水平社から、「一般民ヨリ離婚サレタ時、慰藉料《いしゃりょう》ヲ水平社ヨリ要求スルノ件」が提案された。この件については「刑法からいっても、絶対にできない」「差別問題は金銭で解決したくない。あくまでも差別糺弾だ」の反対意見が述べられ、「このような事件は頻発しないので、各地方水平社に一任する」という修正意見を取り入れて可決された。

もっとも議論が沸騰したのが、京都の和束水平社から提案された「一般民間ニ於テ穢多等ノ言葉ヲ弄シタルヲ見聞シタル場合ノ態度ニ関スル件」であった。提案者は「新聞に謝罪広告を載せることを基本にしたい」と説明したが、「新聞の謝罪広告に限定せず、直接行動に訴えるべきだ」との反対意見が述べられた。この反対意見には、「直接行動だけでは解決できない。なるべく穏健な方法、たとえば言論によって糺弾するのが妥当であると思う」との意見も出された。この議論を聴いていた多くの参加者から「直接行動が必要だ」との声があがり、会場が騒然とした。

そこで議長の南は「直接行動とはどういう意味か」と主張する者に説明を求めることになり、説明者は「直接行動とは直接に暴力をふるうことではなく、言論による行動も含むものである」と述べた。これをふまえて暴力を嫌う南は「直接行動とは暴力を指すものではなく、部落民によって言語または言論によって解決すべきである」と解釈し直し、これをふまえて可決されることになった。つまり全国水平社としては、徹底的糾弾とは差別者に対して言論によって謝罪を求め、謝罪状を提出させるか、新聞に謝罪広告を載せさせることであるということで、一応の意思統一を図ったのである。これによって、西浜水平社から提案された「差別事件ノ法律的保証アルマデ、直接行動ニ訴フルノ件」も可決されることになった。

しかし群馬県では、新たな事態が起こってくることになった。一九二三年六月からのあいつぐ差別糾弾闘争を契機として、七月七日に水平社に結集する人びとの多数が高崎《たかさき》区裁判所に抗議するという事件が起こり、これによって官憲は水平社への弾圧をおこなった。そこで群馬県水平社は七月二三日に第一回協議会を開き、「差別糺弾は努めて穏健を旨とし、その効力に重きをおいて国家の法規に違反しないよう注意を払う」という差別糾弾闘争の穏健化を決定した。

さらに一九二四年八月二四日に差別糾弾闘争と高崎区裁判所への抗議の中心であった古島小文治《こじまこぶんじ》らは里見《さとみ》水平社を解散し、いわゆる「解放令」の発布日である八月二八日には「武装的水平運動を排し、開明的水平運動によって差別待遇を撤廃する」という宣言を発表するだけでなく、さらに九月には部落改善と一般民衆との融和のために里見一心会《いっしんかい》を結成した。古島らが言う「武装的水平運動」とは、明らかに差別糾弾闘争を指していた。当然に群馬県水平社は古島らを除名処分とし、全国水平社も九月二〇日の『水平新聞』第四号に載せた「里見水平社解散の真相」で古島らを厳しく批判した。

◉権力の敵視と融和運動家の危惧

一九二四年三月三日、京都市で全国水平社第三回大会が開かれた。そこで阪本清一郎は一年間の経過を報告し、徹底的差別糾弾に関して「差別事件の件数は、一一八二件であった。差別事件の多かった府県は、京都府の二〇六件、山口県の一八六件、三重県の一八二件、大阪府の一五七件、岡山県の一二一件、奈良県の九三件となっている。水平運動に無理解な地域は、和歌山県と兵庫県、それに九州である。大阪府の警察は実に乱暴であり、われわれを圧迫することを平気でやっている」と説明した。

事実、大阪府などの警察だけでなく他の府県も同様に水平社を敵視していたが、これには内務省の水平社や徹底的糾弾に対する認識が反映していた。内務省警保局は一九二二年一二月に『水平社運動情況』という報告書をまとめ、そのなかで「部落民は多年にわたって受けてきた圧迫によって、反抗と残忍性を露《あらわ》にしている。差別した者が謝罪しても凶暴な行為に及んで、時には家に押し入って殴ったり傷害を負わせたりもしている」と徹底的糾弾が害悪であるかのように敵視した。そして、「徹底的糺弾は部落民と一般民の対立状況を生むので危険であり、各種の弊害を生じさせるので、厳重に取り締まる必要がある」と結論づけた。

奈良県では一九二三年三月に差別事件を契機に水平社と国粋会《こくすいかい》が衝突した、いわゆる水国《すいこく》争闘事件が起こり、世間を驚かせることになった。そこで奈良県警察部長の清水徳太郎《しみずとくたろう》は、一九二三年四月九日に県内の各警察署長に「糺弾行為取締に関する通牒《つうちょう》」を発した。それは糾弾行為が「一般民との疎隔《そかく》を激しくし、場合によっては刑法上の犯罪を構成する」との認識から、「水平社が差別的かつ侮辱的な行動があったと称して多数で押しかけることを避ける。脅迫的な糺弾行為に対しては警察犯処罰令と刑法によって処置する。謝罪状の印刷や新聞の謝罪広告の要求にまでいたらないようにし、謝罪状などを取らないように諭し、談笑のうちに解決する」というものであった。この方針に沿って奈良県警察部は水平社の取り締まりと善導を図り、自らの思い描く穏健な差別事件の解決のため積極的に調停に乗り出していくことになった。

　水平社と違った立場から部落問題を解決しようとした融和運動の側は、徹底的糾弾に対しては内務省や警察とは異なった見解を示した。少し時期は下るが、内務省社会局で部落改善事業と融和運動に邁進《まいしん》していた三好伊平次《みよしいへいじ》は、一九二五年二月の中央社会事業協会地方改善部機関誌『融和』第一巻第一号に「糺弾の一考察」を寄せ、自らの徹底的糾弾に対する認識を示した。三好は、差別事件が横行する状況では水平社の徹底的糾弾はやむをえない行為であるとしながらも、暴力とつながる直接行動に対しては大いなる危惧を表明し、徹底的糾弾をなくすためには何よりも「一般民が自ら執着している差別意識をなくすために力を注ぐべきである」と主張した。

◉徹底的糾弾の分化と変容

全国水平社創立から一九二四年にかけて全国各地に水平社が結成され、徹底的糾弾を中心に水平運動は大きな盛り上がりをみせた。しかし、徹底的糾弾は時として直接行動によって暴力事件を起こすことになったため、しばしば権力の弾圧を受けることになった。このような状況を打開するため、一九二三年一一月に共産主義の立場から水平運動を進めようとする全国水平社青年同盟が結成された。

全国水平社青年同盟の指導者である日本共産党員の高橋貞樹《たかはしさだき》は『特殊部落一千年史』（更生閣、一九二四年）で、水平運動の初期において徹底的糾弾は意味があったが、これからは部落差別の根本である社会組織の変革のために階級闘争に進出すべきであると主張した。これと同様の立場から、「赤坊主生」を名乗る全国水平社青年同盟の中村甚哉《なかむらじんや》は、一九二四年四月一五日の全国水平社青年同盟機関紙『選民』第三号に「徹底的糺弾に就て」を載せた。中村は「百の穢多および特殊部落などの言葉が発せられても、そこに何らの差別的かつ侮辱的な意味が含まれていない場合は、たしかに差別されたとはいえない。徹底的糺弾は、この事実を確かめたうえで初めて効果が生じる。偏狭な考えから文字や言葉にとらわれて、その真相を究めることを怠って、いたずらに軽挙妄動に走って問題をはき違えることは、われわれ青年の採るべき態度ではない」と述べ、間違った徹底的糾弾が横行して水平運動に害毒を与えていることに注意を促したのである。

一〇月一〇日の『選民』第九号には、無署名の「徹底的糺弾の進化—二期運動の神髄—」が載せられた。ここではまず「徹底的糺弾は単に個々の差別事象に対して加えられる制裁だと考える人は、水平運動を改善主義か改良主義と混同している人である」と差別糾弾に対する誤解を批判し、「部分的闘争から全般的闘争へ水平運動は次第に方向転換されつつある。それとともに徹底的糺弾もいろいろの意味において進化する。現在の糺弾はもはや単なる糺弾ではなく、第二期運動の戦術としてより広義の糺弾でなければならない」とし、「われわれは第二期運動を完成させるために、まず方向転換と徹底的糺弾の神髄をつかむ必要がある」と結論づけた。これは徹底的糾弾の意義を形のうえでは認めたものであったが、実質的には徹底的糾弾を抑制し、階級闘争への進出を主張したものであった。

当時、全国水平社内では、水平運動の方向をめぐって対立が徐々に生じていた。この対立が頂点に達したのが、一九二四年一〇月に発覚したスパイ事件を契機とした南梅吉の中央執行委員長解任や平野小剣の除名処分、米田富の陳謝であった。そして一九二五年五月の全国水平社第四回大会から、全国水平社青年同盟は全国水平社本部の一角を占めるようになった。全国水平社青年同盟は徹底的糾弾を解釈し直し、その矛先を差別した個人ではなく権力機構や社会組織に向けていった。つまり全国水平社青年同盟は、差別糾弾闘争を無産階級の政治的闘争の一環として位置づけようとしたのである。

全国水平社青年同盟は全国水平社本部の一角を占めていたが、その影響力が全国各地の水平社にまで浸透したわけではなかった。地域によっては従来からの水平運動を推進していく潮流も根強く存在し、また政治的闘争を拒否する無政府主義的な潮流も生み出されていった。これらの潮流は全国水平社青年同盟の潮流に同調せず、初期水平運動の象徴であった徹底的糾弾を続けていくことになった。ただし、徹底的糾弾闘争といっても暴力を含む直接行動をとらず、言論によって陳謝や謝罪を求める方向に転換していった。また、差別した者が謝罪を拒否した場合、水平社は警察に依頼して謝罪をさせることもあった。

阪本清一郎が提案したとされる徹底的糾弾は、全国水平社創立から約三年がたつと水平運動の諸潮流にあわせて分化し、また内容的にも変容していくことになった。今日、部落解放運動の転換点にあたって新たな部落問題の状況に対応した差別糾弾闘争の方向が模索されているが、そのために徹底的糾弾をめぐる議論は貴重な示唆を与えているように思えてならない。

◇参照文献

朝治武「徹底的糺弾の再検討」（朝治武・灘本昌久・畑中敏之編『脱常識の部落問題』かもがわ出版、一九九八年）
朝治武「初めての謝罪状」（部落解放・人権研究所編『続・部落史の再発見』解放出版社、一九九九年）

3　東西両本願寺

◉全国水平社創立と東西両本願寺

「部落民ノ絶対多数ヲ門信徒トスル東西両本願寺ガ此際我々ノ運動ニ対シテ抱蔵スル赤裸々ナル意見ヲ聴取シ其ノ回答ニヨリ機宜ノ行動ヲトルコト」――これは一九二二年三月三日に京都市で開かれた全国水平社創立大会で可決された決議の第三項である。表現こそ丁寧かつ暗示的であるが、ここには東西両本願寺に対する冷静な脅しにも似た強い不信感が表明されている。この提案の中心となったのは、西光万吉《さいこうまんきち》であったと考えられる。

周知のように西光は奈良の浄土真宗本願寺派、いわゆる西本願寺の寺院の生まれ、一九二一年七月の『解放』第三巻第七号に載せられた佐野学《さのまなぶ》「特殊部落民解放論」を読んでから、同郷の阪本清一郎《さかもとせいいちろう》や駒井喜作《こまいきさく》らと全国水平社創立を準備するようになった。しかし西光らの親たちの反対は激しく、親たちを説得したのは、西光らの部落と隣接する一般集落の西本願寺寺院の僧侶であった三浦参玄洞《みうらさんげんどう》である。西光は改革派の僧侶であった三浦の影響を受け、東西両本願寺が宗祖である親鸞《しんらん》の教えに背き、寺院の格付け、僧侶の座席や衣の色を規定する堂班《どうはん》制、さらに部落寺院への差別的待遇など、多くの問題点を抱えていると考えていた。

もっとも西光としても教団としての東西両本願寺に対しては批判的であったが、親鸞への信頼は厚かった。この西光の親鸞への信頼は、一九一七年に岩波書店から出された倉田百三《くらたひゃくぞう》の『出家《しゅっけ》とその弟子』を契機として生まれて全国水平社創立時に社会を席巻《せっけん》していた「親鸞ブーム」もしくは「親鸞回帰」という現象と関係していた。つまり、親鸞は当初から平等論を主張していたとする親鸞像が強く打ち出されるようになり、これを前提として西光は部落解放のひとつの論理として親鸞の教えを重視したのであった。

話を決議に戻すと、決議の第三項は奈良の米田富《よねだとみ》によって朗読され、可決された。さきに述べたように決議の第三項は暗示的であり、のちの展開を知っている私たちには理解もできるとしても、はたして全国水平社創立大会の参加者の理解が十分であったかは疑わしい。ともかくも、この決議の第三項が、全国水平社として東西両本願寺に放った宣戦布告の最初の一矢であった。

全国水平社創立大会の翌日である三月四日、全国水平社の中央執行委員長の南梅吉《みなみうめきち》をはじめ、中央執行委員の阪本清一郎、西光万吉、駒井喜作、平野小剣《ひらのしょうけん》、米田富らが決議の第三項にもとづいて東西両本願寺を訪ねた。全国水平社は真宗大谷派の東本願寺に対して、「本願寺の過去は一切問わないが、本願寺はわれわれの運動に共鳴するかしないのか、共鳴するなら、今後、水平社に対して、どのような態度に出るのか」と尋ねた。これに対して、総長の阿部恵水《あべけいすい》は「水平社の運動は道理であって、真宗としては教義上からもぜひ部落問題にとりくまねばならないと信じている。だから本願寺としては水平社の主義に共鳴して今後はできるかぎり後援する」と答えた。

浄土真宗本願寺派の西本願寺に対しては、西光が「私は西本願寺の僧侶の一人であるが、水平社の運動を起こさねばならないことになったのを恐ろしく思っている。もし本願寺が親鸞の心をもって差別撤廃に尽くしていたならば、このような必要はなかった。部落の若い者は本願寺が何もしなかったことを心から憤り恨んでいる」と批判した。これに対して、執行《しゅぎょう》の花田凌雲《はなだりょううん》は「諸君の意図はよく理解しました。本願寺としては自発的に部落問題に尽くしたいと、目下、研究を重ねている。互いに相談して理解の上に立って尽力していきたい」と答えた。東西両本願寺は全国水平社に対して「共鳴」もしくは「理解」という態度を示したものの、何ら積極性と具体性がともなうものではなかった。そこで西光らは納得しないばかりか、不信感さえ増幅させることになった。

◉募財拒否の通告

そもそも東西両本願寺は、部落差別を僧侶や門信徒の個々の心構えの問題としてとらえるだけで、教団全体や教義にかかわる本質的に重要な問題としてとらえるという観点に欠けていた。このような観点であったから、全国水平社への対応においても一般的な「共鳴」もしくは「理解」という域を超えることはなかった。

　そして三月二一日、西本願寺管長事務取扱の大谷尊由《おおたにそんゆ》は、差別撤廃に対する「御垂示」を示した。ここで大谷が言いたかったことは、「近年になって各種の思潮がしきりに交流して人心の行方は明らかでない。あるいは悪平等という偏った意見によって社会や自然の差別をなくそうとすることは、自他互いに排斥と憎悪を重ねることになる」ということである。つまり、近年の西欧的思潮によって平等が唱えられているが、社会や自然の差別をなくそうとするのは悪平等であり、排斥と憎悪を引き起こすことになると戒めようとしたのである。これは広い意味における差別の肯定であり、まさに全国水平社の主張と真っ向から対決する論理であった。

　そこで業を煮やした全国水平社は、四月一〇日に中央執行委員長の南梅吉の名で浄土真宗本願寺派管長事務取扱の大谷尊由と真宗大谷派管長の大谷光演《おおたにこうえん》に対して募財《ぼざい》拒否の「決議通告」を送った。ここでは「今後二〇年間、われら部落寺院と門信徒に対して、いかなる名義による募財も中止されたい」とし、その理由は「部落民が一般社会から侮辱を受けているのは経済的な貧困と文化生活の不十分さにある。われわれは解放運動を徹底するためには、まず経済的独立が必要である。東西両本願寺はわれわれに賛意を表したのであるから、募財を中止することは当然の社会的、宗教的義務である」と説明された。

　そして同時に部落民に対しては檄文《げきぶん》を発し、募財拒否への理解を求めた。この檄文では「御同行《おんどうぎょう》御同朋《おんどうぼう》と称《とな》える人たちが、心から黒衣《こくえ》や俗衣《ぞくえ》で石を枕に血と涙で御苦労くださった御開山《ごかいさん》の御同行ではなくて、色衣《しきえ》や金襴《きんらん》の袈裟《けさ》を着飾って念仏や称名を売買する人たちの同行ではないでしょうか」と問い、「同行同朋を虐《いじ》めた金で堂塔を建てた、千の伽藍《がらん》を建てたなど、何でそれがありがたいか、何でそれが御恩報謝か、いわんや自力根性の功徳《くどく》であるか。御開山の御同行であるなら、できもしない懺悔《ざんげ》に隠れたり、無慚無愧《むざんむき》を楯にとったりすることはやめて、もっとみんなが御同行御同朋と仲よく暮らせる世の中にするのが一番です」と主張した。これは明らかに、東西両本願寺の差別体制と連動した金権体質を厳しく批判したものであった。

このように全国水平社が募財拒否を中心として東西両本願寺をターゲットにしたのは、部落民の多くが浄土真宗に帰依していたという事実があったからである。すなわち、一九二二年六月に内務省社会局がまとめた『部落改善の概況』によると、全国の部落の全戸数のうち八二%が浄土真宗もしくは真宗、日蓮宗《にちれんしゅう》が四%、その他が一四%であり、八二%の浄土真宗もしくは真宗のうち圧倒的多数が西本願寺の門徒であった。まさに東西両本願寺は貧困と差別に喘《あえ》ぐ部落民にとって、搾取者であり差別者としか映らなかったのである。

◉西光万吉の大谷尊由への批判

全国水平社の東西両本願寺に対する対応は、宗教紙の『中外《ちゅうがい》日報』で報じられていた。『中外日報』には全国水平社創立を応援した三浦参玄洞や荒木素風《あらきそふう》らが中心に陣取り、全国水平社に誠実な対応をしない東西両本願寺に対して批判の論陣を張った。たとえば四月一四日に載せられた「水平社の通告と東西本願寺の態度」は、東西両本願寺のなかでの「通告は通告にすぎず回答を要求されたわけではないから、ソッとしておくしかない」「水平社は本願寺に対抗的態度をとらなくてもいいではないか」「差別撤廃の運動を叫んだところで、今日では法律上にも社会的にも差別は存在しない、残るはわずかな感情にすぎない」「水平社はやたらに議論で押し通そうとするが、それで効果が上がると思っているのか、他所のことまで心配してもらう必要はない」などの意見を紹介し、東西両本願寺の態度が「問題の核心にふれていないことは明瞭にわかる」と痛烈に批判した。

全国水平社のみならず、奈良や京都、大阪の水平社でも募財拒否の動きが広がっていった。これに対して六月、東本願寺教学第二部は「水平社の募財拒否のごとき説に惑乱《わくらん》することなく、稀有《けう》の開宗紀念に際して充分に尽力しよう」との諭達《ゆたつ》を各地教務所長に発した。つまり東本願寺は、全国水平社の募財拒否を無視し、翌年の開宗七〇〇年紀念法要に力を注ぐよう指示したのである。

西本願寺にいたっては、全国水平社の募財拒否について、まったくふれようとしなかった。むしろ、大谷尊由が九月に『親鸞聖人の正しい見方』を興教書院から刊行し、倉田百三『出家とその弟子』以降の親鸞像や全国水平社の主張、そして全国水平社を支持する『中外日報』の記事に対して全面的に批判を加えようとした。

大谷尊由の主張は、次のごとくであった。いわく、「同朋主義とか平等主義は親鸞信仰の中核ではない、信仰の中核より派出した対人間の思想だ」「今日の社会思想家が親鸞聖人の名をかりて言う程度の平等思想は、何も他力宗の信仰をまたなくても、仏教哲学の考察が遠い昔に道破し尽くしていることだ」「大乗仏教においては、原因の消滅を条件としないかぎりは、その結果としての差別を無視するわけにはいかない、これを無視することは平等の一面に偏った誤った見解だ」「差別を生じるすべての原因が消滅することは、人間の社会では到底望まれない、したがって差別も消滅しない」と、独自の「因果応報《いんがおうほう》」論を展開した。

これに対して西光万吉は「業報《ごうほう》に喘《あえ》ぐ（大谷尊由氏の所論に就いて）―特に水平運動の誤解者へ―」を、一〇月六日から一二月二七日にかけて一一回にわけて『中外日報』に連載した。西光は大谷の「因果応報」論では「部落民はあきらめるよりほかはない」と批判し、「水平運動を見る人よ、業報に喘ぎつつ白道《びゃくどう》を進む人間の姿を見よ。「善人なほもて往生をとぐ、いはんや悪人をや」という親鸞の主張した世界においてのみ、われらは抱き合うことができるであろう」と訴えた。つまり西光は、親鸞が差別のなかにいる者こそ救われると説いたことが本願寺の本来の姿であり、差別に対抗する人間の「業報に喘ぐ」姿を直視するべきだと主張し、僧侶として親鸞を理解する部落民の立場から大谷尊由を厳しく批判したのである。

◉黒衣同盟の結成

一〇月一九日、奈良にある西本願寺の部落寺院の住職である広岡智教《ひろおかちきょう》が全国水平社の主張に賛同し、西本願寺における僧侶の身分を定めた堂班制などを撤廃するため、近畿一円の部落寺院の住職に対して黒衣《こくえ》同盟の結成を呼びかけた。この黒衣同盟については、広岡は同じ部落の米田富だけでなく、西光ら全国水平社の幹部と協議していたのであろう。この広岡の呼びかけに対し、和歌山や京都、大阪の部落寺院から賛同もあった。

一一月二三日になって、『大阪時事新報』は黒衣同盟の宣言の要約を載せた。それによると、宣言では「われわれは黒衣同盟を起こして、東西両本願寺の反省を促す。東西両本願寺が堂班の売り付けに腐心しているが、何たる非宗教的な行為か。われら檀徒《だんと》は、東西両本願寺の圧迫から解放される時がきた。色衣を捨て、黒衣にうつる時がきた。われわれは親鸞に帰る時がきたのだ」「われわれは黒衣同盟の連合力を養成し、水平運動の急先鋒《きゅうせんぽう》となる。しかも単なる水平運動の共鳴ではなく、やがて親鸞の真心に帰るのである」と主張された。そして一九二三年一月一八日、奈良県の高田において黒衣同盟の結成大会が開かれた。ここから、黒衣同盟によって「僧侶の水平運動」が開始されたのである。

東西両本願寺は、全国水平社の募財拒否通告のときと同じように、黒衣同盟に対しても明確な態度を示さなかった。ただ三浦参玄洞は、三月一〇日に『中外日報』に載せた「黒衣同盟の批議者に」で東西両本願寺の関係者に批判を加えた。東西両本願寺の関係者は、「黒衣同盟なんて余計な運動を始めたものだ。色衣がいけないと思ったら、自分一人でそれを脱いだらいいじゃないか。何も仰々《ぎょうぎょう》しく同盟までつくるには及ばない。しかも他人まで道連れにしようとするのは、いまだ十分、自分に決定しないところがあるからだ」と黒衣同盟を批判したという。

　これに対して三浦は、「もっともらしい言い分ではあるが、いまだ徹底しないところがある」といい、「一人や二人がやってみて何の効き目もないときは、やはり多人数の力をかりて自己を支配する社会制度を改めねばならない、黒衣同盟がまさにこれだ」と黒衣同盟を擁護し、「おれは一〇年も昔から黒衣で通しているのに、貴公らはいまだに、そのようなジャラジャラしたものをまとっているのか。何という、たわけ者だ」と東西両本願寺を痛烈に批判した。

　一九二三年三月二日から三日にかけて開かれた全国水平社第二回大会で、東西両本願寺に対する反対の動きが

03-1 西本願寺の賽銭箱の上に立って演説（1923年３月３日）

盛り上がった。ここでは奈良の梅戸《うめど》水平社と京都の千本《せんぼん》水平社から提案された「募財拒絶ノ徹底ヲ期スル件」をはじめ、奈良の大島《おおしま》水平社から提案された「黒衣同盟ニ関スル件」、奈良の柏原《かしはら》水平社から提案された「本願寺ヨリ独立シテ自由教団トスルノ件」、大阪の西浜《にしはま》水平社から提案された「水平運動ニ寺院ヲ開放セシムル件」、大阪の舳松《へのまつ》水平社から提案された「立教開宗七百年紀念法会ニ水平運動宣伝ノ件」が可決された。

なお、三日には大会に先立って早朝から、全国水平社は東西両本願寺に対して示威《じい》行動をおこなった。和歌山出身で大阪の西浜水平社の指導者であった栗須七郎《くりすしちろう》は、「われわれ水平社の運動は七〇〇年前の親鸞に代わるのである。東西両本願寺の殿堂の荘厳は親鸞を没却するものだ。われわれは命がけになって、初めて親鸞を見いだすのだ」と演説した。西光万吉も「親鸞はわれわれを解放したが、東西両本願寺は荘厳を極めた殿堂のためにわれわれを虐げている。われわれは誤った宗教や道徳を改める先駆けとして、東西両本願寺の偶像を破壊しなければならない。それによって初めて、本当の親鸞が実現しうるだろう」と演説し、これを聞いていた参加者は小銭を賽銭箱《さいせんばこ》に投げつけたという。そして三日の大会では、「東西両本願寺ニ対シ募財拒絶ノ断行ヲ期ス」を含む三項の決議が可決された。

◉仏教系融和運動の成立

四月九日から立教開宗七〇〇年紀念法会が始まり、全国水平社は宣伝活動をおこなう予定であったが、中止しなければならなかった。これは京都府当局の指導に従ったものであったが、いまだ圧倒的多数の部落民の東西両本願寺への帰依と信頼は厚く、批判的な宣伝活動を強めると、かえって全国水平社に反発して逆効果になると判断したためであったと考えられる。

黒衣同盟を組織していた広岡智教は、四月になって新たに本派本願寺有志革新団を結成した。それは「一切の政治的情実より脱却して我本派本願寺の根本的革新を計り近代的合理の教団を樹立する事」という綱領の第一項にあるように、全国水平社や黒衣同盟の活動をふまえて、教団改革を目的としたものであった。そして五月二〇日と二一日には、西本願寺管長事務取扱の大谷尊由と執行の原田《はらだ》了哲《りょうてつ》に対して、全国水平社や黒衣同盟の主張に耳を傾けず教団改革に冷淡な態度をとっていることについて建白《けんぱく》書や質問書を送ろうとする動きまでみせた。

一九二三年後半から、全国水平社の募財拒否運動は徐々に停滞していった。それでも一九二四年三月三日の全国水平社第三回大会では、可決された決議の一項に「東西両本願寺に対する募財拒絶の断行を期し併せて解放の精神を麻痺《まひ》せしむるが如き一切の教化運動を排す」が入れられることになった。また、米田富によって「本願寺ノ寺院復興金ニ対シテ寄付セザル事」という緊急動議が提案され、可決された。前年九月一日の関東大震災で多くの本願寺関係寺院が倒壊したのは「親鸞に帰る絶好の機会」であるとし、募財拒否の延長線で、門徒から寄付金を集めようとした東西両本願寺を厳しく批判した。

このような全国水平社の批判的な動きも影響してか、東西両本願寺も部落問題にとりくみはじめた。

西本願寺では、一九二四年四月四日の布教調査会で社会課から「差別撤廃に関する思想普及方法」が示されたが激しい議論が起こり、保留となった。しかし七月一一日には差別撤廃懇談会が開かれて差別撤廃が議論され、それをふまえて一〇月二九日には融和団体として一如会《いちにょかい》を設立させた。この一如会の中心となったのは、龍谷《りゅうこく》大学の梅原真隆《うめはらしんりゅう》であった。

東本願寺では、一九二四年五月四日に大谷派社会事業協会を設立し、一〇月二五日から二六日にかけて第二回地方改善協議会を開いて部落問題をとりくもうとした。その後、東本願寺では目立った部落問題への取り組みはみられず、ようやく一九二六年三月二五日になって融和団体として真身会《しんしんかい》を設立させた。この真身会を中心的に担ったのは、大谷派社会事業協会の武内了温《たけうちりょうおん》であった。

一如会も真身会も仏教系融和運動を進めることになったが、内容的には政府や中央社会事業協会地方改善部の活動を東西両本願寺内に適用させようとするものであった。その主張は当然に部落問題に関しては反省と懺悔を説くものであり、全国水平社や黒衣同盟が主張したような差別的体質を温存する教団のあり方の改革と結びつけようとしたものではなかった。

現在、仏教を含む宗教は、信仰生活のみならず社会教化としても大きな影響力をもっている。その意味で宗教が本格的に部落問題にとりくめば、部落問題の解決に資するところはきわめて大きいといえる。しかし、部落民の大多数が帰依する東西両本願寺は部落問題にとりくんできたが、現在においても差別事件を引き起こすなど重大な問題点さえ生起させている。全国水平社や黒衣同盟の東西両本願寺に対する批判や行動は、人びとの日常生活にとって宗教が果たす役割が大きいことを考えると、今日においてもなお意義を失っていないのではなかろうか。

◇参照文献

藤野豊「全国水平社の創立と浄土真宗」(藤野豊『水平運動の社会思想史的研究』雄山閣出版、一九八九年)
鈴木良「真宗教団批判の発展」(『部落問題研究』第一八三輯、二〇〇七年一二月)

4　国際連帯

◉民族自決論への共感

「独創と創造力を有する我が民族に檄《げき》す」で始まり、「全国に散在する我が兄弟姉妹等よ。大同団結を図り幾百年来の虐待と虐称より解放を期して自由、平等の新社会の建設に努力せよ」で結ばれる著名な「民族自決団」を名乗った檄文は、一九二一年二月一三日に東京の築地《つきじ》本願寺で開かれた帝国公道会が主催する第二回同情融和大会でまかれた。これを書いてまいたのは、福島の部落に生まれた平《ひら》野小剣《のしょうけん》であった。

平野は一九一七年ころから東京で労働運動に参加するようになったが、それは部落差別と闘うための準備であった。平野は労働運動に力を注ぎつつも常に頭にあったのは、幼少期から東京までの生活で非常な苦しみを受けてきた部落差別であった。そして、ようやく部落差別と闘うために初めての行動となったのが、四年後の第二回同情融和大会での「民族自決団」を名乗った檄文の撒布《さんぷ》であった。この檄文で平野は自らを含む部落民を「民族」と呼び、「我等民族の祖先は最も大なる自由と平等の渇仰者であって、また実行者であった」とも表現した。この部落民の歴史的役割を述べた表現が、西《さい》光万吉《こうまんきち》が起草して平野が添削した全国水平社創立宣言にも取り入れられたことは、今日ではよく知られている。

平野が部落民を呼ぶ際に民族という表現を用いたのは、この時期における国際情勢の特徴的な動向に対する認識に由来していた。特徴的な動向とは、一九一八年に終結した第一次世界大戦を契機として盛り上がった、インドや中国、朝鮮における帝国主義国家の植民地支配に対して被抑圧民族の解放を実現しようとする民族自決論であった。しかし平野が部落民を呼ぶのに民族を用いたのは、部落民を純然たる民族と見なしていたからではなく、あくまでも民族自決論に共感して運動論的立場から自律性が強い民族になぞらえたものであったと考えられる。

全国水平社創立の前年である一九二一年八月、平野は自らが属する労働組合である信友会機関誌『信友《しんゆう》』に「△△民族の反抗心」を寄せた。「△△」とは「エタ」のことであり、ここでも平野は部落民を民族と呼んで、部落民が被抑圧民族のように解放のために起《た》ち上《あ》がるよう訴えた。つまり平野にとっての民族自決論とは、部落解放をめざす運動においてもっとも参考にすべき現実的な主張であった。この民族自決論と一九一九年一月のベルサイユ講和会議で日本政府から提案された人種差別撤廃提案をめぐる議論が、全国水平社における国際連帯の思想的底流となった。

◉国際連帯の提案

一九二二年三月三日に全国水平社が創立されたが、その際に綱領や宣言、決議などが採択された。その綱領の第三項は、奈良の阪本清一郎《さかもとせいいちろう》が提案した「一、吾等《われら》は人間性の原理に覚醒し人類最高の完成に向って突進す」という全国水平社創立を象徴する理念のひとつであった。平野が提案した第一項が「特殊部落民は」、第二項が「吾々《われわれ》特殊部落民は」と主語は部落民であったが、第三項の主語である「吾等は」のみは、部落民のみならずすべての人びとを意味していた。つまり、第三項は部落民を含む国内外のすべての人びとが実現すべき目標を示したものであり、さらにいえば国内における共同闘争のみならず国際連帯にもつながる可能性を秘めていた。

阪本は一一月に出された全国水平社機関誌『水平』第二号に、「英王国に於《お》ける二大水平運動」を寄せた。阪本がいう「二大水平運動」とは、「暴力的なアイルランドのシン、フェン運動」と「非暴力的なインドのスワラジー運動」であり、イギリス帝国の植民地支配に対抗する被抑圧民族の反植民地運動であった。これらの運動は阪本にとって部落民の水平運動と共通する性格をもつものと認識され、多大な関心を示さざるをえなかった。

このような阪本の認識と関心をふまえて、一九二三年三月二日から三日にかけて京都市で開かれた全国水平社第二回大会では、阪本が属する柏原《かしはら》水平社から「水平運動の国際化に関する件」という議案が提出された。その内容は、「国際的に劣等人種として差別待遇を受けているのは、日本ではわれわれ部落民、イギリスではアイルランドとインド、アメリカでは黒人だ。日本の朝鮮人も同じだ。近年になって、これらの弱者は、われわれと同様に水平運動を起こしつつある。したがってわが水平社は各国の解放運動と連絡を取り、相ともに提携して水平運動の達成に努めたい」というものであった。

ここでは、ひとくくりに「劣等人種」としているが、部落民のみならず、アイルランドとインド、朝鮮人は植民地とされた国および民族、黒人は「奴隷」とされた人種など、実際は差別を受けていて歴史的経緯も異にする多様な存在であった。阪本と柏原水平社にとって、これらの人びととの連絡・連携は、綱領の第三項にうたわれた「人間性の原理」と「人類最高の完成」のためには必要不可欠なものと意識されていた。この議案は、「まずイギリスのアイルランドとインド、朝鮮の独立運動と通信交換くらいにとどめる」とトーンを落とした修正意見が出て、可決されることになった。ともかくも、この提案は全国水平社における国際連帯の幕開けとして画期的な意義をもつものであった。

全国水平社第二回大会では、全国水平社を支援する青十字社《せいじゅうじ》の木本凡人《きもとぼんじん》（本名＝木本正胤《きもとまさつぐ》）の影響を受けた大阪の泉野利喜蔵《いずのりきぞう》から緊急議案として「水平社と朝鮮人の提携に関する件」も提案された。提案理由は、「現在、日本の官憲は水平運動と朝鮮の独立運動に過酷な圧迫を加えている。わが水平社の主張は正義人道に立脚して差別からの解放を叫び、朝鮮人の主張と合致しているので、将来は朝鮮人と合体して人類解放運動の目的を達成したい」というものであった。

この議案を泉野が提案した背景には、一九二二年一二月六日に大阪朝鮮人組合会の会長である李善《イソン》洪《ホン》を中心として関西朝鮮人連盟が結成されたことと深く関係していた。この関西朝鮮人連盟の結成には泉野と米田富《よねだとみ》が参加し、泉野は「朝鮮人解放運動は水平運動と趣旨が同じだから、わが水平社の姉妹団体として大いに提携に努力されんことを望む」と述べ、米田も「朝鮮人はわれら部落民と同祖同族なので、不断の努力によって多少の犠牲を払ってでも、あくまで目的を貫徹するために進むべきだ」と訴えた。

しかし、全国水平社第二回大会での泉野の提案に対し、「朝鮮人の運動の目的は独立であって、政治運動だ。これはわが水平運動とは根本が違うだけでなく、朝鮮人と提携することは世間の誤解を受け、水平運動の支障となるだけだ」との反対意見が出て、会場は野次《やじ》で騒然となった。また「人類はすべて平等だ。したがって無産者や虐げられた者が提携して運動するのは自然だ。この提案を反対する者は、資本家政府に追従する堕落者と認めざるをえない」との賛成意見も出され、場内は騒然となった。そこで保守的立場をとる議長の南梅吉《みなみうめきち》は、自らの権限によって議案を握りつぶし、帝国日本の朝鮮に対する植民地支配に目をつぶろうとしたのであった。

◉労農ロシアの承認

全国水平社第二回大会では、奈良の小林《こばやし》水平社から「労農ロシアの無条件承認の件」という議案が提出された。一九一七年一一月のロシア革命によって成立した社会主義国家のロシアに対して、日本は国家として承認せず、国交も結んでいなかった。そこで小林水平社は、提案理由を「労農ロシアはわが水平社にとって先覚者だ。ロシアの無産者はわれわれ無産者とほとんど同じ境遇にあるが、彼らは早く解放運動を起こして成功した。この意味でわれわれは無条件で承認すべきだ」と説明した。しかし「われわれの境遇は労農ロシアと同じという意味で承認するときは、今後、われわれの運動そのものを当局は危険視するのはもちろん、社会より誤解を招き、そのために水平運動の妨害となるので反対だ」との反対意見が出て、賛否両論があいついで場内は喧噪《けんそう》をきわめた。そこで議長の南は委員会への付託とした。そして委員会は、「現在、兄弟の大多数は労農ロシアの実情を知る者も少なく、かつロシアを無条件に承認することは社会から誤解を受ける恐れもあるので、本案は保留する」とした。

小林水平社の中心に位置していたのは、木村京太郎《きむらきょうたろう》であった。木村は、全国水平社第二回大会に際して部落青年によって少壮《しょうそう》水平社を名乗った一員であった。少壮水平社は一九二二年七月に非合法で結成された日本共産党の強い影響を受け、水平運動を階級闘争の一環として展開しようとしていた。そして一九二三年一一月一日、少壮水平社のメンバーを中心に全国水平社青年同盟が大阪で結成された。大阪の西浜水平社の中心人物である松田喜一《まつだきいち》が委員長になったが、理論的指導者は日本共産党員で一八歳の高橋貞樹《たかはしさだき》であった。

全国水平社青年同盟にとって労農ロシアの承認は、水平運動の階級闘争化にとって焦眉《しょうび》の重要課題であった。そこで一九二四年三月三日から四日にかけて京都市で開かれた全国水平社第三回大会で、小林水平社の木村は「労農ロシア即時承認の件」を提案した。この提案について、木村は「われわれの運動は差別撤廃の運動だ。日本政府はロシアを差別的な眼で見ている。われわれは、これに断乎《だんこ》として反対しなければならぬ。イギリスもロシアを承認している。日本がロシアを承認することは経済上からいっても、国際上からいってもはなはだよいことだ」と説明した。しかし「ロシアを承認することより、われわれは部落解放のために運動すべきだ」など、反対意見と賛成意見があいついだ。

そこで全国水平社青年同盟の高橋は「ロシアでユダヤ人が解放されたことを考え、われわれ無産者は即時にロシアを承認すべきだ」と述べたが、「ロシアを承認することは政治的色彩を帯びているので駄目だ」などの意見も出され、議論が沸騰して進行係である奈良の駒井喜作《こまいきさく》が鈴を振って場内を静めるほどであった。そして最後に奈良の少年である山田孝野次郎《やまだこのじろう》が登場して「われわれがロシア承認を議論するのは悠長《ゆうちょう》すぎる。マルクスはプロレタリアには祖国がないと言ったように、部落民には祖国がないのだ。われわれは人間の完成を考えて、ユダヤ人の国家を承認しなければならぬ。これはすなわち、人間礼讃《らいさん》である」と気炎《きえん》をあげ、満場一致で可決されることになった。

ただ注目すべきは、労農ロシアが承認されたといっても、社会主義国家のロシアを承認することではなかった。あくまでも、ロシア革命によって部落民と同じく差別された境遇にある民族としてのユダヤ人がロシア国家を樹立したと理解し、この立場から全国水平社としてロシアを承認したのであった。つまり「人間の完成」と「人間礼讃」という全国水平社創立の理念から、労農ロシアが承認されたのであった。

◉衡平社との連携

一九二四年三月三日から四日にかけて京都市で開かれた全国水平社第三回大会では、高知の国沢《くにさわ》亀《すすむ》から緊急動議として「印度《インド》ガンヂー氏に出獄祝の電報を発する件」が提案された。国沢は「去年の大会で水平運動の国際化を可決したが、いっこうに実現していない。インドの解放運動の先覚者であるガンヂー氏はイギリス労働党内閣成立と同時に釈放されたから、祝電を発したい」と説明したが、南アフリカの黒人解放運動の先覚者にも祝電を発するべきだとの意見も出された。いうまでもなく「ガンヂー」とは、インドの〝独立の父〟と称されるマハトマ・ガンディーである。しかし、全国水平社が外国人に祝電を発することは時期尚早だとの意見に国沢が反発して言い争いになり、議長の南は「こんな案で騒ぐのは、もってのほか」と言って保留にしてしまった。

小林水平社の木村は、「内地における鶏林《けいりん》同胞の差別撤廃運動を声援するの件」を提案した。韓国ドラマを観《み》ている者にはなじみの「鶏林《ケリム》」とは古代朝鮮の国家である新羅《シルラ》の都の呼び名のひとつであり、現在では慶州《キョンジュ》に当たる。つまり「鶏林同胞」とは、転じて朝鮮人を意味していた。木村は「日本に居住している朝鮮人は日本人から差別されている。われわれは、こんな不合理なことをなくさねばならぬ。この意味で、彼らの差別撤廃運動を声援したい」と説明したが、九州から「朝鮮人は白《ペク》丁《チョン》をいじめているから、彼らに白丁をいじめないよう警告文を発したい」との意見も含めて可決された。

また山田孝野次郎から、「朝鮮人取扱に関して政府に警告するの件」が提案された。山田は「当局は不合理な法律で朝鮮人を圧迫している。当局は独特な道徳観で朝鮮人に臨んでいる。したがって大会の名によって、政府に警告文を発したい」と説明し、可決された。この山田といい、さきの木村といい、部落民と同様に差別を受けている朝鮮人に対して連帯していこうとするものであった。

全国水平社における国際連帯の具体化を象徴するのが、さきに九州からも意見が出された「白丁」を中心に創立された衡平社《ヒョンピョンサ》との連携であった。「白丁」とは、朝鮮王朝においてもっとも厳しい身分差別を受けていた「賤民」身分のひとつであり、主として屠畜業や皮革業、革靴づくりなどに従事するなど、部落民との類似点が多かった。朝鮮では一八九四年の甲午《こうご》改革によって「白丁」という身分は廃止されたが、「白丁」に対する差別は依然としてつづいた。そして一九二三年四月二五日、植民地朝鮮の晋州《チンジュ》において、「白丁」を中心に差別を撤廃するために衡平社が創立された。

群馬県水平社から「朝鮮の衡平運動と連絡を図るの件」が提案され、「朝鮮には被差別民の白丁がいる。彼らは一般の朝鮮人から差別を受けているが、衡平社を組織した。衡平社の綱領は水平社の綱領と似ているので、われわれは衡平社と連絡をとりたい」と説明された。これに賛成意見を述べたのは、民族自決論に影響を受けていた平野小剣であった。しかし九州から「君は衡平社の内容や性質を知っているか」との意見が出て、平野は「馬鹿」と一喝したので、参加者は総立ちとなり場内は騒然となった。平野は失言だけは取り消して「衡平社は水平社に厚意を寄せている」と述べ、ようやく多数の賛成で可決された。

これにもとづいて、全国水平社は四月二五日に開かれた衡平社第二回大会に祝辞を送った。これに対して五月一日のメーデーに際し、衡平社は全国水平社に対して謝辞を寄せた。この橋渡し役を担ったのは、おそらく平野であろう。ここに、全国水平社と衡平社は正式な組織的連絡を実現したのである。これはエールの交換にとどまったとはいうものの、全国水平社における国際連帯の具体化を象徴する重要な出来事であった。

◉排日移民法反対運動

一九二四年四月の二日と一五日、アメリカ下院と上院両議会で排日移民法が可決され、日本に大きな衝撃を与えた。排日移民法はきたるべき日米対立を想定して、日本のアメリカへの経済的進出を阻止しようとするものであった。四月二五日、全国水平社の中央執行委員である阪本と米田、平野はアメリカ大使のサイラス・ウッヅを訪ね、英文と和文の抗議書を手渡した。

抗議書は、「自由を叫んでイギリス本国から独立し、正義人道の先駆として奴隷の解放を断行し、平和を名として欧州戦に参加した貴国は、いまなぜ排日の不合理をあえてするのか。しかも経済的根拠を人種的理由に転嫁し、在米幾万の日本人を侮辱する貴国の態度は自由の祖国であることを疑わせるものだ。人間礼讃をモットーとする水平社は、ここに貴国の排日態度に抗議し、この非法に同意し

04-1 サイラス・ウッヅ大使を訪問した阪本清一郎（左）と平野小剣（1924年４月25日）

ようとするアメリカ国民に反省を促す」というものであった。平野は、六月一日に出された三重県水平社と日本農民組合三重県連合会の合同機関紙『愛国新聞』第一〇号に「米国大使を訪問の日」を寄せ、全国水平社が排日移民法に反対するのは「超国家的、超資本家的、超敵対的に世界同胞主義の立場から、人類愛を徹底的に日本人だけでなく世界に知らせるためである」と説明した。

四月二七日、全国水平社は排日移民法反対だけを目的とした臨時大会を大阪で開催した。臨時大会と名づけられたのは、全国水平社第二回大会で可決された「水平運動の国際化に関する件」にもとづくものであったと考えられる。この臨時大会には約二五〇〇人が参加し、排日移民法が「日本民族に対する暴虐的行為にとどまらず、全アジア民族に対する征服的挑戦」であるとして、「全アジア民族の決起を促す」こと、および「われらは屈辱的外交に甘んじる政府当局の軟弱なる態度を糾弾する」との決議などを採択した。そして、朝鮮の衡平社をはじめインドのスワラジー運動本部、中国の大アジア協会などへ檄文を送ることを決めた。

しかし、これらの動きを共産主義の立場をとる全国水平社青年同盟は快く思わなかった。五月一五日の機関誌『選民』第四号で阪本や平野らを指して「国粋主義者」と呼び、アメリカ大使訪問を「ほとんど狂の字をもって評すべき」と批判した。また、全国水平社臨時大会を「大アジア主義者、帝国主義者の宣言」であると断定し、弁士のなかには「憂国の志士」もいたともとらえた。そして最終的に全国水平社の排日移民法反対運動に対して、「大アジアの団結を図って日本の軍閥と資本家を支持しようとするのか。とってつけたような「人類愛」の立場！それでは「人類愛」が泣き出すだろう」との疑問を投げかけた。

全国水平社青年同盟は、共産主義の立場から民族問題を階級的にとらえることを重視した。この立場から『選民』では、一九二四年四月の第三号から一九二五年七月の第一八号まで、高橋貞樹による「露西亜《ロシア》労農革命と猶太人《ユダヤ》」「ガンヂーの運動とインドの無産階級」「愛蘭《アイルランド》の民族解放運動」「黒人の民族運動」が連載された。まさに全国水平社青年同盟がめざしたのはプロレタリア国際主義にもとづく階級的な国際連帯であったが、理論的には優れたものであったとしても、現実的には実現性は乏しいものであった。

歴史は近代国民国家を前提とした一国史が基本とされているが、古代から現代にいたるまで、一国内で完結しえない広い意味でのグローバル化の過程でもあったともいえる。とくに近代に入ってからのグローバル化は、一国内の政治や経済、社会、思想、文化などだけでなく、人びとの生活や生き方にも多大な影響をもたらしてきた。その意味で国際交流や国際連帯のさまざまな試みも、絶え間ないグローバル化の産物といえる。ただ、民衆による自主的運動団体の国際連帯は、通信手段を背景とした情報の受信や発信のあり方のみならず、通訳や翻訳などの言語能力などとも関係して、その実現については困難が伴ったのも事実である。近年の部落解放運動は、本来的な意味での顕著なグローバル化に対応した人権の国際的動向をふまえて新たな国際連帯を模索しているが、その際に、人類愛を基本としながらも内容においては多様な潮流が存在した全国水平社の国際連帯は、いくつかの重要な論点を提起しているように思えてならない。

◇参照文献

林宥一「民族解放と差別撤廃の動き」(金原左門編『大正デモクラシー』吉川弘文館、一九九四年)
朝治武「全国水平社創立の世界史的意義」(『歴史評論』第八〇一号、二〇一七年一月)

5　婦人水平社

◉全国水平社創立と部落女性

一九二二年三月三日に京都市で全国水平社創立大会が開かれ、全国水平社創立宣言が採択されたことは、よく知られている事実である。私は、西光万吉《さいこうまんきち》によって起草され、平野小剣《ひらのしょうけん》によって添削され、そのうえで全国水平社創立関係者の合議によって作成された組織文書である全国水平社創立宣言は、人間主義と部落民意識を思想的核心としているだけに重要な歴史的意義を有していると考えている。しかし、全国水平社創立宣言の「兄弟よ」という呼びかけは「姉妹よ」を欠いたものであり、またあからさまに「男らしき産業的殉教者」と記すにいたっては、今日的到達点からすると、女性差別とはいえないものの、いかにもジェンダー意識の欠如を如実に表現するものであった。それよりも重要なことは、全国水平社創立宣言を見るかぎり、全国水平社創立関係者にとって部落女性は部落解放の呼びかけ対象と見なされておらず、部落解放の主体としての明確な位置づけを欠いていたことだといえよう。

とはいえ全国水平社創立において、部落女性の存在や被差別の状況がまったく視野に入っていなかったわけではない。部落女性の参加者はきわめて少なかったと思われるが、各地代表者の演説会では、婦人代表として大阪の岡部《おかべ》よし子《こ》が演壇に立った。その様子を一九二二年七月の全国水平社機関誌『水平』第一号は、「朱色の唇から出てくる鋭い口調は、対外的には社会による圧迫と虐待の不合理を責めて完膚《かんぷ》なきまでに批判し、対内的には部落婦人の覚醒を叫び、スパルタ武士の母よ出てこい、ジャンヌダルクのような娘よ出てこいと結んだため、場内を揺るがさんばかりの拍手が起こった」と記すほどであった。

岡部は、大阪の青十字《せいじゅうじ》社を拠点に失業者救済事業をしながら全国水平社創立を応援していた木本《きもと》凡人《ぼんじん》と同居していた部落出身の小学校教員であった。木本から影響を受けていた岡部は部落差別を鋭く告発し、部落女性の自覚を、古代ギリシャの都市国家スパルタの戦士であるスパルタ武士の母と、一五世紀にイングランドとの百年戦争で女性兵士として活躍したジャンヌダルクに重ね合わせようとしたのであった。

木本に影響を受けたのは岡部だけではなく、大阪の部落女性である中西千代子《なかにしちよこ》も同様であった。木本が発行した一九二一年七月の『青十字報《せいじゅうじ》』第三号に載せられた中西の「物心覚えてより自覚する迄《まで》」によると、中西は大阪市内の西浜《にしはま》部落の裕福な家庭で育ち、親の反対を押し切って非部落青年と結婚して子どもまでもうけたが、部落民であることが知れて結婚は破局となった。そして家族からも「親を嫌い、一族を嫌う不幸者だ」と責められ、「人生最大の悲劇」を味わうことになったが、木本と出会うことによって「泣いている場合ではない」と決心し、自らの被差別体験を語ることによって、部落差別がいかに不幸をもたらすものであるかを社会に訴えようとした。事実、中西は創立された全国水平社によって各地で開かれた演説会に参加し、積極的に部落差別を告発するようになった。

◉部落女性による苦悩の告白

部落女性として苦悩していたのは、中西だけではなかった。全国水平社創立の直前には、部落差別の苦悩を語る部落女性が登場するようになり、これらを新聞や女性雑誌が積極的に紹介するようになった。まず一九二一年七月の『主婦の友』第五巻第七号で、「離婚問題に悩む婦人の告白」という特集に、「淡路島・悲しき女性」による「新平民と知れて離婚された私」が載せられた。

この女性は淡路島の部落に育ち、一八歳で神戸に出て、京都生まれの非部落男性と結婚した。結婚後の二年間は幸せな家庭を築いていたが、自らが「新平民」であることがまわりに知れて離婚せざるをえず、二人の子どもを引き取った。それでも、離婚してから七年を経た現在も夫は人目を忍んで会いにきて、陰から慰めてくれるという。そしてこの部落女性は「なぜ世の人は、このように身分を隔てるのでしょうか。同じ人間として生まれながら、人の世が厭《いと》わしくなります。なぜ今の世に新平民などという悲しい身の上を迫害するのでしょうか」と嘆くばかりであった。

中西も淡路の女性も、部落差別によって離婚せざるをえなかった。一九二二年六月に内務省社会局がまとめた『部落改善の概況』によると、結婚数では「部落民間の婚姻」が一万一九二一件であったのに対し、「普通民との婚姻」はわずか四二七件と三・五％にすぎず、部落民と非部落民との結婚はきわめて少なかった。しかも「普通民との婚姻」の場合でも、部落に生まれ育ったことが知れると往々にして離婚の憂き目に遭わなければならない場合が多く、しかも部落男性よりも非部落男性に嫁ぐ部落女性のほうが深刻であったように思われる。

一九二一年七月の『婦人公論』第六年第八号には、和歌山の刀禰《とね》静子《しずこ》が執筆した「穢多《えた》村の娘に生まれて」が載せられた。刀禰は小学校の教員であり、淡路の女性とは違って名前を名乗って堂々と部落に生まれ育ったことを明らかにした。ここで刀禰は「いま私は人生の大切な岐路に立って非常に悩んでいます」と述べ、その悩みの原因を「ああ、なぜ私はこんな穢多村に生を得なければならなくなったのでしょう」と説明した。そのうえで「排除、侮辱、軽蔑の苦痛に耐えられなくて、人の世を恨み、世を呪い、はては自分の貴い生命まで投げ捨てようとした」と苦悩を述べ、部落差別を「社会制度の大きな欠陥」であると厳しく批判した。

刀禰は一九二二年三月の『婦人公論』第六年第一三号にも、より長文の「おゝ呪はれたる穢多村」を寄せた。ここでも刀禰は体験や見聞にもとづいて部落差別の状況を説明したが、同時に教育や人材登用など部落差別をなくすための方策にもふれた。そして「私は正しい道を歩んで立派な人間になるので、社会は純真な愛をもって接していただきたい」と訴えた。この刀禰の主張は大きな社会的反響を呼ぶことになり、刀禰自身も一九二二年二月二一日に大阪で開かれた大日本同胞差別撤廃大会で演説することになった。それゆえに平野小剣は、二月二八日の『労働週報』第四号に載せた「特種民族解放の先駆／刀禰静子女史に」で全国水平社創立大会に参加するよう要請したが、刀禰が水平運動に参加することはなかった。

それでも、創立された全国水平社は部落女性の苦悩に耳を傾けようと、七月の『水平』第一号に「憂悶《ゆうもん》の女から寄せた手紙」の欄を設けた。ひとつは一九二一年一一月三〇日の『大阪朝日新聞京都附録』から転載された「みどり女」の「烙印《らくいん》の囚人のように地の果迄追われる迷羊《めいよう》のように」であり、職場からの放逐や離婚など部落女性に対する差別が切々と語られた。もうひとつは部落に生まれ育ったがゆえに離婚された「西岡糸子」を名乗る部落女性の「果敢《はか》ない誇り―悩み悶《もだ》えて力を求めに―」であり、最後には「私は、水平社にお尋ねします。どうぞか弱い女のお願いを聞き届けてくださって、私のたどる道をお教えくださいませ。私は毎日、泣き崩れています。水平社のお力にすがるほかありません。私を不憫《ふびん》と思《おぼ》し召《め》して」と水平社に対して期待を示した。

◉婦人水平社の結成

一九二三年三月二日から三日にかけて、京都市で全国水平社第二回大会が開かれた。この全国水平社第二回大会では、結婚差別に関して三重の西岸江《にしきしえ》水平社から「一般民より離婚されたるとき、慰籍（藉）料を水平社より要求する件」が提出されたが、「水平社から要求することは法律上できない」「差別問題は金銭で解決したくない、あくまでも直接行動でやりたい」との反対意見が出て、「この問題は各地方の任意とする」という修正案で可決された。

重要な議案は、「婦人水平社」を名乗って提案された「全国婦人水平社設立の件」であった。実際の説明に当たったのは阪本清一郎《さかもとせいいちろう》の妻である阪本数枝《かずえ》であり、阪本は提案理由を「部落民の自覚が低いがゆえに、とくに婦人水平社を創立し、婦人の自覚を促し、男性とともに活動することとする」と説明した。これを一九二三年四月の『国本《こくほん》』第三巻第四号に載せられた春日逸人《かすがいつと》による「第二回水平社全国大会の真相」は、阪本は「男ばかりが水平運動をやっても駄目である。よろしく婦人も水平運動をやらなければならない」と説明したという。いずれにせよ、この議案は可決され、婦人水平社が設立されることになった。また大会後の演説会で婦人代表としての阪本は、「男が目覚めても女が自覚しなければ、部落民の望んでいる日は到底実現しない。男も自覚していない女に自覚を促して、水平運動のために女も男も互いに助け合い、よき日を一日も早く実現できるよう願っています」と訴えた。

しかし、婦人水平社の設立が容易に進んだわけではなかった。そのため、一九二四年三月三日から四日にかけて京都市公会堂で開かれた全国水平社第三回大会で、九州の「婦人水平社」を名乗って「婦人水平社の発展を期するの件」が提案された。まず、提案理由の説明に立った福岡の高田《たかだ》カネ子《こ》は、「ユダヤ人の決死的な努力によって、ユダヤ人はいまや世界の実権を握りつつありますが、そのユダヤ人の成功の陰にユダヤ婦人の力があったことは、隠れもない事実です。あの十字軍の出征の際に、夫に後顧の憂いをなくすため、火中に身を投じ、また自ら首を吊《つ》って死んだのもユダヤ婦人です。私たちは穢多として、婦人として、二重の迫害を受けています。私たちは信念をもって、よき日がくるよう努力しなければなりません」と説明した。

次に福岡の藤井《ふじい》シズ子《こ》は、「私たちは女性として、穢多の子として、二重の苦しみを受けているのです。私たちは欧米の婦人が参政権獲得のために努力した以上の努力で、よき日のために働かなければなりません。私たちは彼女たちより以上の信念と覚悟をもって、よき日のくるために努力しなければなりません。三千年の歴史をもつ穢多の婦人は、大いに努力しなければなりません」と熱弁をふるった。さらに熊本の高岡《たかおか》シズ子《こ》は「女にも力があります。同胞の女にも、よき日を建設するために力があります。みなさま、私たちの願いを買ってください」と述べ、大阪の糸若柳子《いとわかりゅうこ》も「三百万人の男女は、固く団結しなければなりません。私たちは、あらゆる社会運動のプロペラとなって進まなければなりません。私たちは、社会運動の急先鋒《きゅうせんぽう》とならなければなりません」と力強く賛成した。

このときの様子を一九二四年三月一五日の全国水平社青年同盟機関紙『選民』第二号は、「婦人代議員は、こもごもに男性の横暴と部落民賤視の観念によって二重の迫害を被《こうむ》っている部落婦人の悲惨な立場を訴え、かの十字軍に反抗するユダヤ婦人の健気《けなげ》な行動を賛美し、男性に優《まさ》る自覚と信念でよき日のために運動を進めなければならないと絶叫した。もちろん、この提出議案は満場一致で可決された」と好意的に紹介した。

◉主張する部落女性

全国水平社の第二回と第三回の大会をふまえ、創刊された機関紙『水平新聞』に部落女性の自覚を促すため「婦人欄」が設けられた。一九二四年六月の『水平新聞』第一号には、「水平社の姉妹達へ」が載せられた。これは無署名であるが、筆者は女性であると思われ、「私たちは女だから何もかも男に任せておけばよい、女は水平運動にかかわる必要はない、まるで川向こうの火事でも見るような心持ちや態度ですましているのは、誤った考えです」と述べ、「私たちも、不当な差別や男たちの横暴に抑えつけられていた永く苦しい境遇から逃れて、エタも人間であると同時に婦人もまた人間として尊敬し、尊敬される善い社会を建設するため働かなければなりません」と訴えた。

一九二四年七月の『水平新聞』第二号に、社会主義者の山川菊栄《やまかわきくえ》は「部落の姉妹へ」を寄せた。山川は女性を「奴隷」として扱う資本主義社会を鋭く告発し、「他人が自分を奴隷扱いするより、自分が自分を奴隷扱いすることが屈辱の根源であり、他人を搾取するような汚れた人間どもに打ち勝つため、水平社が闘っていることは実に心強く、この闘いは必然的に勝利に終わることを信じている」と部落女性の奮起を促した。

これを受けて一九二四年八月から一〇月にかけて、『水平新聞』第三号と第五号に「ケイ」による「部落婦人の立場から」が連載された。「ケイ」とはだれかわからないが、阪本数枝の可能性が指摘されている。ここで特徴的なことは、「部落の女は部落の男よりも多くの侮蔑を受けていること、部落の女は職業的自由を奪われているだけでなく、プロレタリアとして経済上の搾取を受けているため生活の自由がないこと、社会的に男より奴隷扱いを受けていること、という三重の苦しみを受けている」と指摘されたことである。

そのうえで「妻や姉妹、母に対して男より知識が低いもの、また男の力で生きている寄生的なものとして侮辱する、部落の男に反省を求めたい」と、その矛先を部落男性にも向けた。そして、「女も男のみに頼らず、女は女の力を信じて、不合理を悟った姉妹は眠れる姉妹を呼び起こし、部落婦人の解放と部落民の解放のために尽くそうではありませんか」と訴えた。この「ケイ」の主張は部落男性にとっては耳の痛いものであったためか、部落男性から明確な返答はなかった。

一九二四年に関東水平社によって発刊された機関誌『自由』第一号でも、「婦人欄」が設けられた。たとえば七月の第一号には長野の高橋《たかはし》くら子《こ》による「悲しみの中から愛と自由のため」と埼玉のきよ子による「妾《わたし》は生意気になりました」、九月の第二号にはＴＳ生による「貧乏人の娘さん」と高橋くら子による「姉妹よ！団結せよ」、一〇月の第三号には赤松克麿《あかまつかつまろ》による「二重の奴隷」と埼玉の竹内政子《たけうちまさこ》による「強くなりませう」などが、あいついで載せられた。また、一九二四年六月に

05-1 高橋くら子

創刊された全九州水平社機関紙『水平月報』でも部落女性の文章が載せられ、一九二五年九月の『水平月報』第一三号からは「フジンノページ」が設けられた。これらの文章は、部落女性の自覚だけでなく、婦人水平社の結成と広がりに大きな役割を果たすものであった。

◉各地婦人水平社の結成と行方

部落女性によって自身らの自覚と婦人水平社の設置が力説されたため、全国婦人水平社は結成されなかったものの、いくつかの地域で婦人水平社が結成されることになった。もっとも早く一九二四年一〇月一日に結成されたのは、埼玉の児玉《こだま》婦人水平社であった。また、福岡では一九二四年一一月一日に金平《かねひら》婦人水平社が結成されたのを皮切りに、一九二五年五月一日には福岡県婦人水平社が結成され、さらに一九二六年七月一五日には婦人水平社福岡県連合会が結成されるにいたった。大阪では一九二五年三月一二日に新堂《しんどう》婦人水平社が結成され、三重など他府県においても部落女性は水平運動に参加するようになった。

一九二五年五月七日から八日にかけて大阪市で開かれた全国水平社第四回大会でも「婦人水平社設置促進の件」が提出され、福岡の西田《にしだ》ハルは「水平運動は男性ばかりに任せるものではない。婦人も水平運動のために大いに働かなくてはならない」と説明し、同じく福岡の菊竹《きくたけ》トリも十数分にわたって賛成の演説をおこない、満場一致で可決された。

また、一九二六年五月二日から三日にかけて福岡市で開かれた全国水平社第五回大会で、金平婦人水平社から「婦人水平社の全国的連絡を図るの件」が提出された。説明に立った西田ハルは、「各地で婦人水平社が創立されたにもかかわらず、何らの連絡も有機的関係もない。私たちの運動も全国的に統一された連絡をもつため、部落内の婦人会、処女会の所在地と人員などの調査を本部でやっていただきたい。そして水平新聞の婦人版を出して連絡の一方法としたい」と提案した。討論では西田が「婦人の問題に対し、男の方は無関心です。婦人の問題をもっと熱心に考えてもらいたい」と述べたのに対し、大阪の松《まつ》田《だ》喜《き》一《いち》は「これまで水平社は婦人の問題に対して不熱心であった」ことを認めたうえで、「あらゆる問題は婦人の協力なくして解決できない。われわれは婦人を声援して、組織を与えることは目下の急務である。この意味で大賛成です」と述べ、満場一致で可決された。

さらに一九二七年一二月三日から四日にかけて広島市で開かれた全国水平社第六回大会では婦人水平社に関して議案は提出されなかったが、一九二八年五月二六日から二七日にかけて京都市で開かれた全国水平社第七回大会では、全九州水平社から「水平社婦人部設置の件」が提案された。説明に立った西田ハルは「これまで婦人は婦人水平社として別の組織で活動してきた。しかし、これは名のみで、実際に運動は展開されず、自然消滅の状態です。これまでは、婦人水平社は全国水平

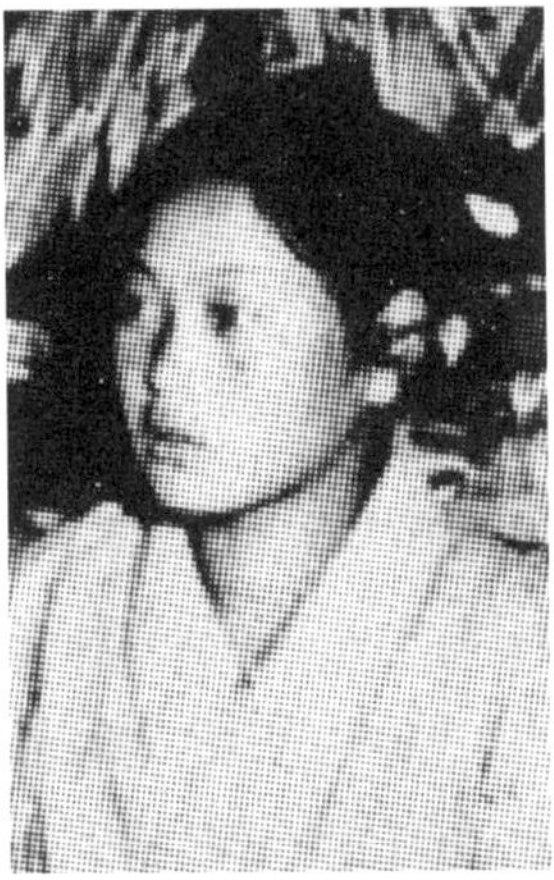
05-2 菊竹トリ

社とは別の組織であった。また婦人が運動をさぼり、男があまりにも無関心であったという欠陥があったので、本部に婦人部長を中心とする専門部としての婦人部を置き、地方別に婦人を調査して組織してほしい。これまでの婦人水平社は婦人部に変更し、全国水平社の統制のもとに活動することにしたい」と提案し、異議なく可決された。しかし、一部の活動家によって大会は混乱し、これによって大会は官憲によって解散させられた。これによって、この可決された議案は実行に移されなくなり、部落女性による水平運動は次第に消滅することになった。

部落女性が自らの自覚を高め、婦人水平社が結成されたことは、全国水平社にとって大きな意味をもつものであった。しかし、婦人水平社の結成は一部の地域のみに限定されるだけでなく連絡が不十分であり、その運動課題も明確にされないばかりか、男性の無関心も深く関係し、さらに部落女性は結婚を機に婦人水平社から離脱することも加わって、全体として婦人水平社の運動は大きく発展することはなかった。しかし、部落女性が婦人水平社を結成して部落解放の主体として登場したことの意味は大きく、その経験が戦後における部落解放同盟の全国婦人集会の開催や婦人部の結成から今日の女性部へと引き継がれていったことは、決して忘れてはならないであろう。

◇参照文献

鈴木裕子『水平線をめざす女たち―婦人水平運動史―』(ドメス出版、一九八七年)

佐々木健太郎「婦人水平社と阪本数枝―日記からみえる阪本数枝の水平社運動について―」(『水平社博物館研究紀要』第一八号、二〇一六年三月)

6 少年少女水平社

◉全国水平社創立と少年少女

一九二二年三月三日に全国水平社創立大会が開かれたことは重要な歴史的意義をもつものであるが、この大会のあとに開かれた演説会は約一〇〇〇人の参加者に大きな感動を与えるものであった。各地を代表する奈良の西光万吉《さいこうまんきち》や大阪の泉野利喜蔵《いずのりきぞう》、東京の平野小剣《ひらのしょうけん》ら多くの成人男性や婦人代表の岡《おか》部《べ》よし子《こ》とともに演壇に立ったのが、ほかならぬ奈良の山田孝野次郎《やまだこのじろう》であった。一九二二年七月に出された全国水平社機関誌『水平』第一号によると、まだあどけなさが残る一四歳の山田は、大人をもしのぐ堂々とした態度で演説したという。

まず山田は、「私は郡役所の役人様や学校の先生の演説や講話を聞きました。それらの方々は口を極めて平等の必要性を叫びます。また人と人との差別を不合理だと言って責めます。そして私たちを

06-1 山田孝野次郎

いかにも理解しているかのように、あるいは差別的な感情などがまったくないように言われます。しかし一度、教壇に立った先生の瞳は何と冷たいものでしょう」と涙を滲《にじ》ませた。そして圧迫や侮蔑、排斥についての二、三の実例をあげるや、小さな胸に思い迫ってすすり泣き、会場からは涙を流す者や嗚咽《おえつ》の声を上げる者が出てきて、壇上にいた南梅吉《みなみうめきち》や阪本《さかもと》清一郎《せいいちろう》らさえもが控室に走って手を取り合って泣くほどであったという。そこで山田は最後に叱咤激励《しったげきれい》するように、「私たちは泣いているときではありません。大人も子どもも一斉に起《た》って、この嘆きの原因を打ち破ってください、輝く世にしてください」と述べて降壇した。つまり少年の山田は、大人をも感動させてやまない演説の名手であった。

四月二日の京都府水平社創立大会でも山田は演壇に立ち、「不甲斐《ふがい》なき祖先よ、永久の子孫までも、この惨虐の下に置かれている」と述べ、一致団結と温かい人間社会の実現を訴えた。また、四月二一日の三重県水平社創立大会でも山田は、「私も部落外の子どもと同じように学校へ行きたいのですが、校門をくぐったが最後、勉強どころか涙で一日が終わるばかりです」と、学校での差別を切々と述べるほどであった。

五月一〇日の奈良県水平社創立大会には、奈良の井上千代子《いのうえちよこ》が初めて少女として演壇に立った。井上は自らの生い立ちを述べたうえで「いかに苦しみつつ勉強しても、穢多《えた》の名によって排斥と迫害を受けている」実例をあげ、「これも要するに私たちに意気地がないことの結果です。この苦痛と迫害から逃れるためには、今日から私たちが一致団結して、温かく、そしてよりよき世の中をつくらなくてはならない」と力説して降壇した。ここでは山田も、全国水平社創立宣言を紹介しながら「私たちは今日なお穢多の名によって迫害されている結果、鉄道の錆《さび》と消えた者や、他の手段によって自殺する者まで多い、また経済的に圧迫もされている」と述べ、「現状を維持するようでは永久に人間として扱われない。目的を達成するためには、私たちが団結して奪われた人間性を返せと自らの権利を主張せよ」と強調した。

◉初めての少年水平社

五月一〇日に奈良県水平社が創立され、そのあとに県内の各地で水平社が結成された。そのひとつが、六月までに結成された中和《ちゅうわ》水平社であった。その中和水平社のもとに八歳から一五歳までの子どもによって、七月三日に創立されたのが、中和少年水平社であった。名前こそ中和少年水平社であったが、実際は少年だけでなく少女も参加した可能性があると思われる。この中和少年水平社は全国で初めての少年水平社であり、光専寺《こうせんじ》で創立大会を開き、決議や綱領、宣言を発表した。決議は「吾々《われわれ》ニ対シ穢多及特種部落民等ノ言行ニ依リテ侮辱ノ意志ヲ表示シタル時ハ全国水平社ノ威力ヲ以テ飽迄《あくまで》モ糺弾《きゅうだん》ヲ為《な》ス」というものであり、基本的に全国水平社創立大会で可決された決議の第一項に「全国水平社ノ威力ヲ以テ飽迄モ」を付け加えたものであった。綱領は、全国水平社創立大会で可決されたものと同じであった。そして宣言はオリジナルで重要なものなので、全文を紹介することにしよう。

宣言

若キ俺達ノ兄弟ヨ団結セヨ

私達ハ幸福テアリマセウカ、私達ハ只今是等《ただいまこれら》ノ事ヲ語リタイノテアリマス、オソラク、諸君カ否ト叫バレルダロート思ヒマス、私達ハ何故《なにゆえ》ニ学校ニ通フノテショウ、勉強シテ、エライ人ニナルタメニ通フノテセウカ、ソレトモ、アレハエタダ、新平民ダト言ハレタサ《（ママ）》ニ通フノテアリマセウカ

誰モ皆エライ人ニナリタイカ為メニ学校ニ通フノテショウ、ソシテ又公平テアルベキ先生モ、私達カ校門ニハイッタガ最後、色眼鏡ヲ以テ私達ヲ見ラレルノテス

私達ハ何故ニ人間カ人間ヲ差別スルコンナ間違フタ世ニ生レタノテショウ

若キ俺達ノ兄弟ヨ

コレカラハ決シテ落胆シテハナリマセン、私達ノ兄サン等カ水平社ヲ設ケテ、コノ間違ツタ世ノ中ヲ立派ナル世ノ中ニシヨウト努力シテ居ラレマス

私達モ水平運動ニ加盟シヨウデハアリマセンカ、私達ノ身体ハ少《（ママ）》サイケレドモ、コノ少《（ママ）》サイ身体

ニハ兄サン達ト同シ赤イ々々血カ流レテ居ルノテス、ソシテ私達ヲ差別スルモノニ対シテ、コノ赤イ〳〵血ヲ見セテヤルノテス
若キ俺達ノ兄弟ヨ
私達モコレカラ、一致団結シテ兄サン達ト共ニ、水平線上ノ人トナローテハアリマセンカ。

この宣言は部落の子どもの視点から書かれた、全国水平社における初めてのものであった。ここでは、学校での差別によって部落の子どもが苦しめられている状況を告発し、大人によって水平社が結成されたから自らも参加しつつ、さらに部落の子ども自身が団結して少年水平社を結成し、学校と社会での差別に闘っていこうと力強く主張した。

中和少年水平社が結成された背景には、学校や社会における差別と、それに対する糾弾闘争があった。全国水平社における初めての差別糾弾闘争は、奈良の小林《こばやし》水平社によって闘われた一九二二年五月一五日の大正《たいしょう》高等小学校差別糾弾闘争であった。これが新聞で報道されることによって、学校での過酷な部落差別が明らかになってきた。事実、中和少年水平社に結集することになる部落の子どもが通っていた大福《だいふく》小学校では、五月一七日の家事の授業中に部落の子どもがつくった寿司《すし》を部落外の子どもが試食しなかったので、部落の子どもが抗議するという問題が起こった。他の学校でも多くの差別事件が起こり、部落外の子どもだけでなく教師も差別することに何らの不思議も感じなかった状況を、部落の子どもも参加する水平社が打破しようとしたのであった。

◉全国少年少女水平社結成の提案

一九二三年三月二日から三日にかけて京都市で全国水平社第二回大会が開かれ、ここでは奈良の西《にし》田中《たなか》水平社、大阪の舳松《へのまつ》水平社と梅田《うめだ》水平社から「小学校に於《お》ける差別に関する件」と奈良の小林水平社から「人間は尊敬すべきことを小学校に徹底さすの件」が提案された。この二つの議案は一括して討議されることになり、提案理由は「元来、小児は神のように神聖で純白である。教育に当たる者が常に部落の子弟を穢多非人と排斥するため、部落外の児童は知らず知らずのうちに排斥心を生じるから、各水平社では小学校を訪問して差別撤廃を徹底するよう警告する」と説明され、可決されることになった。

これをうけて、山田孝野次郎から「全国少年少女水平社設立の件」が提案された。山田は提案理由を「部落児童は常に悪魔の教育を受けている。この悪魔によってわれわれ部落民は圧迫を受けている。小学校での差別事件は、昨年だけでも五四件の多きに達している。この屈辱から脱するため、少年少女を結束させて団体をつくり、これによって子どもは子ども同志として、悪魔の教育者やブルジョアの子どもに対し、徹底的糾弾をおこなわなければならない」と熱を込めて説明し、満場異議なく可決されることになった。

演説会では、少女代表として京都の増田久江《ますだひさえ》が演壇に立った。まず増田は「私はこの大会に多くの方が参加してくださったことは、うれしくて心強く思います」と述べ、拍手を受けた。また、増田が「私は千本水平社の演説会にいつも聞きに行きます。学校で一三歳になる男の子がいますが、虐げられて冬にはストーブから遠ざけられ、夏は暑い所に追いやられ、毎日泣き暮らしていたそうです」と述べたところ、「殺してしまえ」と叫ぶ者もいた。

そして増田は「学校へ行っても、毎日泣かされ通しでした。京都市内の柳原《やなぎはら》小学校では多くの部落外の子どもが私たちの仲間を捕らえて、この子は穢多だ、穢多なら殺せと言っています。これを聞く私たちの心は、どうでしょうか。岡山では私たちの兄さんが自殺しました。みなさん、私はそれを聞くごとに小さい胸が張り裂けるのであります。兄さん姉さん、どうか私たちのため、しっかり気張ってください。お願いします」と述べ、演説を締めくくった。

06-2 増田久江

また、少年代表の山田も演壇に立ち、「各地に水平社を結成されることを希望します。そうしたときに満場一致で、やがて水平運動に全力を注がれることを希望します。この大会からお帰りになったときは、みなさまの子どもや多くの兄弟のために、従順な少年少女のためにも、また私はここでこの真ん中で少年少女諸君に水平運動を建設されますようお願いして降壇します」と述べ、大きな拍手を得た。

一九二四年三月三日から四日にかけて京都市で全国水平社第三回大会が開かれ、三重の伊賀《いが》水平社から「少年水平社全国大会開催の件」が提案された。これは谷口秀太郎《たにぐちひでたろう》から「われわれ少年は第二の国民として大いに働かなければならない。水平運動も少年の力にまつことが多い。われわれが学校の教師に引率される修学旅行は、資本主義的なユートピア旅行である。われわれはそんな修学旅行を拒否して、年一回は大会を開きたい」と説明された。そこで山田は「小学校教育は軍国主義的、侵略的な教育だ。こんな教育は尊い人間を冒瀆《ぼうとく》している。われわれは自由も権利も奪われている。われわれは小さい魂を結合して、こうした教育に反抗してきたが、力が貧弱なためにあまり効果がなかった。だからわれわれは大会を開いて、大同団結したい」と賛成意見を述べ、また三重の山本という少年から「大会を夏期の休暇に開きたい」との意見もあり、満場一致で夏休みに大会を開くことに決定した。

この大会では、奈良の小林水平社から「小学校に於ける差別待遇撤廃に関する件」も提案された。木村京太郎《きむらきょうたろう》は提案理由を、「小学校で差別待遇がおこなわれるのは、文部省の教育方針が間違っているから。文部省に抗議書を送りたい」と説明した。しかし「われわれが積極的に運動すれば、こんなことを問題にする必要はない」「われわれは文部省の教育に反対する。文部省の教育は愛の教育ではない、特権階級を擁護する教育だ。われわれは水平社の綱領にのっとって進めばよいのだ。文部省に依頼する必要は、さらさらない」との反対意見があり、この議案は否決となった。

◉学校での部落差別に対する対策

全国水平社の第二回大会と第三回大会で少年少女水平社に関する議案が可決されたものの、各地での少年少女水平社の結成は進まず、また夏休みに少年少女水平社全国大会が開かれたわけではなかった。しかし、水平社が各府県や各地域に結成されてくると、多くはないものの、部落民であることを自覚して、部落解放のため水平運動に参加する少年や少女が出てくるようになっていった。

とはいえ、教育の分野での部落差別に対して、以前に増して全国水平社では闘いを強化しようという動きが続けられることになった。一九二五年五月七日から八日にかけて大阪市で開かれた全国水平社第四回大会では、広島県水平社と愛知県水平社から「教科書中の差別的文章撤廃に関する件」が提出された。提案では、たとえば中学校教科書に「総《すべ》て殺生を慰みとすることは禽獣《きんじゅう》の業にして人のすることにてはこれなく、異国にては屠者《としゃ》と申す」という記述があり、結局は委員に付託してすべての教科書を調査し、文部省と各府県の学務課に撤廃を要求することで可決された。

一九二七年一二月三日から四日にかけて広島市で開かれた全国水平社第六回大会では、本部から「学校内の差別対策の件」が提案された。この議案については、三重の井口市太郎《いぐちいちたろう》から「学校、とくに小学校での差別待遇は依然として絶えない。はなはだしいのは教師や学校責任者が、部落の児童を公然と差別しても恥じない。ある地方では部落に分校を設け、または学校をひとつにしても席を別にするような露骨な差別をやっている。児童教育を目的とする小学校において、なにゆえに今日このような残酷な差別がおこなわれるのか。それは現在の教育が、差別観念を発生させる階級教育だからだ」との趣旨が説明された。そして「一、学校内の差別の一斉調査／二、学校内で水平社による差別糾弾講演会の開催／三、完全なる教育の機会均等／四、学校当局を糾弾するとともに、県学務課および文部省に対して厳重抗議すること」という具体的方針が提案され、文部省に対する抗議文とともに可決された。

一九二八年五月二六日から二七日にかけて京都市で全国水平社第七回大会が開かれ、三重県水平社から「学校内差別対策の件」が提案され、糾弾方法は中央委員に一任して可決されたが、大会は解散となって無効となってしまった。学校での部落差別に関する議案が提出されたのは、この全国水平社第七回大会が最後であり、その後の全国水平社大会では運動方針で簡単にふれられるだけになった。

◉差別糾弾闘争とピオニール

全国水平社の大会で学校での部落差別は議論されなくなったが、学校での部落差別に対する糾弾闘争がなくなったわけではなかった。むしろ各府県や地域では、創意工夫をこらした多様な差別糾弾闘争が展開されることになった。とくに一九三〇年代の初め、共産主義の影響力が強い水平社の指導によってピオニールとも呼ばれる無産少年団があいついで結成され、ピオニール運動によって学校での部落差別に対する糾弾闘争を闘うことになった。

全国水平社におけるピオニールは三重から始められたといわれているが、その最初の代表的なピオニールは岡山の大久保《おおくぼ》無産少年団であった。一九三〇年九月四日に久米《くめ》郡三保《みほ》村の厚生《こうせい》尋常小学校で、教師がトラホームを調べるなどの理由で部落の子どもを教室の一角にかためるという差別事件が起こった。この事実を学校は否認して反省を示さず、これに村長や警察ばかりか県当局も加担するばかりであった。そこで全国水平社美作《みまさか》協議会は部落差別に抗議するため、一切の義務を負わない、税金を払わない、青年団や消防団から脱退する、同盟休校に突入すると決定した。そして部落の子どもは大久保無産少年団を結成し、一〇月六日から同盟休校に突入することになり、野崎清二《のざきせいじ》の家に集まって勉強することになった。

一一月一二日に全国水平社総本部は「小さな同志へ」という檄文《げきぶん》を大久保無産少年団に送り、「諸君、めったに負けてはならんぞ。諸君がもし負けたら、プロレタリアの弱虫め、と笑われるのだぞ。われわれは、諸君が苦しいけれども元気よく闘争していることを全国に知らせた。応援金を送れと書いた。小さな同志諸君。われわれもしっかりやるぞ」と励ました。これに対して大久保無産少年団の子どもから発せられた「全国の少年同志諸君に檄す！」が、一九三〇年一一月二五日の『水平新聞』第八号に載せられた。たとえば勝浦甚内《かつうらじんない》は事件の経過を詳細に報告し、「全国の少年同志諸君よ！徹底的にぼくらを応援してください」と訴えた。

この闘いは大きく盛り上がり、岡山の各地でピオニールが結成されることになった。また、差別糾弾闘争に際して納税の拒否や青年団などからの脱退とともに、ピオニールの組織化と同盟休校という戦術が採用されたという意味でも画期的であった。そして大久保無産少年団の経験は、一九三〇年には福岡の甘木《あまぎ》・西田《にしだ》、一九三一年には奈良の掖上《わきがみ》、岡山の名田《なだ》、和歌山の日高《ひだか》、一九三二年には岡山の富田《とみた》と郷村《ごうそん》、一九三三年には大分の長洲《ながす》、福井の遠敷《おにゅう》などのピオニールに生かされることになった。

組織的な活動において特徴的なピオニールは、京都の養正《ようせい》少年団であった。京都市の田中《たなか》部落では改善団体の大正会と水平社との対立が激しかった。そこで、社会主義に影響を受けるようになった朝《あさ》田善之助《だぜんのすけ》らは、ソ連の教育を研究する新興教育同盟の人見亨《ひとみとおる》らと連絡をとり、大正会の影響力が強い大正少年団から養正尋常小学校に通う数名を引き抜いて『少年新聞』を発行させた。そして、一九三二年四月八日に養正少年団というピオニールを結成して朝田宅に事務所を置き、出版部をはじめスポーツ部、演劇班、プロエス班、つまりプロレタリア・エスペラント班、音楽班、美術班などを設置した。その後に『少年新聞』は『ヨウセイシンブン』と改題して週一回の発行として団員の拡大に努めたため、団員は一五人に増加した。とくに団員は学校の教師に対して常に反抗的な態度を示すようになり、自らを決死隊などと豪語するようになったという。

全国水平社が創立された当初においてもっとも過酷なもののひとつは学校での部落差別であり、これによって多くの部落の子どもが苦痛を強いられることになった。この学校での部落差別に対抗するために結成しようとしたのが、少年少女水平社であった。しかし、少年少女水平社は大きな広がりをみせなかったものの、全国水平社は学校での部落差別に対する糾弾闘争を重要な課題として位置づけ、その展開を図った。一九三〇年代に入るとピオニールが結成され、差別糾弾闘争を同盟休校という戦術で闘うことになった。全国水平社において少年少女水平社がピオニールへと発展し、同盟休校を担うなど、部落の子どもが部落解放の主体として重要な役割を果たすようになったことは、大きな歴史的意義を有しているといえよう。

◇参照文献

前川修「増田久江―差別撤廃を訴えるお下げ髪の名弁士―」(水平社博物館編『全国水平社を支えた人びと』解放出版社、二〇〇二年)

仲林弘次「全国水平社少年代表―山田孝野次郎」(『水平社博物館研究紀要』第一一号、二〇〇九年三月)

7　普通選挙

◉全国水平社第二回大会での提案

一九二三年三月二日から三日にかけて、京都市で全国水平社第二回大会が開かれた。前年が全国水平社創立を目的とした記念碑的な大会であったのに対して、第二回大会は運動方針である各種の議案を議論する、社会運動団体としての体裁を整えた実質的な大会であった。

この大会において全国水平社中央執行委員である奈良の米田富《よねだとみ》を擁する大島《おおしま》水平社などから、「普通選挙ニ関スル件」という議案が提出された。それは、「われわれ部落民が昔から理由なく社会の圧迫を受け、経済の自由を奪われていることはみなも理解していると思う。現在の社会政策はすべてがブルジョア組織によるものであるから、またわれわれは無産階級として圧迫されているのであるから、われわれ無産階級にも参政権を要求することが必要である。したがって水平社として、普通選挙運動を起こしたい」との内容であった。

しかし「われわれは普通選挙も法律も認めない。われわれは無産階級の独裁を一日も早く実現するだけだ。この意味から議案を否決することを望む」などの反対意見があいついで、提案は否決された。これについて日本共産党員で水平社にも属していた高橋貞樹《たかはしさだき》は、「大会では、普通選挙に反対の意見がほとんどであった。現在の社会制度を認める必要などなく、とくに普通選挙は水平運動を堕落させるものだから否決されたのだ」との感想を漏らした。このように共産主義の立場からは普通選挙は支配の一形態と認識されていたので明らかに反対であり、また全国水平社としても総意として普通選挙に対する反対の意思を確認したのであった。

近代日本では、一八八九年二月に大日本帝国憲法が発布され、支配体制としての天皇制のもとで、衆議院と貴族院によって構成された帝国議会が開設されることになった。しかし衆議院の選挙に関しては、一定額の納税によって選挙権を得られる制限選挙であり、民衆の大部分は政治参加から疎外されていた。これをふまえて早くから普通選挙運動が開始されたが、本格化したのは第一次世界大戦後の大正デモクラシーと呼ばれる民主主義的風潮のなかであった。全国水平社で普通選挙が議論されるようになったのは、このような状況をふまえてのことであった。

さて、一九二三年六月になって、国政において与党の政友会《せいゆうかい》に対して野党であった憲政会《けんせいかい》の幹部は、全国水平社の中央執行委員である東京の平野《ひらの》小剣《しょうけん》や大阪の栗須《くりす》七郎《しちろう》、東京水平社の江《え》成久策《なりきゅうさく》らと会見をおこなった。政友会と同じく保守的な立場に立つ既成政党の憲政会は、全国水平社に水平党を結成させて普通選挙運動に乗り出させ、政友会に対抗する自らの別動隊として働かせようとしたのであった。のちに栗須は、「水平運動は、政治運動はおこなわない」と言って普通選挙運動を明確に否定した。

関東水平社の一人は「普通選挙運動は、絶対にやらない。そんな運動に飛び込むことは、水平運動の堕落だ」とまで言ったが、関東水平社のなかには平野のように普通選挙を肯定する者もいた。また、江成は「議会とはブルジョアの民衆に対する抑圧機関であるから敵である」としつつも、「議会をブルジョアが独占している。選挙権を奪い返すために普通選挙運動をおこなわないとは限らない」と含みを残した発言をおこなうなど、微妙な違いをみせた。

◉全国水平社内での議論の開始

一九二三年九月二日、軍人政治家の山本権兵衛《やまもとごんべえ》による内閣が発足し、一〇月には普通選挙を実施するという声明を発した。この声明によって、労働組合や農民組合は大きな影響を受けることになった。最大の労働組合である日本労働総同盟はこれまで、政治運動には賛成であるが普通選挙運動は議会主義であると反対していたが、普通選挙運動の推進に傾いていった。しかし、最大の農民組合である日本農民組合は、従来から全体として普通選挙運動にとりくむ方向を示していた。

これをふまえて全国水平社では普通選挙をめぐって議論を開始したが、一九二三年一一月二日の

『二六新報』では、中央執行委員長で京都の南梅吉《みなみうめきち》は普通選挙推進派、平野と栗須は普通選挙反対派であり、両派は激しく対立していると報道された。しかし官憲は、普通選挙推進派は労働団体と提携するかもしれず、穏健な関東水平社は全体として普通選挙に賛成するかもしれないと予測した。しかし普通選挙推進派の南は、政友会に対抗しながらも保守的立場に立つ憲政会に近づこうとしていた。また関東水平社の重鎮である平野は、実際には保守的立場に立つ庚申倶楽部《こうしんくらぶ》の衆議院議員である南《みなみ》鼎三《ていぞう》とつながって、普通選挙に肯定的であった。

　全国水平社では普通選挙に対する態度などを決定するため、一一月二日に大阪市内で最高幹部の秘密会を開いた。これに参加したのは、南のほかに奈良の阪本清一郎《さかもとせいいちろう》、西光万吉《さいこうまんきち》、駒井喜作《こまいきさく》、米田、大阪の泉野利喜蔵《いずのりきぞう》、栗須ら中央執行委員、それに三重の北村庄太郎《きたむらしょうたろう》、奈良の山田孝野次郎《やまだこのじろう》らであった。

07-1 駒井喜作

　ここでは、これまで水平運動のなかには政治運動をおこなうのは全国水平社創立の精神にもとるからと反対する者もあったが、水平運動としても普通選挙に超然《ちょうぜん》たる態度をとることは困難であるから、普通選挙が実施されれば全国水平社から議会へ議員を送るのが妥当であるという意見が多数を占めた。そして、「有権者数をはじめ各地水平社の政治的実力を調査し、本部に報告する」

「普通選挙に関しては、将来、労働組合や農民組合と相提携する」「各地水平社の政治的実力が弱いときは、労働組合や農民組合を応援する」の三項目を申し合わせた。全国水平社としては明らかに普通選挙を推進していこうとするものであり、その際は、既成政党ではなく労働組合や農民組合との連携が重視された。この申し合わせは、南や平野の普通選挙に対する態度とは異なるものであった。

◉全国水平社としての声明の発表

最高幹部の秘密会のあとも全国水平社では普通選挙などで幹部会が重ねられ、一二月一日には大阪市内で新聞記者を招いて意見発表をおこなった。その内容は一九二三年一二月四日の『大阪毎日新聞』によると、「水平社の運動は差別待遇の廃止を目的とするが、同時に無産者として社会改造を目的とする無産者運動でもある。普通選挙の実施は目的を達成するうえで効果をもたらすものではないが、多少とも効果があるので利用する。水平社員のすべてが選挙権を放棄するのは不可能であるから、努めて選挙権を行使する。無産政党に加入もしくは提携することについては、無産政党を調査するなどであった。これについて南や駒井、米田、平野らは、「全国水平社のなかでは左翼思想や右翼思想を有する者が交じっているから、普通選挙についてはずいぶんと議論があった。ただ、差別撤廃については意見が一致しているので、その立場から普通選挙については放棄するより利用するほうが有利だと考え、選挙権の行使のみおこなうことにした」と説明した。

そして一二月三日、全国水平社として普通選挙に関して声明書を発表した。その内容は一九二三年一二月四日の『大阪時事新報』によると、「水平社は普通選挙の実施によって与えられる選挙権を行使する」「議会政策は差別からの解放を実現しないが、選挙権を行使して議会を利用する」「選挙権の行使については政党の問題も出てくるが、これについては調査する。水平社は階級闘争だけでなく、一種の民族運動の色彩もあるから、部落民全体の方向をふまえて運動をおこなう」の三点であった。つまり、全国水平社は選挙権の行使という最低限の方向だけを確認し、その具体的な内容は調査・検討するというだけにとどめたのである。

ところが、中央執行委員長である南は、全国水平社の声明とは異なった方向を独自に模索しはじめることになった。南は政友会の有力者である衆議院議員の横田千之助《よこたせんのすけ》と結びつきを強め、横田の秘書を名乗っていた情報ブローカーの遠島哲男《とおじまてつお》と連絡を取り合うようになった。この南の動きを一九二三年一二月四日の『中外日報《ちゅうがい》』は、「政友会の御用を務め、水平社そのものの純粋性を保つうえからも、世間から心配されている」と報じるほどであった。南は全国水平社の声明にあった選挙権の行使を、政友会と結びついた方向に導こうとしていたのである。

◉全国水平社内での分岐の表面化

一九二三年一二月二九日に摂政《せっしょう》狙撃事件の責任をとって山本権兵衛内閣は総辞職し、一九二四年一月七日には貴族院を基盤とする清浦奎吾《きようらけいご》内閣が成立した。清浦内閣は民衆の支持をとりつけるために普通選挙法案を議会に提出することを表明し、これに対して憲政会と革新倶楽部《かくしんくらぶ》は、政友会と連携して政党内閣の確立のため第二次護憲運動に乗り出した。

この動きに呼応するかのように、一九二四年に入って全国水平社内では普通選挙をめぐって分岐が表面化しはじめるようになった。これまで普通選挙に反対であった栗須は「水平運動の実績を上げて、水平王国の実現の第一歩のためには水平社同人の政治に対する理解が何より必要であり、また普通選挙法案の理解も必要だ」と、普通選挙の推進に理解を示すようになった。このような栗須の発言は、共産主義的な立場から普通選挙の賛成に転じた全国水平社青年同盟と関係していた。これに対して駒井は、「水平社の政治運動化は水平運動の硬直化であり、真に全人類の解放運動の急先鋒《きゅうせんぽう》となるためには議会主義を否定して、どこまでも直接行動的な進路に邁進《まいしん》しなければならない」と、普通選挙など一切の政治運動を否定した。

一月三一日に清浦内閣が議会を解散したことによって政治状況は一挙に流動化し、既成政党は総選挙にむかって突き進むことになった。このようななかで南梅吉は、「われわれ全国水平社は立憲政治の本義をふまえて全国的に一糸乱れない歩調で総選挙に臨みたい。政友会を応援するか政友本党《せいゆうほんとう》を応援するかなどについては、軽々しく自分の口からは言えない。今度の総選挙については、全国的に堂々と論陣を張れば、予想以上の効果を収めることができる」と、既成政党との連携による積極的な総選挙へのかかわりを主張した。事実、南は東京において政友会や憲政会、革新倶楽部などによる第二次護憲運動に深くかかわり、それによって部落改善費を獲得しようとしていた。二月五日、全国水平社では総選挙について協議をおこなった。ここでは総選挙に立候補しそうな全国水平社内の名前として、群馬の村岡静五郎《むらおかしずごろう》、埼玉の宮本熊吉《みやもとくまきち》、長野の朝倉重吉《あさくらじゅうきち》、栃木の清水寅造《しみずとらぞう》、東京の平野小剣、京都の南梅吉、和歌山の栗須七郎、奈良の阪本清一郎らがあげられたという。

そして二月七日には、全国水平社第三回大会の準備委員会が秘密裏に開かれた。これまで普通選挙に賛成であった平野小剣は、「普通選挙は水平運動の堕落だ」と述べて、普通選挙を明確に否定するようになった。これは、南梅吉の既成政党とのつながりや栗須七郎の全国水平社青年同盟とのつながりなどによる左右の立場からの普通選挙の推進に警戒心を示したものであった。そして全国水平社としては、「きたるべき総選挙に対して水平社は政治運動に参加しないが、もし大会で参加を決議した場合は、全国的に統一した行動をとる」ことを決定しただけであった。

これをふまえて平野や西光、泉野は一九二四年二月九日の『大阪毎日新聞』で、「近ごろ水平運動の真生命を理解せず、政友会と提携するとか、政治運動をおこなうとか、無政府主義的色彩が濃厚になったとか、誤解または曲解《きょっかい》する者が少なくない。水平運動は無政府主義や社会主義と提携することは絶対になく、現在のところ政治運動に参加する必要は認めていない。水平運動とは国粋主義と対立したり、また同一視される性質のものではなく、あくまでも皇室中心主義の部落解放運動である」と述べた。これは天皇中心の一君万民論の立場から、一切の政治運動を否定したものであった。

また二月一七日、平野を中心とする関東水平社は「声明書」を発表した。そこでは「水平社は一党一派や偏狭な団体とは連絡しないし、直訳的な社会主義や共産主義の建設を空想する団体でもない。また皇室中心主義を看板に赤化防止を唱える暴力的団体でもない。水平社は純正にして徹底した愛国的立場から国家の合理的改造に猛進し、人類相互の闘争を絶滅して永久に皇室の隆運を希望する光輝ある団体である」と述べられたように、普通選挙や政治運動を肯定的に評価することはなかった。

◉全国水平社第三回大会での一応の決着

一九二四年三月三日から四日にかけて、京都市で全国水平社第三回大会が開かれた。普通選挙に関連して提出されたのは、大阪の東宮原《ひがしみやはら》水平社による「総選挙に関する件」であった。これは「われわれ水平社は政治に没交渉でなければならぬ。しかしながら、われわれも日本国民であり、日本国民は政治に参加する権利と義務を有している。現在の小選挙区制度にあっては、われわれは代議士になれないので政治を否定したくなる。しかしわれわれは日本国民である以上、個人として投票権を行使しなければならない。ただし、われわれは水平運動の精神を忘れてはならない」というものであり、「水平社同人は個人として選挙権を行使することは自由であるが、水平社としては絶対に反対である」との理由から可決された。

次に普通選挙に関連して、全九州水平社から「水平運動は政党政派に超越するの件」という議案が提出された。そこでは「水平運動は人間性の奪還を目的とする超批判の運動である。しかしまわりを眺めてみると、醜悪《しゅうあく》な既成政党は国家のことや民衆のことを少しも考えていない。政党は私党であり、われわれのことを考えていないから、水平運動は政党政派に超越しなければならない」と既成政党が厳しく批判され、南梅吉の意に反して満場一致で可決された。

また、三重県水平社から「水平運動に理解ある他の社会団体と相互援助をなすの件」という議案が提出された。議案では「水平社の大部分はプロレタリアである。水平運動の第一期は精神的運動であったが、第二期は経済的運動でなければならぬ。また、この世の中は搾取階級と被搾取階級との闘争でなければならぬ。したがってわれわれは被搾取階級と相提携して、共同の戦線に立たねばならない」と述べられたように、明らかに労働組合や農民組合と提携して階級闘争に進出しようとするものであった。

しかし、「はなはだ危険である」「何を苦しんで経済運動をやる団体と提携せねばならぬか」「他の団体と提携すれば、われわれは大衆を率いることはできない」などの反対意見があいつぎ、これに対して日本農民組合に参加していた西光は「搾取されていることと人間が冒瀆《ぼうとく》されていることは、文字は同じではないが意味は同じである」との認識から賛成意見を述べたが、議長の南は「この件を決定すれば、水平社の致命傷となる」と判断して保留にした。保守的な南からすれば、この議案は階級闘争を容認するだけに決して許されないものであった。

そして、大会の最後に栗須と全国水平社青年同盟の影響力が強い大阪の難波《なんぱ》水平社から提出されたのが、「普選に関する件」という議案であった。その提案理由は、「水平社の差別撤廃運動は、政治に関するものである。われわれは政治運動を否定するならば、すべての社会運動をも否定しなければならぬ。われわれは可能性のある議会政策をとることは、水平運動の目的を達成する近道である。われわれは団体としての訓練によって、選挙権を有効に行使しなければならぬ。われわれは理想を考えなければならぬが、現実を無視して理想ばかりを考えるのは間違いである。われわれはもろ手を挙げて、普通選挙に賛成する」と、選挙権の行使による普通選挙と政治運動に全面的に賛成するものであった。

これに対して大阪の下阪正英《しもさかまさひで》は「普通選挙法案は女性を無視しているので駄目だ。普通選挙はわれわれによき日をもたらさない」と反対したが、「政治を超越しては何もできない。われわれは議会政策によって進まねばならない」との賛成意見も出された。しかし泉野利喜蔵は「われわれは普通選挙の促進運動をやるのではない。普通選挙が実施されたときに選挙権を行使するかどうかを論じているだけである。私は選挙権行使論者であるが、それは大衆が反水平運動論者になることを恐れるからだ」との消極的な理由から賛成し、平野小剣も「厳密に考えれば、普通選挙は決して民衆を解放するものではない。しかし諸君には自由に選挙権を行使してもらいたい」と、原則的には普通選挙に反対しながらも選挙権の行使だけには賛成した。また阪本から「普通選挙が効果あるかどうか、考えねばならぬ」との慎重な意見もあり、議長の南は自らの判断で保留にしてしまった。つまり賛否両論に対して、全国水平社としては普通選挙について態度を明確にしないという点で、一応の決着が図られたのである。

この後の一九二五年三月に、治安維持法と同時に、すべての男性だけに選挙権を与える普通選挙法が成立し、その男子普選体制のもとで全国水平社は無産政党への参加をめぐる対立に遭遇《そうぐう》することになる。初期全国水平社での普通選挙をめぐる議論と分岐は、内容や性格を異にするとはいえ、のちの無産政党をめぐる対立の前哨戦《ぜんしょうせん》であったともいえよう。いかなる自主的な社会運動といえども、政治社会に存在しているかぎり、政治や選挙、議会などとの関係はもっとも注意を払うべき古くて新しい重要な問題群のひとつである。その意味で初期全国水平社の普通選挙をめぐる議論と分岐は、今日の部落解放運動における政治行動のあり方を考えるうえで、いくつかの貴重な示唆を与えているのではなかろうか。

◇**参照文献**
井岡康時「一九二〇年代前期の町村会選挙と奈良県水平社」（秋定嘉和・朝治武編著『近代日本と水平社』解放出版社、二〇〇二年）
朝治武「初期全国水平社における普通選挙をめぐる分岐」（『大阪人権博物館紀要』第八号、二〇〇四年一一月）

8　遠島スパイ事件

◉激震をもたらしたスパイ事件

一九二四年一〇月に遠島スパイ事件が起こり、全国水平社に激震がもたらされた。ことの発端は、一〇月六日に大正赤心団《たいしょうせきしんだん》を名乗る三人が、加藤高明《かとうたかあき》内閣は軟弱外交だと批判して外務省に乱入し、検束されたことであった。この背後には遠島哲男《とおじまてつお》の扇動があることが判明し、警視庁は九日に遠島の自宅を捜索した。その結果、警視庁の公文書や秘密書類などが発見され、遠島が警視庁の一部の職員とつながっていることが明らかになって、翌日に遠島は取り調べを受けた。つまり、遠島がスパイとして警視庁など官憲とつながっていたことを、警視庁自身が明かしたのであった。

問題はそれだけにとどまらず、新聞各紙がこぞって遠島スパイ事件の余波を報じた。たとえば一〇月一七日の『大阪朝日新聞』は、ことの重大さを次のように報じた。遠島は司法大臣である政友会《せいゆうかい》の横田《よこた》千之助《せんのすけ》にまで取り入って金を受け取り、七月に全九州水平社同人の佐藤《さとう》三太郎《さんたろう》が徳川家達《とくがわいえさと》の暗殺を企てて「近く上京する」と遠島に打電したことを遠島が警視庁に通報したという。ここにいたって、スパイとして暗躍していた遠島が水平運動と深く関係していたことが明らかになり、全国水平社に衝撃が走った。

　そこで一〇月二〇日に全国水平社は、機関紙『水平新聞』第五号に「注意二件」を載せ、自らに対する誤解を解こうとした。まず、倉田《くらた》啓明《けいめい》と仁木《にき》三良《さぶろう》の二人が演劇水平社なる団体を結成して中央執行委員長の南《みなみ》梅吉《うめきち》を顧問に迎え、各地の商店や銀行、会社などに寄付金を強要している事実を伝え、「彼らは全国水平社とは何ら関係がないので、見つけ次第、容赦なく糾弾してください」と呼びかけた。これは明らかに、軽率な行動をとる南への不信感を表明したものであった。

　次に遠島スパイ事件に関しては、「水平運動を喰《く》い物にしている同和通信社の遠島哲男はこのたびの外務省乱入事件や警視庁の秘密漏洩《ろうえい》事件などで拘引されているらしいが、彼は水平社同人でも何でもないのでご承知ください」と、全国水平社との関係を強く否定した。しかし、この遠島スパイ事件によって全国水平社連盟本部は機能不全に陥り、『水平新聞』を発行できないほどにまでなった。

　ではいったい、遠島哲男とは何者なのか。遠島は大分県で生まれ、朝鮮に渡って強盗傷害罪に問われるなど、問題を抱える人物であった。しかし、日本に帰ってから民衆仏教団や仏教文化協会を組織し、横田に取り入って秘書的存在となり、横田が一九二三年六月五日に設立した同和事業研究会の常務理事を務めるほどであった。また、一九二四年一月ごろ横田の援助を得て、社会運動や社会問題、植民地問題などに関する情報誌の『同和通信』を発行した。『同和通信』は、社会運動の活動家や官僚、研究者、ジャーナリストなどからの寄稿を載せるところに特徴があった。また、横田は民衆仏教団や仏教文化協会の代表も名乗り、『世界平和と仏教』と『馬鹿の真理と馬鹿の仏教』を著すほどであった。

遠島が『同和通信』で力を注いだのは、とりわけ水平社に関係する記事であった。内容は、地域的には関東を中心に関西から九州まで全国の水平社に及び、京都の南や東京の平野小剣《ひらのしょうけん》、大阪の栗須《くりす》七郎《しちろう》、福岡の松本治一郎《まつもとじいちろう》、奈良の米田富《よねだとみ》、群馬の村岡静五郎《むらおかしずごろう》、静岡の小山紋太郎《こやまもんたろう》、長野の朝倉重吉《あさくらじゅうきち》らの動静も伝えられた。とくに平野が深く関係していた関東水平社は遠島と密接な関係にあり、一九二四年五月に群馬県太田市の関東水平社本部内に『同和通信』の関東支社を開設するほどであった。

◉厳しい処分の決定

全国水平社連盟本部は遠島スパイ事件を重くみて独自の調査を開始し、一〇月二六日には中央執行委員長の南宅に置かれていた連盟本部事務所を一時的に大阪市北区梅田に移した。遠島スパイ事件に対する追及の先頭に立ったのが、大阪の松田喜一《まつだきいち》を委員長とする共産主義派の全国水平社青年同盟であった。全国水平社青年同盟は、一一月一五日の機関紙『選民』第一〇号に巻頭論文として高橋貞樹《たかはしさだき》が書いたと思われる「水平運動の危機―無組織の欠陥だ―」を載せた。まず、遠島は内務省警保局から六〇〇円と警視庁官房から二〇〇円をはじめ各方面から毎月にわたって多額の金を受け取り、日本共産党員の一斉検挙や徳川家達暗殺未遂事件の佐藤三太郎の検挙にも関係していたスパイであると断定した。そのうえで「二、三の幹部」は上京ごとに遠島の家を訪れて親しく交わっていた」ことを突きとめたとして、「足並みをそろえて水平運動を毒するあらゆる裏切り者を一掃しよう」と呼びかけた。

次に、大阪の岸野《きしの》重春《しげはる》と思われる「エー・エターリン」名の「ブラークの青年へ」では、遠島が「水平社の幹部〇〇〇、〇〇〇〇、〇〇〇、その他地方の七、八名に水平運動の通信員という名目のもとに毎月五〇円以上一五〇円くらいまでの金を支払っていた」ことを暴露した。〇で示された名前は、南梅吉、平野小剣、米田富を指していた。そして「いま水平社の「ブローカー幹部」を処分する時期ではない」という声に対して、「彼らの除名、放逐の方法さえ完全にやれば、今後彼らがどのような反動宣伝をやろうとしても少しも恐れるに足りない」「「不良分子」の撲滅に努力すれば、雨降って地堅まるものだ」と、断固たる処分の必要性を主張した。

08-1 高橋貞樹

このような全国水平社青年同盟の主張に危惧の念を表明したのが、平野を擁する関東水平社であった。一二月一日の機関誌『自由』第一巻第五号に「自由社同人」の名で

「大正十三年を送るに際して」が載せられ、「われわれは強調する。私的感情から水平運動に悪影響を及ぼすものがあれば戦線より去らしめよ。歩調を乱すものあれば敵の陣地に降伏させよ。水平運動の全体を崩壊の危機に陥れんとする粗暴な行為者は葬り去れ」と呼びかけた。この文章は平野が書いたと思われ、名指しこそしないものの、明らかに全国水平社青年同盟を批判しようとしたものであった。

一二月の一日から三日にかけて、大阪市内で全国水平社府県委員長会議、いわゆる大阪会議が開かれた。議長には岡山の三木静次郎《みきしずじろう》、副議長には松本治一郎が就き、南と栗須を除く中央執行委員が参加した。もっとも重要な議題は遠島スパイ事件であり、すべての中央執行委員が責任をとって辞任することになり、事務を取り仕切る理事に全国水平社青年同盟の木村京太郎《きむらきょうたろう》と中村甚哉《なかむらじんや》、そして沖田留吉《おきたとめきち》を選出した。平野は弁明書を提出して発言しようとしたが退席させられ、別室で査問を受ける始末であった。

そして最終的には、次のような決定が下された。平野に対しては、「遠島と気脈を通じて水平運動を喰い物にした形跡があるので、今後は運動に参加させないこと」、つまり除名処分であった。南に対しては、「遠島と親密になって自己の使命を怠るような行為が少なからずあったので、勇退すること」、つまり中央執行委員長の罷免であった。米田に対しては、「遠島ともっとも親交があって水平運動の内情を漏らしたので、陳謝すること」であった。

米田に対して軽微な処分となったのは、背後に影響力をもつ阪本清一郎《さかもとせいいちろう》や西光万吉《さいこうまんきち》らの存在があったからであった。平野と南に対しては厳しい処分が下されたのは、スパイの遠島と深く関係したことに対する全体として強い批判が原因であるが、保守的かつ民族主義的傾向を示して共産主義を受《う》け容《い》れなかった南と平野を排除しようとする全国水平社青年同盟のセクト主義的な対応も背景にあった。

◉南梅吉と平野小剣の抵抗

全国水平社府県委員長会議の決定に対して激しく反発したのが、厳しい処分を受けた南と平野であった。南は一二月四日の『大阪朝日新聞』と『大阪毎日新聞』に対して「私が排斥される原因となっている遠島問題は、私とはまったく関係がない」と弁明し、「全国水平社第四回大会までは任期中であるから中央執行委員長としての責任を果たすので引退はしない」と語った。

そして南は、八日には「私は府県委員長会議なるものは何らの権威がない会合であるので承認できず、その決定は水平運動の現在と将来とに非常な障碍《しょうがい》をきたすことになるので、府県代表者会議を開いて真相の発表と今後の運動方針を協議する」という声明書を発表した。つまり南は、府県委員長会議の決定とは徹底的に闘い、中央執行委員長を辞任しないことを言明したのであった。

平野は、五日の『読売新聞』で自らの考えを示した。まず平野は、「南氏はスパイ事件について、遠島が警視庁に密告してくれたので、あのくらいの騒ぎに収まったが、もし徳川が暗殺されていたら水平運動は全滅したと喜んでいた」と南を擁護した。そのうえで「ぼくを水平運動から脱退させようとしても、関東水平社はおそらく承知しないだろう。ぼくは三百万の兄弟と血と血で洗うような戦いはしない。水平運動のためなら、どんな圧迫でも受ける。しかし水平社を去っても、必要に応じて新たな運動を立ち上げる心積もりもある」と、水平社を去って新たな運動を立ち上げる覚悟さえも示した。

次に九日の『読売新聞』では、平野は「今回の争いは、もともと栗須と南の争いから発生したものである」と、背後に全国水平社内での栗須の関西派と南の関東派の対立があったことを明らかにした。そのうえで「関東と関西では同じ水平社といっても非常に運動傾向が異なっていて、関東は関西と比べて文化程度も進んで資産家も多いので、ムキになって勢力争いをする必要はないのだ」と、むしろ関西派と関東派の分裂は仕方がないだけでなく歓迎すべきものであるとの認識を示した。

平野の発言に呼応するかのように、関東水平社は一五日に執行委員会を開き、府県委員長会議の南と平野に対する厳しい処分を承認せず、「ますます関東の結束を固め、全国的統一を期して人類最高の完成に向かって突進する」と申し合わせた。つまり、関東水平社は南と平野に対する擁護の姿勢を明確にし、場合によっては中央執行委員長には三木静次郎を推薦して、結束を固めながら水平運動に邁進《まいしん》していくことを決意したのであった。

このような南や平野に対して全国水平社青年同盟は嫌悪感を露《あら》わにし、一二月一五日の『選民』第一一号で府県委員長会議の決定を紹介しながら、全面的に支持した。また「エー・エターリン」の「南、平野一派の陰謀画策!」は、南に対して「新たな委員長会議を開いて、自己の同類を招集して支配階級の走狗《そうく》と共同して水平運動撲滅の相談会を開催するのだろう」、平野に対しては「有名なブローカーの巣窟《そうくつ》である関東の一部において裏切り者を糾合して全国水平社から独立して、スパイ連盟を組織するのだろう」などと悪意を露わにして口汚くののしった。

年末に平野は、個人名で「大正十三年を送るに際して」と題するビラを各地に送った。そこで平野は「私は水平運動の現実と前途を深く考慮したとき、いましばらく口を減らしていることが部落解放運動に絶対的に有利であることを知っている」と述べ、「私は水平社の一同人として、同志の末尾に追随して活動することを誓う」ことを宣言した。つまり分裂や離脱という方向から、統一への方向を歩んでいくことを明らかにしたのであった。

◉全国水平社青年同盟の追撃

府県委員長会議で南と平野に対して厳しい処分が下されたものの、全国水平社内には南や平野を擁護する勢力も存在した。たとえば三重の北村庄太郎《きたむらしょうたろう》は、一九二五年一月の個人誌『聖戦』第二号で府県委員長会議そのものに疑問を呈し、南と平野を擁護した。このような状況を全国水平社青年同盟は危惧し、一月一五日の『選民』第一二号に「エー・エターリン」の「日和見《ひよりみ》主義者を監視せよ」を載せた。まず、南と平野らへの処分が正当であることを述べ、「関東を分離させないため」「今回の除名問題は感情の衝突、思想の衝突だから」「創立当時の功労者だから」と南と平野を擁護する「日和見主義者」が現れたと警戒して、「諸君はだれが日和見主義者だとわかれば、その人間を監視していないと、とんでもない失敗をする」と摘発と監視を呼びかけた。

一月二〇日、南が京都市の自宅に招集した全国水平社府県委員長会議、いわゆる京都会議が開かれた。しかし、南自身は一九二五年一月一八日に起こった群馬の世良田《せらだ》村事件のために参加できず、関東からは欠席の通知が届いていた。ここでは米田とともに参加した西光が大阪会議の決定を説明し、会議全体としては大阪会議の決定を尊重しつつ、西光ら中央執行委員の辞任を取り消し、南と平野には自分たちで誤解を解くよう求めることが取り決められた。

二月四日には名古屋市で全国水平社府県委員長会議、いわゆる名古屋会議が開かれた。注目の南と平野も参加し、議長には三重の上田音市《うえだおといち》が就いた。ここでは南と平野についてはまったくふれられず、団結を維持して水平運動を進めるため、三重県水平社に対応を一任することが決定された。京都会議と名古屋会議にみられるように、大阪会議を原則的には認めつつ、南や平野に対する処分を軽微なものに変更し、水平運動の分裂を避けて統一への努力が続けられることになった。

しかし、全国水平社青年同盟は統一への努力を快く思わず、二月一五日の『選民』第一三号に「所謂《いわゆる》合同問題に就《つ》いて—何を注意しなければならぬか—」を載せた。そこで南や平野を擁護しようとする京都会議や名古屋会議を「いずれも臭い物に蓋をしようとする態度」であると批判し、「戦線の整理である「対外的団結」「時局収拾」とはむしろ望むところであるが、内部の廓清《かくせい》、運動の純化なくしては何の意味があろう。合同問題は不純分子の処分を曖昧に付すことは断じて不可である」と自らの原則的立場を確認した。

三月三日になって、南は三月末には中央執行委員長を辞任すると表明した。そして三月一〇日、事態を収拾するため大阪市で全国水平社府県委員長会議が開かれた。南が引退を表明していただけに混乱もなく、南を排除しつつ水平運動の統一をめざすことになった。また、四月から松本治一郎を中心として陣容の建て直しが図られ、水平運動の統一への調整を図りつつ、五月の全国水平社第四回大会にむけて準備することになった。

◉統一と団結を取り戻した全国水平社

全国水平社青年同盟は追撃の手を緩めず、四月一五日の『選民』第一五号に「第四回大会を控へて―純真なる青年の採るべき態度―」で、「種々調停斡旋《あっせん》の労をとっている旧幹部やその他の人びとの努力は多とすべきだが、運動の将来からみるとむしろ反動の結果を生じさせる」と疑問を呈し、「旧幹部の曖昧な態度はスパイと同一の誤謬《ごびゅう》に陥る」「日和見主義はスパイ化の第一歩である」と批判した。また、投稿というかたちで「水平運動と功労者」を載せ、南や平野が功労者だからといって擁護されるべきではないと釘を刺すことも忘れなかった。

ここでいう「旧幹部」とは、西光や阪本、大阪の泉野利喜蔵《いずのりきぞう》ら全国水平社創立者を指していた。事実、五月一日、西光をはじめ阪本、泉野、米田に三重の田中佐武郎《たなかさぶろう》を加えた五人は「第四回大会に当面して」と題するビラによって水平運動の統一を訴えた。また三月から沈黙していた南は五月二日には、全国水平社第四回大会に参加せず、また五日をもって中央執行委員長を辞任すると表明した。明らかに南は、ここにいたって全国水平社と縁を切る覚悟をしたのであった。

全国水平社第四回大会前日の五月六日、旧幹部の発案によって府県水平社の親睦会が大阪市内で開かれ、そこに平野も参加した。平野は世良田村事件で先頭に立って奮闘し、また平野のバックには関東の水平社が控えていただけに、水平運動の統一のために全国水平社青年同盟さえも、除名処分を受けていた平野の参加を黙認しなければならなかったのであろう。全国水平社と縁を切っていた南とは異なって、平野はできれば全国水平社内にとどまり、引き続き水平運動に挺身《ていしん》する覚悟をもっていたのである。

五月七日から八日にかけて大阪市で全国水平社第四回大会が開かれ、組織の立て直しが図られるとともに、運動的には階級闘争の色彩を強めることになった。しかし、中央委員会議長には組織的包容力をもった松本治一郎が就任し、中央役員には旧幹部や中間派ともいうべき人びとも選ばれるなど、決して全国水平社青年同盟だけが本部を握る体制にはならなかった。つまり、全国水平社青年同盟の組織的影響力は、きわめて限定されたものであった。それは何よりも、中央役員にはならなかったものの大会に参加した平野が全国水平社内にとどまることになり、除名処分は実質的には無効となったことに表れていた。

遠島スパイ事件は全国水平社に激震をもたらしたが、外部は冷静に見ていた。水平運動に理解ある『時事新報』の記者である吉井浩存《よしいこうそん》は、事態が鎮静化した約一年後に「水平運動発達史」(『社会問題講座』第二巻、新潮社、一九二六年）を発表し、「この「スパイ事件」なるものは、その真相に通じている自分からみれば、実にその一〇のうち八、九が虚構誇大の憶測であり、全国水平社内の反目が露出したにすぎない」と述べるほどであった。

また、福岡地方裁判所検事の長谷川寧《はせがわやすし》は、一九二七年に司法省調査課が極秘《ごくひ》にまとめた『水平運動並《ならび》に之《これ》に関する犯罪の研究』で、「私はいまだ物事をよく知らないから、警察官庁に果たしてスパイ政策なるものがあるかどうか知らない。しかし察するに遠島にかかわるスパイ問題は、その大部分が憶測にすぎず、官僚のあいだでの反目が禍《わざわい》して、針小棒大に報道されたものであり、また何事につけても逆宣伝に巧みな松本治一郎一派の自己防衛に原因があると考えると、松本を知る人はなるほどと合点がいくであろう」と述べた。すなわち官憲の立場に立つ長谷川からすれば、遠島スパイ事件そのものが虚構にすぎず、むしろ遠島スパイ事件を契機として松本らが自己防衛のために南や平野らの反対派を追い落とすことに利用したと認識したのであった。

たしかに南や平野らが権力とつながる遠島哲男に対する警戒心が弱かったことは、全国水平社の幹部としては大きな問題であった。しかし全国水平社青年同盟は、遠島スパイ事件を契機として快く思わない反対派の南や平野らを全国水平社から追放することに躍起になり、これに松本ら多くの中間派が追随することになった。その意味で遠島スパイ事件とは、基本的に全国水平社内における路線対立の産物であり、結果的にみて、全国水平社青年同盟のセクト主義によって全国水平社の統一と団結を乱したととらえることができよう。ともあれ、遠島スパイ事件は水平運動の路線対立にとって大きな画期のひとつとなるだけでなく、水平運動と支配権力との関係からしても重大な問題点を有しただけに、その後の水平運動の展開のみならず、今日における部落解放運動の方向においても、顧みられるべき重要な論点を提供しているのではなかろうか。

◇参照文献

朝治武「創立期全国水平社と南梅吉（下）」（『京都部落史研究所所報』第一二号、二〇〇〇年一月）
朝治武「全国水平社の除名処分」（朝治武『差別と反逆―平野小剣の生涯』筑摩書房、二〇一三年）

第二期　治安維持法と男子普選の体制のなかで

一九二〇年代前半における社会運動の急速な発展に対応して、一九二五年三月に支配体制が再編されるようになった。一方では、治安維持法の成立によって非合法の日本共産党につながる社会運動は弾圧を余儀なくされ、他方では、穏健な社会運動には譲歩しながら民衆を国家に取り込もうとする、男子にのみ普通選挙権を与える普通選挙法が制定された。このもとで本格的な政党政治が進行し、議会進出をめざした無産政党が結成されるようになり、これに水平運動も否応《いやおう》なく対応していくことになった。また、水平運動が大きく発展してくると、支配層は融和運動の組織化を図るようになった。このようななかで、全国水平社の内部では政治的立場と思想的傾向によって分岐と対抗が激しくなり、活発な論争が繰り広げられていった。

9　アナ・ボル対立

◉ボル派の全国水平社青年同盟

水平運動においてもっとも熾烈《しれつ》を極めた対立は、一九二〇年代後半の無政府主義またはアナキズムと共産主義またはボルシェヴィズム、すなわちアナ派とボル派のアナ・ボル対立、一九三〇年代初めの全国水平社総本部と全国水平社解消派との対立、そして一九三〇年代後半の全国水平社総本部と部落厚生皇民運動派との対立の三つである。このなかでアナ・ボル対立は、水平運動の方向をめぐる議論を活性化させたが、同時に全国水平社の統一と団結を阻害することによって、大きな組織的混乱をもたらすものであった。

全国水平社においては、ボル派の結集が早かった。一九二三年二月四日に千葉の市川で非合法である日本共産党の第二回大会が開かれ、専門部のひとつとして水平部が設置されることになった。水平

09-1 松田喜一

部は「水平運動より優秀な分子を党員に加えること、水平運動の内部に共産的分子を結集して水平共産党という特殊の秘密結社をつくり、日本共産党と密接な連絡を保つこと、水平運動の発達を助けること」という三つの主要な任務をもち、委員長の高橋貞樹《たかはしさだき》をはじめ委員の山川均《やまかわひとし》と佐野学《さのまなぶ》の三人で構成された。これが具体化されて、三月二日から三日にかけて京都市で開かれた全国水平社第二回大会では、共産主義傾向をもつ青年によってグループ化された少壮《しょうそう》水平社が登場することになり、これに属する各地の活動家によって議論がリードされることになった。

しかし、六月五日に警察が日本共産党員を一斉に検挙したことによって日本共産党は壊滅的な打撃をこうむり、一〇月二二日に開かれた日本共産党第三回大会では普通選挙運動などの合法運動に転換することになった。この方向にしたがって、一一月一日に大阪の糸若柳子《いとわかりゅうこ》宅に大阪や奈良、京都、兵庫、和歌山、三重などから約三〇人が集まり、全国水平社青年同盟が結成された。当初の全国水平社青年同盟は「部落の解放と新しい文化の建設を目的とする部落の青年を組織する」という穏健なものであったが、次第に機関紙『選民』によって自らの左翼的な主張を展開していった。委員長に松田《まつだ》喜一《きいち》、中央委員に高橋貞樹や岸野重春《きしのしげはる》、木村京太郎《きむらきょうたろう》、中村甚哉《なかむらじんや》が就いたように、内実はボル派そのものであり、また高橋が実質的には理論的な指導者であった。

一九二四年三月三日から四日にかけて京都市で開かれた全国水平社第三回大会のあとには、水平運動において排日移民法反対運動など国家主義的傾向が台頭してくるとともに、分散的傾向が顕著になってきた。そこで全国水平社青年同盟は、無産階級的政治運動のため徐々に共産主義の主張を強め、また全国水平社を中央集権的組織に再編するため部落青年を中心とした教化と訓練に力を注ぐことになった。

一〇月には全国水平社に激震をもたらした遠島スパイ事件が起こり、スパイ事件の首謀者である遠《とお》島哲男《じまてつお》に絡んでいたとする中央執行委員長の南梅吉《みなみうめきち》や中央執行委員の平野小剣《ひらのしょうけん》と米田富《よねだとみ》を、全国水平社青年同盟は激しく攻撃した。そして、一二月一日から三日にかけて大阪市で開かれた全国水平社府県委員長会議では、南の引退、平野の除名、米田の陳謝が決定され、全国水平社青年同盟は、西光《さいこう》万吉《まんきち》や阪本清一郎《さかもとせいいちろう》、泉野利喜蔵《いずのりきぞう》ら全国水平社創立以来の旧幹部と、松本治一郎《まつもとじいちろう》や岡山の三木静次郎《みきしずじろう》らとともに、本部の一角を担うことになった。

そして、一九二五年五月七日から八日にかけて大阪市で全国水平社第四回大会が開かれ、全国水平社青年同盟が提案した中央集権的な組織に変更する規約が実現することになった。また、全国水平社青年同盟から「徹底的糾弾から封建的かつ資本主義的な差別観念の基礎と闘う無産階級の政治運動に進出する」という主張の宣言も提案され、これは大会後に開かれた法規委員会で大いに議論となり、「理論的ではあるが、文言があまりに過激で、全国の同人の心理に思わざる結果を誘発する恐れがある」との理由によって保留となった。

◉アナ系の全国水平社青年連盟

全国水平社青年同盟による影響力の拡大に危機感を抱いたのが、全国水平社青年同盟に反対する諸勢力であった。全国水平社第四回大会から一週間後の一九二五年五月一五日、名古屋市で全国水平社自由青年連盟を結成する準備会が二〇人あまりの参加者を得て開かれた。ここでは、「われわれは確固不抜のエタ意識の上に基礎を置き、徹底的解放運動の戦線に起《た》つ」「醜悪《しゅうあく》な社会運動へ手を差し伸べない」「唯心と唯物との統合を促進し、人類最高完成の領域に突進する」「われらは明確な意識の上に立脚し、自由と平等と平和の水平社会建設のため邁進《まいしん》する」などを申し合わせた。これはボル派の主張に反対し、全国水平社創立の理念である人間主義と部落民意識を継承しようとするものであった。

この後に準備会は、「いまやわが水平運動の精神を忘却し、大衆云々《うんぬん》の美名に隠れて間違った方向に走ろうとする一部の輩《やから》にわれらの運動の真髄は踏みにじられ、水平運動の全線はいままさに攪乱《かくらん》されようとしている。この際、われらは彼らのなすがままに放任すべきか。否である。この局面を救うのは、ただただ純水平運動の真精神を確守するわれわれ青年の結合によるしかない」との檄文《げきぶん》を各地に送った。また、一九二五年六月から機関紙『自由新聞』を発行し、自らの主張を広く伝えようとした。

そして、一〇月一八日に京都市で全国水平社青年連盟第一回協議会が開かれ、ここではボル派の主張する無産階級的な政治運動に対する反対で共通していた。とりわけ問題になったのが、ボル派の指導者である日本共産党員の高橋貞樹に関する「不純分子一掃の件」であった。高橋は出自からすると非部落民であり、これは「特殊部落民は部落民自身の行動によって絶対の解放を期す」という全国水平社綱領に違反するから全国水平社から追放しようと提案され、可決されることになった。これは全国水平社青年連盟のボル派への強烈な対抗意識の如実な表れであった。そして最終的には、翌年である一九二六年五月一日の全国水平社中央委員会で、高橋の全国水平社からの除名処分が決定されることになった。

ただ、全国水平社青年連盟は無産階級的な政治運動を否定し、ボル派に対抗したものの、生活にかかわる意見が統一されているわけではなかった。たとえば、賛否両論あって討論は熾烈を極めたが、「反帝国主義、反資本主義の団体と利害関係が共通の場合にのみ協議機関を設置する」という意味において、「協議機関設置の件」は可決された。また、北原泰作《きたはらたいさく》によって提案された政治行動を否認する「政治行動に関する件」についても、「政治運動によって経済を獲得することは不可能である」との意見も出されて激しい議論となったが、結局は「部落の無産大衆を経済的に解放するならば、経済的闘争を日常的に展開することが実際的である」として、政治行動は保留するという意味で否決されることになった。つまり、経済や生活にかかわる政治運動まで否定することに対しては、完全な意見の一致をみなかったのである。

この全国水平社青年連盟に参加したのは、京都や福井、愛知、静岡、岐阜、長野などの水平社とともに、四月一七日に結成されていた平野小剣を中心とした全関東水平社青年連盟であった。これらは無政府主義の立場に立つ者だけではなく、ボル派に対抗しようとする人びとであり、その意味では純然たるアナ派ではなく、反ボル派的かつアナ系的な結集といえるものであった。そして全国水平社青年連盟の中心を担ったのが、反ボル派的な平野小剣と埼玉の辻本晴一《つじもとせいいち》、そしてアナ派的な傾向が濃厚な静岡の小山紋太郎《こやまもんたろう》、岐阜の北原泰作、愛知の鈴木信《すずきしん》、京都の菱野貞次《ひしのていじ》らであった。

◉全国水平社無産者同盟のボル派としての深化

一九二五年九月一八日、大阪市で全国水平社青年同盟の創立二周年大会が開かれた。この直前の八月から『選民』は『青年大衆』と改題されて全日本無産青年同盟準備会の機関紙となっていたが、この大会では高橋貞樹の指導によって、全国水平社青年同盟を解体したうえで、一方では全日本無産青年同盟に参加し、他方では全国水平社無産者同盟に改組されることになった。

全国水平社無産者同盟の主張を如実に表現したものが、創立大会宣言であった。ここでは、世界と日本の資本主義の状況をはじめ、部落差別の残存要因、過去の水平運動に対する総括が述べられた。そして「全国水平社無産者同盟は、水平運動を本来の軌道の上によみがえらせ、無産階級の階級闘争にまで引き上げるために、水平社内部における一切の無産階級的勢力を結集した新たな組織である」

と自らを規定したうえで、「われわれはいまや水平社内部の反動主義、日和見《ひよりみ》主義に対する執拗《しつよう》な闘争を続け、進んで積極的に資本に対する無産部落民の政治的、経済的な全闘争を指導し、また部落内部における階級闘争を激成し、現在の水平運動を終えて、無産部落民の解放運動を一般無産者の階級闘争に合流させようとするものである」との方向を示した。

これは、ボル派として明確に全国水平社無産者同盟を名乗って純化し、全国水平社から保守派やアナ系を放逐して共産主義化を図り、資本主義に対する無産階級的な経済闘争と政治闘争へ進出しようとするものであった。しかし「部落内部における階級闘争を激成」しようとしたことは、部落内部に無用な混乱と対立をもたらし、「無産部落民の解放運動を一般無産者の階級闘争に合流」させようとするにいたっては、明らかに全国水平社解消論の傾向をもつものであった。

一九二六年五月二日から三日にかけて、福岡市で全国水平社第五回大会が開かれた。この大会では、綱領改正や無産政党支持などをめぐって、アナ系とボル派は激しく対立することになった。このようなアナ・ボル対立は全国水平社の統一と団結を大きく乱していると受けとめられたため、全九州水平社から「水平社青年団体統一の件」という緊急動議が提案されることになった。これについて花山《はなやま》清《きよし》は、「われわれの力は団結よりほかにない。水平社内部に青年団体がいくつもある。これを統一して、力を集中したい」と説明した。この青年団体とは、主として全国水平社青年連盟と全国水平社無産者同盟を指していた。

ボル派で奈良の本田《ほんだ》伊八《いはち》が「その方法は」と質問したのに対し、花山は「代表者の懇談会を開きたい」と答えた。そして兵庫の酒井力弥《さかいりきや》と高知の国沢亀《くにさわすすむ》が「もろ手を挙げて賛成します」と述べたが、本田は「実行不可能だから、来年まで保留にしたい」、アナ系の北原泰作も「私も不可能と思います」と述べ、採決によって保留となった。アナ・ボル対立を憂慮した中間派は水平運動の統一に努めようとしたが、アナ派とボル派の双方は聞く耳をもたなかったのである。

◉アナ派として純化した全国水平社解放連盟

全国水平社青年連盟は全体としては全国水平社無産者同盟に対抗していたが、全国水平社創立の理念によって水平運動の統一を模索しようとする平野小剣らと、よりアナ派の立場を鮮明にしようとした小山紋太郎や北原泰作らのあいだで徐々に分岐が生まれてくるようになっていった。そして一九二六年九月一日、小山や北原によって名古屋市で純化したアナ派の全国水平社解放連盟が結成された。全国水平社青年連盟をアナ派として純化させたのが全国水平社解放連盟であり、これに長野や埼玉、東京、静岡、愛知、岐阜、京都、兵庫、大阪、広島、山口にわたる水平社の活動家が参加した。

結成にあたって趣意書が発表され、そこで「われらは水平運動の本流を鮮明にし、また強権的主張を排し、人間本来の性情である相互扶助的精神の徹底と、自由意思による組織の実現のときにのみ、われらの完全な解放があるとの信念のもとに、同志を堅く糾合する」ことが強調された。そしてスローガンでは、全国水平社創立の綱領に示された自主解放を基本としつつ、アナ派の特徴である「われらは人間礼讃《らいさん》、自由連合主義を基調とする」とともに、「共産党一派および職業的運動屋を駆逐せよ」が掲げられた。そして一九二七年七月には、機関紙『全国水平新聞』を発行した。

このアナ派の全国水平社解放連盟は、ボル派の全国水平社無産者同盟との本格的な対抗のために結成されたものであり、両者の対立はより激化していくことになった。一九二七年になってボル派も参加する全国水平社本部は、全国水平社第六回大会を京都市で開こうとしたが、アナ派は五月一日に自らの拠点のひとつである名古屋市で開くべきであるとする声明書を発表した。しかし、結局のところアナ派とボル派は妥協し、全国水平社第六回大会は一二月三日から四日にかけて広島市で開かれることになった。ボル派は一九二六年一〇月から福岡連隊差別糾弾闘争に力を入れ、アナ派は一九二七年一一月一九日の北原泰作天皇直訴《じきそ》事件を支援していただけに、この大会では差別糾弾闘争に関する議案が多く、アナ派とボル派は激しく対立しつつも、一定の課題については共同歩調をとることができた。

激しいアナ・ボル対立のなかで危機感を示したのが、一九二八年三月一日の全国水平社機関紙『水平新聞』第二一号に載せられた大阪少年水平社の福井生による「差別撤廃の為《ため》に／うちわげんかを止めよ」という投稿であった。福井生は「私たちは何も知らない子どもです。私たちがいつも合点のいかないのは、わが水平社の内部で赤とか黒とかいってケンカをしていることです。何が赤で、何か黒かわかりませんが、うちわゲンカはやめてください。犬でも食いませんで！私たちはあほらしくて見ていられません」と述べ、「水平社をつぶされてはだれの損ですか、三百万兄弟の損ではありませんか」と締めくくった。これはアナ派を象徴する黒とボル派を象徴する赤の双方を痛烈に批判したものであったが、全国水平社の統一と団結を求める多くの部落民の声を反映したものであった。

この直後の三月一五日に日本共産党員の一斉検挙があり、全国水平社からボル派の主要な活動家が失われ、ボル派は壊滅することになった。それでも、松本治一郎を中心に残った人びとの尽力によって、二カ月後の五月二六日から二七日にかけて京都市で全国水平社第七回大会が開かれた。しかし、この全国水平社第七回大会はアナ派からすると期待を裏切るものであった。そこで大会初日の五月二六日に、アナ派の全国水平社解放連盟に結集する水平社や活動家は「全国水平社第七回大会不参加に対する共同声明書」を発表した。ここでは、アナ派の水平社から開催地の変更と大会開催日の延期を求めていたが拒否されたので、大会そのものを認めないと主張した。そして開かれた大会二日目の冒頭で、アナ派の活動家である京都の梅谷新之助《うめたにしんのすけ》が壇上に駆け上がり、「われわれは大会を認めない」と叫んだので、参加者は総立ちになって会場が混乱した。そこで臨席の警官から解散が命じられ、また多数の幹部も検挙され、全国水平社第七回大会は不成立に終わってしまった。

◉全国水平社の統一と団結の回復

ボル派が壊滅したあとに全国水平社の本部を担ったのは、阪本清一郎や泉野利喜蔵ら社会民主主義の立場に立つ活動家であった。これらの人びとの主導によって七月一五日に奈良県高田町で開かれたのが、全国水平社第七回大会に代わる全国水平社府県代表者会議であった。奈良県水平社から「水平社の運動方針について」が提案され、説明に立った阪本は「当初の感情的な反目は、運動の内部に横たわる思想的対立に推移した。それは華やかな理論闘争に憧れ、ただ全体性にのみ飛躍して部落民の特殊的部分性をまったく忘却する公式全面論と、これに反して特殊的部分性にのみ固く閉じこもって、さらに全体性への発展を怠って階級性を恐れる一面論との対立を招いている」と述べた。

これはボル派とアナ派の双方を厳しく批判したものであったが、全体として批判の矛先として重点が置かれたのはボル派であった。つまり、阪本ら社会民主主義者にとって、ボル派こそ全国水平社の統一と団結を乱した張本人と見なされたのであった。これをふまえたうえで、「一切の賤視差別を無くしろ」をはじめ「差別撤廃の自由を与えよ」「欺瞞《ぎまん》的融和政策排撃」「徹底的部落民施設の要求」「部落民の生活擁護」「部落民の団結促進」など、差別撤廃と生活擁護を中心とする政策が掲げられた。

全国水平社府県代表者会議は現実的な方向をめざしたので、一部のアナ派活動家は退場したものの、多くのアナ派活動家が議論に参加した。それを受けて、八月一〇日の『水平新聞』第二五号には無署名の「水平運動の戦線の統一に就《つ》いて」が載せられた。ここでは「水平運動は第四回から第七回の大会までの四年間、いろいろな問題にぶつかった。その問題こそが水平運動の受難期であった。しかし、いろいろの行きがかりも感情も府県代表者会議によって水に流し、今後の新しい闘争のために大同団結したのだ」と述べ、統一と団結の機運に向かっていることが確認された。

この時期でも全国水平社解放連盟は存続していたが、アナ派のなかで全国水平社に合流していこうとするグループと、あくまでもアナ派として結集することに固執するグループに分岐していくことになった。とくに大阪の富田林町を拠点とする後者は全国水平社関西解放連盟を結成し、一九二九年一〇月一五日には大阪の山岡《やまおか》喜一郎《きいちろう》や京都の梅谷新之助らによって機関紙『関西水平新聞』が発行された。

そして、一九二九年一一月四日に名古屋市で全国水平社第八回大会が開かれ、多くのアナ派活動家も参加して、大会議案の提案と討論をおこなうことになった。とくに可決された宣言では「ここに思想的かつ感情的な対立と抗争はサラリと晴れかけ、やがて力強い組織の確立と指導方針の決定なくしては絶対にわれわれの解放戦を闘いぬくことの困難を知って、いよいよ力強い巨歩を踏み出すべき準備を整えなければならない」と主張されたように、全国水平社の完全な統一と団結に向かっていることが指摘された。

大会が終了したあと、名古屋市の愛知県水平社本部で全国水平社解放連盟の全国委員会が開かれ、全国水平社解放連盟を解体して戦線統一に邁進することを決定した。そして、「われらは水平運動現下の状勢に鑑み、全国水平社戦線統一のため、ここにわれらの全国水平社解放連盟を解体す」という声明書を発表した。ここに、一九二〇年代後半において水平運動に大きな混乱をもたらしたアナ・ボル対立は基本的に終焉《しゅうえん》し、全国水平社は統一と団結を回復したのであった。社会運動において思想的な分岐と対立は不可避であるといえるが、それが一方では運動を活性化させることになったが、他方では深刻な組織的分裂をも生み出しただけに、その歴史的な総括は必要不可欠であろう。

◇参照文献

藤野豊「身分と階級をめぐる論争の展開」（藤野豊『水平運動の社会思想史的研究』雄山閣出版、一九八九年）
秋定嘉和「水平運動におけるアナ・ボル対立」（秋定嘉和『近代日本の水平運動と融和運動』解放出版社、二〇〇六年）

10　綱領改正

◉全国水平社創立時の第一次綱領

周知のように、一九二二年三月三日、京都市で開かれた全国水平社創立大会において京都の桜田《さくらだ》規矩三《きくぞう》によって綱領が朗読された。このあとの状況は、全国水平社機関誌『水平』第一号が「怒濤《どとう》のような歓声、わき起こる拍手はしばらくやまなかった」というように、宣言が採択されたときと同じく感動的なものであった。次に掲げる全国水平社にとっての初めての綱領は、第一次綱領といえるものであった。

一、特殊部落民は部落民自身の行動によつて絶対の解放を期す

一、吾々《われわれ》特殊部落民は絶対に経済の自由と職業の自由を社会に要求し以《もっ》て獲得を期す

一、吾等《われら》は人間性の原理に覚醒し人類最高の完成に向つて突進す

綱領とは、社会運動団体の目標や原則を示したものであり、その社会運動団体にとってもっとも重要なものであった。また、組織原則の規約に相当する則の第六項で「各地方水平社ハ全国水平社綱領ニ依リ自由ノ行動ヲ取ルコト」と定められたように、各地方水平社は全国水平社の綱領さえ遵守《じゅんしゅ》しておれば、独自の自由な行動が許された。

この綱領は創立大会直前の二月二八日に作成されたが、第一項・第二項は東京の平野小剣《ひらのしょうけん》、第三項は奈良の阪本清一郎《さかもとせいいちろう》によって提案されたと考えられる。第一項は部落民による自主解放、第二項は経済の自由と職業の自由の社会への要求であり、ともに主語が「特殊部落民」であるように、部落民自身の課題とされた。それに対して「人間性の原理」と「人類最高の完成」に関する第三項は、主語が「吾等」とあるように、部落民と部落外の人びと共通の課題とされた。また、注意深く見てみると、この綱領は宣言と内容において同一の主張となり、いわば綱領は宣言のエッセンスを抽出したものであることがわかる。

しかし、創立大会後に開かれた各地の部落の代表者を集めた協議会で、採択されていた綱領について発言があり、約一時間にわたって大きな議論となった。発言したのは、岡山で早くから融和運動をおこなっていた岡崎熊吉《おかざきくまきち》であった。『水平』第一号によると岡崎は、綱領で部落民自身が「特殊部落」と名乗っているのを問題視し、「われわれ自身が「特殊部落」の文字を使うのは、自らを卑下す

ることである」と反対意見を述べた。しかし、全国水平社創立関係者らを中心に、「解放令が出ても、社会はわれわれを「新平民」と呼び、最近では「少数同胞」とも呼んでいる。実質が変化しなければ、名称は問題ではない。われわれは「エタ」であることを名乗って、堂々と社会で生きていく名称にしたい」と主張する者が多数を占めた。そして結局は「名称によってわれわれが解放されるわけではない。賤称とされている「特殊部落」の名称を反対に尊称にするまで、不断の努力をする」という結論となり、拍手喝采のなかで綱領が追認されることになった。

◉初めての綱領改正議論

一九二三年三月二日から三日にかけて京都市で開かれた全国水平社第二回大会でも、全国水平社創立大会とほぼ同じ綱領が兵庫の岸本順作《きしもとじゅんさく》によって朗読された。ところが、翌年である一九二四年三月三日に同じく京都市で開かれた全国水平社第三回大会では、綱領の改正が初めて議論されることになった。

議事の冒頭、全九州水平社から「綱領ノ一部改正ノ件」が提案された。創立大会で採択された綱領の第三項の「人類最高の完成」の上に「人間相互の理解により」を挿入しようというものであり、その理由は「いままでの水平社の運動は自力主義の運動であり排他的な運動でもあったため、世間から非常に非難を受けた。これではいけないと九州の水平社同人が考えはじめ、これを提案した」というものであった。内容はわからないものの議論は大いに沸騰したが、採決によって否決された。想像するに、水平運動は本来的には排他的でなく、そのため「人間相互の理解により」を挿入する必要はないという意見が多数を占めたのであろう。

奈良の西田中《にしたなか》水平社提案の「宣伝ニ関スル件」が可決されたあと、議長である南梅吉《みなみうめきち》の不手際によって議場が混乱した。そして五分間の休憩が終わると、「この件はさきに否決されたものだ。しかし、この件が徹底していなかったから否決されたので、この件をふたたび提出した」として、全九州水平社からあらためて緊急動議として「綱領ノ一部改正ノ件」が提案された。さらに福岡の花山清《はなやまきよし》は、「議長の横暴によってこの件は否決になった。しかし「宣伝ニ関スル件」が可決されたから、われわれは綱領の一部を改正しなければならぬ」と説明した。「宣伝ニ関スル件」は世間の水平運動に対する誤解を解くために宣伝隊をつくろうとしただけのものなので、綱領の一部を改正することと結びつけるには、相当の無理があった。

そこで大阪の泉野利喜蔵《いずのりきぞう》は、「諸君は文字にとらわれて議論している。この件は委員会付託とすべきだ」と自重を求めた。奈良の西光万吉《さいこうまんきち》は「他人を覚醒することができないようでは、自分が覚醒することができるか」と問うて、綱領を変えないことを主張した。しかし、ふたたび花山が「綱領は不合理である」と発言したため、西光は「諸君は綱領を改正せよと言っているが、諸君はただ綱領を注釈しているだけだ」と反論した。

なかなか議論が進行しなかったため、大阪の栗須七郎《くりすしちろう》は綱領を説明するため壇上に上がった。栗須は「綱領の第三項はわれわれの声明であり、われわれ同胞の祈りである。われわれはこの声明のためには血潮さえ流さなければならぬ。われわれは特権階級にひざまずくものではない。われわれは選ばれた民である。われわれは自覚さえすればよいのだ。同胞よ、お互いに手を握って突進せよ」と主張した。また「こんなことを論じるのは、水平社の権威を侵すものだ」と憤慨する者もあり、委員会付託となった。

すぐさま綱領改正委員会が開かれ、群馬県水平社提案の「朝鮮ノ衡平《ヒョンピョン》運動ト連絡ヲ図ルノ件」が可決されたあと、委員の泉野は「九州側が綱領改正の件を緊急動議として提出したのは、議長に対する憤慨からである。議長は自重すべきである。しかし、われわれ委員は綱領を改正する必要は認めない」と報告した。綱領改正委員会委員は泉野や栗須ら五人であったが、ほぼすべてが全国水平社の中央執行委員であったと思われ、綱領を否定するはずもなかった。泉野や栗須ら中央執行委員が綱領の改正に反対したのは、何があろうとも目標や原則を示す綱領は容易に変えてはいけないと考えていたからであろう。

◉全国水平社無産者同盟の綱領改正案

一九二四年一〇月に発覚した遠島スパイ事件によって全国水平社は混乱に陥り、一九二五年五月七日から八日にかけて大阪市で開かれた全国水平社第四回大会で、一応の統一と団結を取り戻した。中央委員会議長には福岡の松本治一郎《まつもとじいちろう》が就き、共産主義派の全国水平社青年同盟が主導権の一部を握ることになった。全国水平社第四回大会においては本部提案の規約改正が委員会付託によって採択されたように、全国水平社は全国水平社青年同盟の意見も取り入れた中央集権的な組織整備をおこなった。また、全国水平社青年同盟は階級闘争を明確にした宣言の作成を提案したが、反対意見も多く委員会付託とされ、委員会で議論されたものの、結局は保留されることになった。

一九二六年五月二日から三日にかけて福岡市で全国水平社第五回大会が開かれることになり、一九二五年九月一八日に全国水平社青年同盟から改称した全国水平社無産者同盟は、水平運動の目標と原則である綱領と宣言の改正を最重要課題とした。五月一日に福岡市で中央委員会が開かれ、全国水平社第五回大会に中央委員会として提出する綱領案と宣言案も議論された。全国水平社無産者同盟の中央委員会議長で全国水平社の中央委員でもあった松田喜一《まつだきいち》を中心に提案したと思われる綱領案は、次のものであった。

一、一切の差別的言行に対する徹底的糺弾《きゅうだん》
一、部落民を欺瞞《ぎまん》する融和運動徹底的排撃
一、政府の恩恵的改善策に対する徹底的排撃
一、特殊部落民の解放運動暴圧法令の撤廃
一、部落内部の青年団・処女会・在郷軍人会の官僚支配撤廃

一、図書館の設立と無料開放、管理権の獲得
一、軍事教育に対する反対
一、募財拒絶の断行
一、労働組合・農民組合等の組織促進
一、共済組合・消費組合の設置促進
一、無産政党の支持と資本家政党の排撃

この一一項目にわたる綱領案は、全国水平社無産者同盟の主張を明確にしたものであった。中央委員会には、松田や大阪の大西遼《おおにしりょう》太郎《たろう》、三重の上田音市《うえだおといち》、理事では奈良の木村京太郎《きむらきょうたろう》ら全国水平社無産者同盟のメンバーがいた。しかし中央委員には、静岡の小山紋太郎《こやまもんたろう》、愛知の鈴木信《すずきしん》、理事では京都の菱野貞次《ひしのていじ》ら、一九二五年五月一五日に全国水平社無産者同盟に対抗して結成された反共産主義派で無政府主義系である全国水平社青年連盟のメンバーもいた。そこで共産主義派と無政府主義系の対立、すなわちボルシェヴィキ派とアナキズム系による激しい議論となり、結局は「難解な文字が多く、文章も硬くて、普遍的な徹底を期すものとはいえない」との理由で内容は修正されることになった。そこで中央委員会として綱領第一案の内容を修正し、同日の府県代表者会議に提案されたのが次の綱領第二案であった。

一、我等に対する一切の差別的言行の徹底的糺弾
一、部落民を欺瞞する政府の恩恵的改善政策、及び融和運動に対する徹底的排撃
一、特殊部落民解放運動の暴圧法令撤廃
一、部落民解放の精神を麻痺《まひ》せしむる一切の教化に対する反対
一、部落無産者の政治的経済的利害の擁護

綱領第二案は一一項目から五項目に絞られ、内容的には「一、労働組合・農民組合等の組織促進」や「一、無産政党の支持と資本家政党の排撃」など、全国水平社無産者同盟の露骨な主張は削除された。これは、全国水平社無産者同盟が全国水平社青年連盟との協調を図るために譲歩し、何よりも全国水平社として目標と原則を統一していこうとする意欲の表れとして承認された。

◉激論となった階級闘争の第二次綱領

全国水平社第五回大会では、一日目の議案のトップとして提案されたのは本部提案による「綱領改正の件」であった。中央委員の松田喜一は「私たちの運動が新しい闘いに入るためには、ぜひとも旗印をハッキリとさせねばならない。過去の漠然とした小ブルジョア的な綱領に代えて、明確な無産階級意識の上に立った行動の綱領が必要だ」と述べ、前日の中央委員会と府県代表者会議で承認された

綱領第二案を示した。

まず質疑応答では、福岡の花山清から「従来の綱領のどこが小ブルジョア的なのか」との質問があり、松田は「職業の自由や経済の自由、人類愛などが小ブルジョア的であり、これでは決して無産者は獲得できない」と答えた。奈良の米田富《よねだとみ》が「現綱領の第一項の「部落民自身の行動によつて」はなにゆえに省かれたのか」と問うたのに対し、松田は「規約に「本団体は本団体の綱領に基づき、特殊部落民の完全なる解放を目的とする特殊部落民を以て組織す」があるから必要ない」と返答した。全国水平社青年連盟の立場から岐阜の北原泰作《きたはらたいさく》は「差別される者や支配される者に政治はありえないが、なぜ政治的要求を入れたのか」と問い、松田は「制度との闘いや支配階級との闘いは政治闘争である。水平社も政治闘争が必要だ」と答えた。

山口の藤野義夫《ふじのよしお》が「新綱領に「人類最高の完成」がないのはなにゆえか」と問うたのに対しては、松田は「それは新綱領によって初めて実現される。融和団体も言っているから、あえて言わなくてよい」と返答した。しかし、北原から「融和団体と区別するためなら、あえて綱領を改正する必要はない。水平運動は民族意識の上に立って闘ったらよいのではないか」との質問があり、松田は「水平運動は民族運動ではない。封建的な観念を取り除くための闘いがそう見えただけで、階級闘争に進んでいくべきだ」と答えた。

討論に入って、まず静岡の小山紋太郎が「綱領は変えるべきでない。融和団体と対抗するためには決して綱領を改正する必要はなく、私は改正に大反対だ」と反対したのに対し、大阪の大西遼太郎は

「われわれはすべてが無産者であり、明確な階級意識の上に立った新綱領が必要だ」と賛成意見を述べた。福岡の田中松月《たなかしょうげつ》は「われわれは人間を礼讃《らいさん》して進む。新綱領は目的にいたる途中の手段であるから反対だ」と述べたが、大阪の下阪正英《しもさかまさひで》は「現在の運動が行き詰まったのは、指導方針が漠然としていたからだ。綱領を無産階級的なものとして資本主義と闘うために、新綱領に大賛成だ」と反論した。

山口の藤野は「議論と理想のみに走ったから運動は進まなかった。現在の綱領でも真剣に突進していればよいので、改正に反対だ」と述べたが、熊本の岩尾家定《いわおいえさだ》は「運動が停滞したのは明確な無産階級的指導方針がなかったからで、新綱領には双手を挙げて賛成だ」と反論した。また、奈良の山田孝野次郎《やまだこのじろう》が「水平運動は糺弾がすべてではなく、部落民の日常生活の利害を代表する運動だ。そのために無産階級的指導方針が必要であり、綱領改正に絶対賛成だ」と述べたが、愛知の生駒長一《いこまちょういち》は「綱領は目的を示すものだが、新綱領は行動を表している。決議としてなら賛成だが、綱領とするには極力反対する」と反論するなど、激しい議論の応酬となった。

そこで議事進行係の米田が「もっと慎重に審議すべきである」との理由から法規委員会付託を発議し、議長の松本治一郎は、異議なしの声を受けて法規委員会に付託した。法規委員会は各地方連合会から選ばれたが、全国水平社無産者同盟に近い者は少なく、委員長には西光万吉が就いた。そして二日目に委員長の西光から、次の新綱領が提案された。

我等は人類最高の完成を期して左の諸項を遂行す。

一、特殊部落民は部落民自身の行動に依つて絶対の解放を期す。

一、我等特殊部落民は絶対に経済の自由と職業の自由を社会に要求し以て獲得を期す。

一、我等は賤視《せんし》観念の存在理由を識《し》るが故に明確なる階級意識の上にその運動を進展せしむ。

この新綱領は、第一次綱領の基本的枠組みを尊重し、前日の賛否両論をふまえつつ、全国水平社として統一して新しい状況に対応しようとするものであった。しかし、全国水平社無産者同盟からすれば綱領第二案から大きく後退したものであったが、結果的には第三項に、強く主張した内容の「階級意識の上にその運動を進展せしむ」を入れることができた。これが新しく採択された、全国水平社の第二次綱領といえるものであった。

この第二次綱領に対して水平運動の外から論評を加えたのが、水平運動に対して支援を惜しまなかった弁護士の布施辰治《ふせたつじ》が、一九二六年一二月の『解放』第五巻第一二号に寄せた「水平運動大観――綱領改正と高橋氏除名問題――」であった。ここで布施は、「水平運動の出発点が一種の民族運動だと言う人があるが、私は民族運動ではないと思う。今回の綱領改正によって階級運動に進出したのは歓迎だ。なぜなら水平運動の根本的な精神は、言うまでもなく被支配階級と被搾取階級の階級的反逆運動だからである。しかし高橋貞樹《たかはしさだき》を部落民でないとして除名したように、水平運動は従来からの部落民自身による自主解放という精神も忘れるべきではない」と評価した。

◉生活権闘争の第三次綱領への転換

大会直後の一九二六年六月、栗須七郎は『大阪水平新聞』第九号に「綱領改正の意義」を載せた。そこで栗須は綱領改正の意義を論じつつ、「旧綱領が完全でなかったのと同じく、新綱領も完全とはいえない」ので「新綱領もまた改正されるときがあるだろう」との見通しを述べた。

その言葉のとおり、一九三〇年一二月五日に大阪市で開かれた全国水平社第九回大会で、岡山県連合会の野崎清二《のざきせいじ》から緊急動議として「綱領一部改正の件」が提案された。その内容は、第二次綱領の「我等は人類最高の完成を期して左の諸項を遂行す」を削除し、第二項を「我等特殊部落民は生活権の奪還と政治的自由の獲得を期す」に変更しようとするものであった。内容はわからないが賛否両論あって議論は紛糾し、中央委員である東京の深川武《ふかがわたけし》の提案によって中央委員会に一任されることになった。

10-1 栗須七郎

一九三一年五月一六日に大阪市の全国水平社総本部で拡大中央委員会が開かれ、「綱領一部改正の件」が議論された。常任書記の草香一介《くさかいっかい》（本名＝竹中武雄《たけなかたけお》）が野崎の提案を説明したが、質問はなかった。議論になったのは、第一項の「特殊部落民は部落民自身の行動によつて絶対の解放を期す」を削除するかどうかであった。まず中央常任委員の米田富が「元のままに置いておくべきだ」と発言したが、中央常任委員の北原泰作は「第三項は第一項の意味を含んでいる」と削除することに賛成し、これに対して米田は「それなら第三項だけでも、全部を言い表している」と反論した。そこで奈良の宗川勘四郎《むねかわかんしろう》は「次期大会まで保留にせよ」と述べ、北原と京都の山口岩蔵《やまぐちいわぞう》は「そうだ、次期大会に持ち込むべきだ」と言いつつも、「綱領は政党より以外では持たないものだ」と、まるで全国水平社に綱領が必要ないかのような発言をし、それに影響を受けて「綱領をなくせ」という意見も出る始末であった。そして最終的には、綱領は次のように改正された。

一、我等特殊部落民は賤視観念の存在理由を識るが故に明確なる階級意識の上にその運動を進展せしむ。
一、我等特殊部落民は生活権の奪還と政治的自由の獲得を期す。
一、我等特殊部落民は部落民自身の行動によつて絶対の解放を期す。

これが第三次綱領であり、創立当初からの人間主義的な「人類最高の完成」は完全に姿を消すことになった。また、第三項が第一次・第二次綱領と異なって最後に置かれたのは、全国水平社内の共産主義勢力と社会民主主義勢力が、第三項に代表されるとする部落第一主義的傾向に警戒心を示したからであった。

その後においても全国水平社では綱領改正の議論は続けられ、一九三八年六月一五日の第六次綱領まで五回にわたって綱領は改正されることになった。綱領は運動の目標と原則を表現したものとして重要であったが、その重要性が日ごろの運動現場で意識されることは稀《まれ》であった。しかし綱領は、全国水平社や戦後の部落解放運動団体を象徴するだけでなく、社会的な存在意義と役割を遺憾なく発揮していただけに、その改正をめぐる議論は、部落解放運動に関心をもつ者にとって示唆するところはきわめて大きいといえよう。

◇**参照文献**

馬原鉄男「水平運動の時期区分論」(部落問題研究所編刊『水平運動史の研究』第六巻、一九七三年)
朝治武「全国水平社綱領―水平運動の目標」(朝治武『水平社の原像―部落・差別・解放・運動・組織・人間―』解放出版社、二〇〇一年)

11　無産政党

◉全国水平社青年同盟の無産政党結成準備

一九二四年一月七日に清浦奎吾《きようらけいご》内閣が成立すると、憲政会《けんせいかい》や革新倶楽部《かくしんくらぶ》、政友会《せいゆうかい》など既成政党による護憲三派は連携して、普通選挙をめざす第二次護憲運動を開始した。この第二次護憲運動によって、これまでの納税額による制限選挙ではなく、普通選挙の実現が現実性をおびてきた。このような流れのなかで、一九二四年六月二八日には、島中雄三《しまなかゆうぞう》や鈴木茂三郎《すずきもさぶろう》、大山郁夫《おおやまいくお》、布施辰治《ふせたつじ》らを中心に、全国単一無産政党結成の準備団体として政治研究会が東京で結成された。政治研究会は自らの普通選挙法案を発表し、各地で講演会を開くなど、活発な活動をおこなった。

一九二五年三月二九日、護憲三派の加藤高明《かとうたかあき》内閣のもとで治安維持法と関係して、満二五歳以上のすべての成年男子に選挙権を与える普通選挙法が制定され、いわゆる男子普選体制が成立した。これに対応して政治研究会は四月一九日に第二回全国大会を開き、組織の全国化を図るとともに無産政党の結成を急ぐことになった。大阪では七月一九日に共産主義派の全国水平社青年同盟に事務所をおく政治研究会大阪府評議会が結成され、全国水平社青年同盟からは大阪の高橋貞樹《たかはしさだき》と岸野重春《きしのしげはる》が中心人物となった。

これより以前に、全国水平社青年同盟は無産政党結成の準備にむけた活動をおこなっていた。一九二五年五月七日から八日にかけて大阪市で開かれた全国水平社第四回大会で、奈良県水平社と大阪府水平社が「政治教育普及の件」を提案した。全国水平社青年同盟のメンバーである奈良の本田伊八《ほんだいはち》は提案理由を、「普通選挙実施後、ブルジョア政治家は全国三百万の水平社同人を利用するから、これに対抗するだけでなく、水平運動の戦線を政治的に拡大する必要から政治教育を徹底させ、政治的にも支配階級と対抗するため、現在の「徹底的糺弾《きゅうだん》」の上に政治的方法を加える必要がある」と説明した。これに対して奈良の山田孝野次郎《やまだこのじろう》は、「普通選挙実施後、われわれの水平運動は戦線を政治的にも拡大していく必要があるから、まず政治教育を普及せよ」と賛成意見を述べた。しかし、南梅吉《みなみうめきち》の息子で全国水平社青年同盟を嫌っていた京都の南敬介《みなみけいすけ》らは、「水平運動を政治運動にまで拡大することは堕落であるから、われわれ水平社同人は政治行動を否定せよ」などと反対した。

議論は一時間半に及んで採決となり、議長の松本治一郎《まつもとじいちろう》は「賛成多数可決」と宣したものの、「議長横暴」などの声が起こり、会場は混乱に陥った。ただ、大会後、全国水平社青年同盟は五月一五日の機関紙『選民』第一六号で、自らと一線を画す泉野利喜蔵《いずのりきぞう》が大阪府水平社として「単なる「研究」

のため」に政治教育の普及を説明したと見なし、「危険きわまる反動、日和見《ひよりみ》主義的解釈」と厳しく批判した。

七月七日には大阪市で全国水平社第一回中央委員会が開かれ、無産政党の結成に熱心な上田音市《うえだおといち》が政治部長に選ばれた。また、全国水平社青年同盟から「全国的無産政党結成の邪魔者である反動分子を全国水平社内から徹底的に放逐」して無産政党結成に参加するという「政党問題に関する件」も提出されたが、議論が沸騰して保留になった。

◉無産政党組織準備委員会への参加

無産政党の結成を急ぐ日本農民組合は、一九二四年一二月一三日に組織内に無産政党組織準備委員会を発足させていたが、日本農民組合三重県連合会委員長で三重県水平社委員長でもあり、また全国水平社青年同盟にも属していた上田音市が無産政党組織準備委員会の綱領部委員になっていた。そして一九二五年八月一日、日本農民組合無産政党組織準備委員会は、日本労働総同盟や日本労働組合評議会などの労働組合、政治研究会、全国水平社、全国水平社青年同盟などに、八月一〇日に開く無産団体の横断的な無産政党組織準備委員会の案内状を発送した。

これに応えるため、八月五日に全国水平社の政治部長である上田音市は「無産政党問題に関する政治部の意見書」を発表した。まず上田は「私は全国水平社として日本農民組合主催の準備委員会に参加することに双手を挙げて賛成する」と述べ、「無産政党が大衆の実際的な要求にふれていれば、地方的な小党に対して絶対に反対し、全国的無産政党組織にむかって加盟することは当然の帰結である」と述べた。つまり、全国水平社は七月七日の第一回中央委員会で無産政党結成への参加については保留にしていたので、上田は政治部長個人として無産政党組織準備委員会に参加することを表明したのである。

そして一九二五年八月一〇日、大阪市で無産政党組織準備委員会が開かれた。ここには、全国水平社青年同盟の高橋貞樹と岸野重春とともに、全国水平社として政治部長の上田音市や大阪の大西《おおにし》遼《りょう》太郎《たろう》と松田《まつだ》喜一《きいち》、それに木村《きむら》京太郎《きょうたろう》らが招待されて参加し、政治研究会とともに正式に加入が認められた。これら全員が全国水平社青年同盟に属する者ばかりであったように、全国水平社の名が使われたものの、実質的には全国水平社青年同盟の主導で進められたものであった。しかも、上田の参加は政治部長個人にすぎないものであり、全国水平社を代表したものではなかった。ただ、奈良の西光《さいこう》万吉《まんきち》と阪本清一郎《さかもとせいいちろう》に近い駒井喜作《こまいきさく》も、九月一日には奈良県瓦工組合を代表して無産政党組織準備委員会への参加を申し込んだように、無産政党結成の動きは全国水平社青年同盟のほかにも広がっていった。

無産政党組織準備委員会では第二回委員会にむけて、綱領や規約の案を募ることになった。八月下旬、全国水平社青年同盟は「無産政党組織案（大綱）」を準備委員会に提出したが、ここには部落民独自の要求や水平社の位置づけはまったく示されなかった。九月中旬には、全国水平社政治部が作成した無産政党の綱領と組織に関する原案も提出されたが、ここでも部落民独自の要求や水平社の位置づけはまったく示されず、わずかに、大会で選出される三〇人の中央執行委員のうち一〇人を労働組合や農民組合、水平社から選ぶということが盛り込まれただけであった。つまり、全国水平社青年同盟と全国水平社は、部落問題に関する自らの独自的な要求を掲げることなく、無産階級一般として無産政党の結成にかかわっていこうとしたのである。

奈良県水平社はいち早く無産政党の結成にむけて動き出すため、九月一四日に「政党問題に関するステートメント」を発表した。ここでは、「水平社は即刻、無産階級運動に進出し、積極的に階級闘争を闘う意味において、無産政党組織準備委員会に参加して全国的無産政党の結成のために大いに活動するのは、当然すぎるほど当然である」とした。また、従来から主張していた水平社や農民組合、印刷工組合、駒井らの奈良県瓦工組合など無産団体の協議機関を設置し、これを無産政党につなげるという独自の方向も示した。

九月一七日から一八日にかけて、無産政党組織準備委員会の第一回綱領規約調査委員会が大阪市で開かれ、全国水平社として上田音市と全国水平社青年同盟として高橋貞樹も参加した。ここでは綱領と規約について左派と右派のあいだで激しい議論となったが、きたるべき無産政党の枠組みが整えられていくことになった。

◉農民労働党の創立と即日禁止

一九二五年九月一八日の午前、大阪市で全国水平社青年同盟第二周年大会が開かれた。高橋貞樹は、全国水平社青年同盟を解体して全国水平社無産者同盟を創立し、また全国的な無産青年同盟に参加することを提案した。この提案は全会一致で可決され、午後から全国水平社無産者同盟の創立大会となった。中央委員会議長には全国水平社青年同盟に引き続いて松田喜一が就き、中央委員には高橋貞樹や木村京太郎、岸野重春、本田伊八ら全国水平社青年同盟からのメンバーとともに、全国水平社の政治部長である上田音市も新たに加わることになった。

また、全国水平社無産者同盟は九項目の「運動方針大綱書」を採択し、そのなかに「無産政党への加入」「無産政党に対する無産階級的綱領規約及び指導方針の要求」を盛り込んだ。つまり全国水平社無産者同盟は、きたるべき無産政党の結成にむけて、自らの要求を掲げて準備委員会に参加することを表明したのである。そして、無産政党の結成に積極的な態度を示していた奈良県水平社は、九月二七日の拡大執行委員会において全国水平社無産者同盟に加盟することを決定した。

一〇月一八日から二〇日にかけては第二回綱領規約調査委員会が大阪市で開かれ、左派と右派のあいだで激しい議論が戦わされた。これには上田音市が全国水平社無産者同盟を代表して参加し、無産政党に加盟できる団体の範囲についての議論で、全国水平社と全国水平社無産者同盟が議題にのぼった。日本労働総同盟の西尾末広《にしおすえひろ》は「全国水平社無産者同盟に関する知識がないから、目的、職能、全国水平社との関係を説明してほしい」と述べ、上田は「全国水平社内の無産階級を組織して経済闘争を主たる目的とする団体だ。職能としてはストライキもやり、組織の基礎を職場においている」と答えた。東京市電自治会の浜田藤次郎《はまだとうじろう》が「全国水平社無産者同盟に全国水平社内のブルジョアは入っているか」と尋ねたのに対して、上田は「地主と資本家は入っていない」と答えた。さらに西尾は「全国水平社無産者同盟は労働組合や農民組合と同じか。組合と性質が異なるものを入れるのはどうか」と質問したが、上田は「全国水平社無産者同盟は組合と同じでない」と答え、議長の小岩井浄《こいわいきよし》が「全国水平社無産者同盟を無産政党に入れて差し支えないか」と問いかけて承認されることになった。

また、無産政党と全国水平社の連絡機関を設けることも、議題にのぼった。上田は「設けたい」と述べたが、日本労働組合評議会の中村義明《なかむらよしあき》は「全国水平社無産者同盟だけでよい」と発言し、これに政治研究会の黒田寿男《くろだひさお》らの賛成意見もあって議論が沸騰した。上田は「全国水平社が無産政党に加盟するか否かは、無産政党の消長に大きく影響する。全国水平社は無産政党に加盟するかどうか重要な時期で、やがて加盟するのだから、不満があるブルジョアなどの教育のために連絡しておいたらいい」と述べ、日本農民組合の前川正一《まえかわしょういち》らも賛成した。結局は、労働組合や農民組合と同様に全国水平社と連絡を図ることに落ち着いたが、あえて議長の小岩井が「かつて水平社の一同人から、無産政党の綱領に水平社の項目がひとつもないのは恐るべきことだと聞かされた」と述べたことが、ことの本質をついていた。

全国水平社は、一〇月二〇日の機関紙『水平新聞』第二号に載せた「生れんとする無産政党の輪

11-1 農民労働党結成記念写真（1925年12月1日）。後列右端が上田音市

郭」で無産政党結成を期待したが、政治研究会の排除や日本労働総同盟と日本労働組合評議会の離脱などが続き、無産政党結成の準備は混乱をきたすことになった。しかし一二月一日、ようやく無産政党は農民労働党として東京で創立された。代表である書記長には浅沼《あさぬま》稲《いね》次郎《じろう》が就任し、一〇人の中央執行委員には全国水平社無産者同盟から上田が就いた。しかし同じ日に内務省は、農民労働党に対し治安警察法によって結社禁止命令を下し、日本で初めての全国単一無産政党である農民労働党は即日禁止という憂き目に遭うことになった。

◉労働農民党支持をめぐる激論

一九二五年一二月二日、日本農民組合は「声明書」を発表して、ふたたび全国単一無産政党の結成にとりくみはじめた。日本農民組合の提唱によって一九二六年一月一三日に第一回協議会が大阪市で開かれたが、政治研究会や日本労働組合評議会、全日本無産青年同盟、全国水平社無産者同盟は「極左四団体」で無産政党禁止の口実になるとして排除された。そして三月五日、大阪市において労働農民党が創立された。委員長には日本農民組合から杉山元治郎《すぎやまもとじろう》が就任し、二三人の中央委員には日本農民組合の一人として西光万吉が選ばれた。労働農民党は、日本農民組合や日本労働総同盟など穏健な七団体が参加し、左派を排除しつつ議会を通じて穏健な社会改革をめざすことになった。

四月一日、松本治一郎が率いる全国水平社九州連合会は第二回執行委員会を開き、労働農民党を支持して入党制限を撤廃すべきであるという「労働農民党に関する件」を可決した。また、四月四日の大阪府水平社第五回大会では、保留になったものの、「無産政党に関する件」が議論された。このように全国水平社内では、労働農民党への支持が広がっていった。

そして五月二日から三日にかけて福岡市で全国水平社第五回大会が開かれ、奈良県水平社が提出した「無産政党支持の件」をめぐって激論が戦わされた。全国水平社無産者同盟の一員でもあった本田伊八は、提案理由を「労農党はわが水平社の利害と多くの共通点をもち、水平社はこの政治闘争に進出することによって完全な解放を実現することができる。したがって、水平社は労農党を支持し、進んで加盟しなければならぬ」と説明した。全国水平社無産者同盟の松田喜一が賛成意見を述べたが、全国水平社無産者同盟と対立する無政府主義系の全国水平社青年連盟に属する岐阜の北原泰作《きたはらたいさく》は「政治によって絶対に解放されない」と反論したが、臨監より中止を命じられた。

また、全国水平社無産者同盟の大西遼太郎が賛成意見を述べたが、全国水平社青年連盟に属する静岡の小山紋太郎《こやまもんたろう》は「われわれは経済闘争を認めるが、政治闘争は認めない」と反論した。そこで西光万吉は「われわれは無産政党を通じて、議会においても闘争しなければならぬ。ブルジョア権力と闘おうとする人は、無産政党を支持してもらいたい」と述べたところ大拍手が起こったが、大きな亀裂を憂慮した議長の松本治一郎は「本件は水平運動の将来に多大な影響をもたらす重大問題なので、慎重に審議する必要があるから次年度の大会まで保留にする」と述べて、激論を締めくくってしまった。

七月二六日から二七日にかけて労働農民党第三回中央委員会が開かれ、日本労働組合評議会など三団体の入党は拒絶となったが、全国水平社無産者同盟だけについては入党を考慮することになった。そして、八月五日の奈良県水平社代表委員会で「労農党綱領に「糺弾権の無条件承認」の一項を加えて、まとめて入党する」という「労働農民党に入党するの件」が議論された。また、一〇月一〇日に開かれた全国水平社九州連合会第四回執行委員会では、労働農民党に対する全国水平社無産者同盟の排除についての質問書を採択し、一〇月一三日に水平社青年同盟福岡県連合会が労働農民党中央委員会に全国水平社無産者同盟の排除について抗議するなど、全国水平社内において労働農民党を支持する声が広まっていった。

そして一〇月二二日、三重県水平社や多くの府県水平社が参加して、大阪市で全国水平社労働農民党支持連盟が結成された。常任委員長には大阪の下阪正英《しもさかまさひで》が就き、常任委員には無産者同盟の松田喜一と大西遼太郎のほかに奈良の阪本清一郎や西光万吉、京都の沖田留吉《おきたとめきち》と竹内秀夫《たけうちひでお》らが選ばれるなど、全国水平社内の全国水平社青年連盟を除く勢力が結集することになった。

◉全国水平社の労働農民党への支持

一〇月二四日、労働農民党第四回中央委員会が東京で開かれたが、日本労働総同盟をはじめ労働組合四団体が脱退することになった。そこで左派の排除という制限が撤廃されることになり、翌日には、全国水平社労働農民党支持連盟に属する人びとが労働農民党に加盟し、全国水平社労働農民党支持連盟から下阪正英と阪本清一郎、かつて全国水平社青年連盟に属しながらも政治闘争に熱心であった京都の菱野貞次《ひしのていじ》が中央委員に選ばれることになった。労働農民党への加盟を、全国水平社無産者同盟ではなく、全国水平社労働農民党支持連盟としたのは、全国水平社労働農民党支持連盟のほうが幅広く組織し、全国水平社無産者同盟よりも左派的な色彩が弱かったためであろう。

しかし、一部の新聞は全国水平社が労働農民党に加盟したように報じたので、一〇月二九日に全国水平社青年連盟に属する東京の深川武《ふかがわたけし》は、全国水平社関東連合会として労働農民党本部を訪ねて、委員長の杉山元治郎に抗議した。この結果、この日に労農党本部は、労農党に加盟したのは全国水平社労働農民党支持連盟に属する人びとであると訂正する「声明書」を発表することになった。これに関して一一月一日に労働農民党本部は全国水平社労働農民党支持連盟に手紙を送り、早急に労働農民党の多くの支部を結成することを要請した。そして、一一月一五日に開かれた京都府水平社第五回大会で「労働農民党支持連盟参加の件」が可決され、二六日には埼玉で全国水平社労働農民党支持連盟関東連合会が結成されるなど、全国水平社労働農民党支持連盟の影響力は拡大していった。

一二月一二日、労働農民党第一回大会が東京で開かれた。大会では本部提案の「「人間差別観念ニ対スル糺弾権ノ確立」を政策中に加へる件」が下阪正英によって説明され、「封建的賤視観念ニ対スル糺弾ノ確認」に訂正して可決された。また決議には、この年に起こった福岡連隊差別糾弾闘争に関連して「福岡連隊の差別事件につき当局弾がい《（マヽ）》」が入れられた。中央委員長には新しく大山郁夫が就任し、中央委員には全国水平社から中央委員会議長の松本治一郎と阪本清一郎が選ばれ、大西遼太郎は会計監査になった。

全国水平社からは個人として労働農民党への加盟となったが、労働農民党の政策と決議のなかに糾弾に関する全国水平社の闘いを反映させ、役員も全国水平社の中心的人物から選ぶなど、実質的には全国水平社の組織的な労働農民党への加盟ともいえるものであった。また、全国水平社無産者同盟からの役員が少なくなったのは、全国水平社内に影響力が大きい福岡と奈良を重視しただけでなく、労働農民党への加盟を全国水平社全体のものにするためであったと考えられる。ここに、前年からの全国水平社における無産政党結成をめぐる動きは、全国水平社の労働農民党への実質的な加盟という一応の帰結で幕を閉じたのであった。

無産政党については、左派の労働農民党のほかに、一九二六年一二月五日に創立した右派の社会民衆党、一二月九日に創立した中間派の日本労農党などが分立することになり、全国単一無産政党の再現は消え去った。このもとで全国水平社は組織内に、全国水平社青年連盟から純然たるアナ派として九月に改編した全国水平社解放連盟や保守的な潮流を抱えながらも、全体としては労働農民党に参加して、政治闘争と各級の選挙を進めることになった。

かつてもいまも政治における政党と議会の役割は大きく、また関連して、無産者や勤労者を基盤とする無産政党もしくは革新政党と政治闘争の占める位置はきわめて重要である。それだけに、全国水平社における無産政党結成への動きと議論は、顧みられるべき歴史的教訓を現在の部落解放運動に投げかけているのではなかろうか。

◇参照文献

朝治武「部落民衆は、普通選挙によって、どのように政治進出を図ったか」（朝治武・黒川みどり・吉村智博・渡辺俊雄『もっと知りたい部落の歴史―近現代二〇講―』解放出版社、二〇〇九年）
吉田文茂「労働農民党の政策課題としての部落問題」（『部落解放研究』第二〇四号、二〇一六年三月）

12　融和運動

◉中枢連絡組織としての全国融和連盟

周知のように、一九二二年三月三日に京都市において部落民自身の自主的かつ組織的な部落解放運動団体である全国水平社が創立された。その後、各府県で水平社が結成され、水平運動は差別糾弾闘争を展開しながら全国的に広がっていった。

水平運動の全国的な広がりに衝撃を受けた内務省は、各府県知事に対して差別糾弾闘争を展開する水平社の取り締まりを指示するとともに、部落民と水平社を懐柔するために融和政策の確立を急いだ。そして一九二三年八月二八日、内務大臣の水野錬太郎《みずのれんたろう》は政府として部落問題にとりくむ決意を示す「地方改善に関する訓令」を発し、同時に内務省の外郭団体である中央社会事業協会内に部落改善事業と融和政策を担当する地方改善部を設置した。地方改善部の職員となったのは、経験が豊かな岡山県の三好伊平次《みよしいへいじ》と滋賀県の今井兼寛《いまいかねひろ》であった。内務省は、一九二三年度から一〇年間をめどとした全国二〇カ所の地区整理、府県に対する地方改善費補助、教育のための育英奨励、融和団体の補助などにとりくみはじめ、府県の融和事業と融和団体に影響力を行使しようとした。

この時期、一九一四年六月に創立された帝国公道会《ていこくこうどうかい》、一九二一年五月に創立された同愛会《どうあいかい》、いくつかの県の融和団体が融和運動をおこなっていた。内務省とつながっていた帝国公道会は、一九一八年の米騒動に際して部落民の立ち上がりを抑え込もうとしたため、部落民の支持を失っていた。それに代わって華族の有馬頼寧《ありまよりやす》を会長とする同愛会は、近代西洋的なヒューマニズムを基本に差別意識を解消しようとし、水平社への支持をも呼びかけた。一九一九年一一月に府県融和団体として初めて結成された高知県公道会は半官半民の融和団体という性格をもっていたが、一九二〇年九月に設立された岡山県協和会《きょうわかい》、一九二〇年一〇月に結成された信濃同仁会《しなのどうじんかい》、一九二一年三月に結成された広島県共鳴会《きょうめいかい》などは、部落民をも組織した民間の自主的な融和団体という性格が強かった。

しかし、これらの融和運動は、社会に対して反省を求める抽象的な精神運動の傾向をもち、融和団体として横の連絡を欠くなどの問題点をもっていた。そこで同愛会は一九二四年一二月一四日、約三〇人の融和運動家を東京に招いて部落問題協議会を開き、行き詰まった融和運動の局面を打開するため、全国の融和団体の「一大連盟」を組織することを決定した。そして一九二五年二月一日、東京で全国融和連盟が結成された。

全国融和連盟は、融和団体の全国的な中枢連絡組織としての性格をもち、東京の中央社会事業協会

12-1 山本正男

地方改善部や同愛会、帝国公道会などとともに、信濃同仁会や三重県社会事業協会、大和同志会《やまとどうしかい》、和歌山県同和会《どうわかい》、岡山県協和会、広島県共鳴会、山口県一心会《いっしんかい》、愛媛県善鄰会《ぜんりんかい》、鳥取県一心会《いっしんかい》などの府県融和団体も参加した。活動の中心となる事務局を担ったのは、広島県共鳴会の山本正男《やまもとまさお》（本名＝山本政夫）と同愛会の河《かわ》上正雄《かみしょうゆう》であった。そして全国融和連盟は、従来の抽象的な精神運動として展開された融和運動を乗り越えるために、新しい課題として国民覚醒と国策確立を掲げ、次第に融和運動の主導権を握ることになった。

◉全国融和事業大会での水平社承認の議論

全国融和連盟が融和運動において大きな影響力をもってくると、全国融和連盟を快く思わない内務省は、融和運動に対する主導権を奪回しようと計画した。そして一九二五年五月一六日から一七日にかけて、内務省の意向を受けた中央社会事業協会は東京で全国融和事業大会を開いた。この大会には、全国の融和団体をはじめ教化団体、関係官庁、貴衆両院議員、各新聞社などから約一〇〇〇人が参加し、総理大臣の加藤高明《かとうたかあき》や宮内・内務・文部・司法の各大臣から祝辞が寄せられるという盛大なものであった。

大会の初日には「一、社会の現状に顧み全国に亘《わた》りて融和施設の完備を期す。二、精神運動を旺《さか》むにし同胞相愛の実を挙けむことを期す」との決議が採択されたが、新しい理念というにはいかにも新味に欠けた抽象的な内容であった。また、全国の融和団体や府県当局から六九件の協議案が提出されたが、協議案を三部に分けて分科会形式で議論しようとした。しかし議論の末、同愛会の岡田豊太郎《おかだとよたろう》らが提案するように、全体で議論されることになった。全国融和連盟の中心を占める同愛会などは、雑多な協議案を形式的に議論するだけの運営に対して反対の姿勢を示したのであった。大会の二日目では、協議案の説明が長々と続いて質問や意見も出されず、また、多くの協議案で提案者が欠席するなどの事態も起こり、議論としてはきわめて不十分なものであった。

本格的な議論が始まろうとした二日目の午後、兵庫の藤本政治《ふじもとまさはる》から「たいへん重大なものが忘れられている」として、「融和団体は水平社をいかに見るか」という緊急動議が提出された。まず藤本は「今日、全国にみなぎっている水平運動は融和事業のような生温《なまぬる》いものではない。少なくとも水平社同人は自ら運命を開拓しなければならぬと言っている」と水平運動の意義を説明し、逆に「政府は部落問題に熱がなく、はなはだ冷淡だ」と政府を批判した。この緊急動議に対して同愛会の中西郷市《なかにしごういち》が賛成意見を述べたが、議論は最後にまわされることになった。

緊急動議の議論では、まず同愛会の中西は、「水平社は暴力的な糺弾などの問題もあるが、われわれはまず水平社を承認すべきだ。やがて政府も水平社を承認して、部落問題の解決のために社会政策を実行していく必要がある」と述べた。平野小剣《ひらのしょうけん》ら水平社の活動家とも親しい新聞記者の吉井浩存《よしいこうそん》は、「融和団体のなかには水平社を嫌う人もいるが、すすんで水平社と接触をもち、ともに部落問題の解決のために歩んでいくべきだ」と主張した。京都の田中邦太郎《たなかくにたろう》は、融和団体として水平社をいかに見るかという協議案を提出していたが削られたことを暴露し、主催者の姿勢を厳しく批判した。同愛会の岡田豊太郎も、「水平運動は人間性の原理に立って人類最高の完成に向かって進む正しく合理的な運動だ。融和団体も政府も水平運動の精神を受けいれ、国民的に水平運動を起こして部落差別を撤廃すべきだ」と全面的に賛成した。

しかし兵庫の高木行松《たかぎいくまつ》は「特殊部落民は部落民自身の行動によつて絶対の解放を期す」という全国水平社の綱領に疑問を呈したが、「馬鹿」「黙れ」と叫ぶ者も現れ、会場は騒然となってしまった。そこで信濃同仁会の小根沢義山《おねざわぎざん》は「水平社の精神や行動は承認すべきである」としつつも、決定的な亀裂を避けるため委員会をつくって検討すべきであると提案した。これに対して愛媛の川口満義《かわぐちみつよし》は「われわれは水平社の性質を十分にわかっていない」としたうえで小根沢に賛成し、最終的に委員会が設置されることになった。

大会では、融和運動を進めていくうえで水平社を承認するかどうかが重要問題として議論され、賛成の声が反対の声を圧倒した。その意味で、大会を機会に水平社を敵視しながら融和運動の主導権を奪回するという内務省のもくろみは失敗に終わったといえよう。

◉全国融和連盟と中央融和事業協会の対抗

大会後の六月、中央社会事業協会地方改善部は、機関誌『融和』第一巻第四号で大会を「大会はまさに成功と言うべきであろう」と評価した。また、参加者からの感想も掲載されたが、水平社承認の議論は意義があったとの意見を載せるほどであった。地方改善部は内務省と歩調を合わせる中央社会事業協会の一部局であったが、全国融和連盟の構成団体のひとつでもあり、必ずしも内務省と一体ではなかった。しかし、全国水平社創立時に内務省社会局社会部長を務めていた田子一民《たごいちみん》は、水平社承認の緊急動議を指してか「議題外のことに多くの時間を費やした」などの問題点を指摘し、「私はこの大会は成功したものと思わない」と批判的な意見を寄せた。

12-2 平沼騏一郎

そして内務省は、水平社を敵視しつつ融和運動の主導権を奪回するという当初のもくろみを実現するため、一九二五年九月二二日に内務省直属の中央融和事業協会を設立し、九月三〇日には中央社会事業協会に置かれた地方改善部を廃止した。中央融和事業協会は、従来の融和運動の理念を近代西洋的なヒューマニズムととらえて拒否し、新たな理念として「建国の精神」という天皇制の論理を担ぎ出した。つまり、国家的見地からアジアの植民地支配化と関連づけて融和運動を進めようとし、また、全国融和連盟と対抗するため、各地で融和事業従事員講習会などを開いて地方融和団体への統制も強めようとした。そして、会長には国家主義者で枢密顧問官の平沼騏一郎《ひらぬまきいちろう》が就いたが、実質的な内容をつくり上げたのは内務省社会局社会部長の守屋栄夫《もりやえいふ》であった。

重要な一角を占める地方改善部が抜けた全国融和連盟は、一〇月一日に声明書を発表した。ここでは「中央融和事業協会は政府と密接に関係して融和事業を進めようとしているが、これは全国融和連盟の目的の一部分が実現されるものなので悦《よろこ》ぶべき現象だ」と歓迎しつつ、「全国融和連盟は民間における融和運動の中枢連絡機関として、組織を強固にしつつ積極的な活動をおこなう」との決意を示した。しかし、一〇月二九日に中央融和事業協会が開いた融和事業協議会に出席した全国融和連盟事務局の山本正男は、一二月の同愛会機関誌『同愛』第二九号に「期待を裏切れる政府の意図」を寄せ、「中央融和事業協会の融和事業に対する態度はきわめて曖昧であり、政府の融和事業に対する態度は不誠実かつ消極的で姑息《こそく》だ」と痛烈に批判した。

全国融和連盟は国民覚醒と国策確立を掲げていたが、国民覚醒に関しては、教育関係者や宗教関係者などに部落問題をとりくむよう働きかけ、各種のパンフレットを発行して配布した。国策確立については、一九二五年三月四日に「同胞融和事業の徹底に関する請願」、一九二六年二月二四日に「部落問題の国策確立に関する請願」を帝国議会に提出した。また、全国融和連盟の働きかけによって、一九二六年五月一九日には二六五人の貴衆両院議員を組織した融和問題研究会が設立され、政府に国策確立を要求して活動をおこなうようになった。

以上のように、一九二五年から一九二六年にかけては、政府との強い連携のもとで国家的見地から融和事業を進めて地方融和団体をも統制しようとする中央融和事業協会と、民間における融和運動の中枢的連絡機関として国民覚醒と国策確立を実現しようとする全国融和連盟が対抗することになった。またこれは、融和運動における熾烈《しれつ》な主導権をめぐる争いでもあった。

◉全国水平社の全国融和連盟排斥をめぐる議論

融和運動の活発化は、全国水平社にとって見過ごすことができない重大な事態であった。山本正男は、一九二五年一〇月から一九二六年一月まで『同愛』の第二七号から三〇号にかけて「水平運動に関する理論的考察」を連載し、「私は水平運動の人間権の奪還には賛成するが、無産運動化には反対だ」と結論づけて、限定つきで水平社を承認した。しかし、一九二六年二月一日の全国水平社機関紙『水平新聞』第四号に「勝坊生」の「融和主義者山本正男君に与ふ」が載せられ、そこでは「山本は水平運動の人間権の奪還のみに賛成するが、水平運動は無産階級の運動でもある」と共産主義派的な視点から山本が批判された。また、一九二六年三月一五日の『水平新聞』第五号に掲載された「融和団体の仮面を剥《は》げ」では「融和運動は水平運動を切り崩そうとするものだから、抗議して撲滅せよ」と呼びかけ、広がりつつあった水平社承認の声を警戒した。

全国水平社第五回大会が一九二六年五月二日から三日にかけて福岡市で開催されたが、ここで融和運動に対する議論もおこなわれた。奈良県水平社から「融和連盟排斥の件」という議案が提出され、山田孝野次郎《やまだこのじろう》は「水平社の一時的混乱に乗じて全国融和連盟は部落民の喜びそうな看板を掲げて籠絡し、政府から豊富な運動費の補助を受けて水平運動を内部から崩壊させようとしている。彼らの意図を部落民に暴露し、撲滅させよう」と呼びかけた。共産主義派である大阪の松田喜一《まつだきいち》から実行方法を聞かれ、山田は「演説会や機関紙で暴露する。また、われわれの講演会などに、全国融和連盟の連中を招待しない」と答えた。

また松田は、二月二八日に開かれた全国融和連盟の国策確立協議会に出席した無政府主義派の北原泰作《きたはらたいさく》に説明を求め、北原は「その会合には多くの部落民も参加していた。ブルジョア政党の党首も参加していたが、彼らは自己の野心のために部落民を支配階級に売らんとしている。全国融和連盟には絶対に反対だ」と説明した。これをうけて松田は「そうした会合に水平社同人は個人としても絶対に参加させない。もし参加する場合は委員会の決議によって行くことにしたい」と修正意見を提案し、それをとりいれて議案は可決された。

全国水平社では、共産主義派と無政府主義派を問わず、全体として全国融和連盟を排斥することを大会で決定した。しかし、全国融和連盟の中心は同愛会であり、同愛会は水平社の承認を掲げていたので、全国水平社のなかには同愛会や全国融和連盟に期待をかける者もいた。そこで一九二六年九月一日の『水平新聞』第一〇号に「水平社と融和連盟との関係について——断じて握手すべきでない——」

という論説を載せた。ここでは「同愛会の有馬頼寧らの全国融和連盟は、水平運動を部落民の表面的な差別を取り除くことだけに注目させ、経済的政治的自覚に対しては大いに妨害している。全国融和連盟は、姿を変えた改善団体にすぎない」と断じ、「最近、水平社の一部で、融和運動に内通して水平運動の戦線を攪乱《かくらん》する裏切り者が出ている」と警戒を呼びかけた。

事実、一九二六年二月に府県融和団体のひとつとして群馬県融和会が設立されたが、坂本清作《さかもとせいさく》や山口静《やまぐちしずか》、川島米次《かわしまよねじ》、沢口忠蔵《さわぐちちゅうぞう》らは、全関東水平社青年連盟に属しつつも、群馬県融和会の理事に就任した。他のいくつかの府県でも、水平社の活動家が水平社と融和団体の両方に加盟するか、水平社から融和団体へ移行するなどの事態も起こっていた。ともあれ、この時期に全国水平社が警戒したのは、水平社を承認しつつ融和運動に影響力を拡大させていた同愛会や全国融和連盟、その中心人物である有馬頼寧や山本正男らであった。

◉全国水平社の融和運動に対する批判

水平社の中央融和事業協会への批判は、そのイデオローグの一人で影響力が大きかった歴史家の喜田貞吉《きたさだきち》に向けられた。まず、一九二六年三月二五日の『水平新聞』第六号には「大阪〇生」の「融和運動家を警戒せよ!!／「御用学者」喜多博士立往生」を載せ、喜田貞吉などの融和運動家に警戒を呼びかけた。大阪府水平社の北井正一《きたいしょういち》は、喜田が一九二六年一月に中央融和事業協会から出した『融和促進』を批判するため、六月の『同愛』第三五号に「喜田博士の『融和促進』を難ず」を寄せた。また、大阪府水平社の栗須七郎《くりすしちろう》も『融和促進』に対して「水平運動の若芽はいまや融和運動の毛虫に食われつつある。喜田博士の『融和促進』は、その毛虫のもっとも有害な一群である。私は黙ってそれを見ているに忍びない」と危機感を露《あら》わにし、八月に『融和促進批評』を出して全面的に批判した。

全国融和連盟は、融和問題研究会の協力を得て一九二七年三月一日に「部落問題の国策確立に関する建議案」を帝国議会に提出し、可決された。また、五月一六日に融和問題研究会も総理大臣の田中《たなか》義一《ぎいち》を訪問し、田中から積極的な発言を引き出した。これによって六月一八日、内務大臣の鈴木喜三郎《すずききさぶろう》は直属の社会事業調査会に「融和促進施設に関する件」を諮問し、全国融和連盟がめざしていた国策確立が大きく進むことになった。しかし、全国融和連盟を支えていた同愛会は資金難に陥り、七月三〇日には帝国公道会とともに中央融和事業協会に吸収され、同時に全国融和連盟も解散して、機能と役割を中央融和事業協会が引き継ぐことになった。この中央融和事業協会の再編は、内務省による融和運動の国家的統制の確立を意味していた。

この事態に対して全国水平社は、一九二七年一〇月一五日の『水平新聞』第一八号に「N生」の「田中内閣の「徹底的融和政策」とはどんなものか?—国策確立の正体を見よ!—」を載せた。まず、「田中内閣の国策確立は部落差別の撤廃ではなく、資本主義の搾取と侵略戦争を推し進め、民衆運動を弾圧するための欺瞞《ぎまん》政策だ」と田中内閣を痛烈に批判し、「支配階級の陰謀に断乎《だんこ》として抗争しよう」と呼びかけた。

そして一九二七年一二月三日から四日にかけて、広島市で全国水平社第六回大会が開かれた。この大会では、軍隊や学校など各地で頻発する差別事件に対する闘い、そして支配階級の弾圧と融和政策への闘いが大きな課題となった。融和政策に関係する「政府の差別撤廃国策確立に対する態度決定の件」という議案は、大阪府水平社から提出された。しかし時間的な関係から、審議は二日目夜の府県代表者会議にまわされることになった。議案の説明に立った松田喜一は「政府の国策確立案は欺瞞政策である。彼らは部落民を差別し、差別撤廃運動を抑圧している。つまり、部落民のファシズム化を進めようとしている」と厳しく批判し、排撃の決議などを提案した。この議案は議論されることなく可決され、大会名で「第五十二議会に於《お》いて可決されたる「ゆうわ《ママ》運動に関する国策確立建議」は部落民を欺瞞し、反動化せんとする反動ゆうわ《ママ》政策なるを以つてだん乎《ママ》として反対す」という決議を採択した。

　融和運動には、内務省と密接につながって国家的見地から部落差別を撤廃しようとするものと、民間の立場から水平社をも承認しながら自主的に部落差別を撤廃しようとする二つの潮流があり、この二つの潮流は主導権をめぐって対抗していた。後者を代表する融和運動が同愛会と全国融和連盟であったが、前者を代表する中央融和事業協会によって統合されていった。同愛会などは水平社を承認していたものの、全国水平社は、融和運動の潮流いかんにかかわらず拒否の姿勢を崩すことはなく、むしろ厳しい批判を浴びせるばかりであった。部落史研究において融和運動が果たした役割の解明はいまもって重要なテーマであるが、それは、ひるがえって今日の部落解放運動が保守政治や保守的潮流などと折り合いをつけながら展望を切り拓《ひら》くという意味においても、見過ごせない貴重な教訓を投げかけているのではなかろうか。

◇参照文献

藤野豊『同和政策の歴史』（解放出版社、一九八四年）
大阪人権博物館編『近現代の部落問題と山本政夫』（解放出版社、二〇〇九年）

13　軍隊差別

◉陸海軍大臣への抗議書

明治維新政府は富国強兵を実現するため、国民皆兵《かいへい》を基本とする徴兵令《ちょうへいれい》を一八七三年一月に発した。このもとで、男子は満二〇歳になると徴兵検査を受けて選抜され、三年間にわたって天皇の軍隊に入営する義務が課せられることになった。しかし、家父長制のもとで重視された戸主や嫡子《ちゃくし》、官吏や官公立学校学生、そして一定の金額を上納する者などは兵役の義務を免れることもあった。このように徴兵制とは、基本的に一部を除く国民に対して兵役に関する多大な負担と犠牲を強いる不公平な制度であった。

部落民も、徴兵検査で選抜されると、同一地域の他の国民とともに同じ軍隊で共同生活を送らなければならなかった。しかし、部落民の兵士は自らの出身を容易に暴かれ、他の兵士から過酷な差別を受けることが多く、また厳しい規律を重んじる軍隊では上官が部落差別に加担することさえあった。このように他の国民と生活をともにする軍隊は、学校と同様に部落差別が日常的に起こるなど、部落民にとっては耐えがたい場所であった。

水平運動において軍隊差別が初めて議論されたのは、一九二三年三月二日から三日にかけて京都市で開かれた全国水平社第二回大会であった。二日の代表協議会では、兵庫の龍野《たつの》水平社による「軍隊に於《お》ける差別に関する件」と三重県水平社の「軍隊内差別に就て陸海軍大臣に反省を促すの件」という二つの議案が提出された。議案は一括で議論されることになり、提案者は「陸海軍隊内ではいまなお差別観念が濃厚であり、部落民が蔑視されている実例は多い。これは明治天皇が発した五カ条の御《ご》誓文《せいもん》に反するもので、ついには部落民から徴兵忌避者を続出させ、さらに徴兵制を否定する者まで出てきている」と説明し、満場一致の賛成によって両大臣に反省を求めることになった。

これに対して具体的な手段を明らかにすべきだという意見があり、議長の南梅吉《みなみうめきち》は両大臣に抗議書を提出することを提案して可決され、起草委員として奈良の木村京太郎《きむらきょうたろう》と東京の高橋貞樹《たかはしさだき》が指名された。木村と高橋は、のちに共産主義派の全国水平社青年同盟につながる少壮《しょうそう》水平社の中心メンバーであった。そして翌三日の大会の冒頭で、進行係である奈良の駒井喜作《こまいきさく》が木村と高橋が起草した陸海軍大臣に対する次の抗議書を朗読した。

抗議書

曾《かつ》て穢多《えた》の称は廃されたるにも拘《かかわ》らず、陸海軍隊に於《おい》て我等特殊部落民に対する虐殺的差別は今も存在している。其《その》結果は我等同胞の胸裡に悲しむべき暗影を投げさせて居る。之《こ》れ陸海軍当局の取締りの宜《よろ》しきを得ざるに依《よ》るものと認め、我が水平社は此《この》差別的待遇に対して極力抗議し、一切軍隊に訓示を与へられん事を要求す。

また、全九州水平社から「平和思想を普及宣伝するの件」が提出され、「今日の軍隊は侵略的軍閥の専制だ。政府は侵略的軍国主義の普及を徹底しているが、われわれ無産者は陋劣《ろうれつ》きわまる為政者に対して反軍国主義を高く掲げて進もう」と呼びかけられた。しかし議長の南は、この議案は水平社と直接は関係ないとして保留にしてしまった。この議案は、保守的な南からするとあまりにも反政府的であり、握りつぶさざるをえなかったのである。

大会後の三月九日から一五日にかけて、中央執行委員長の南梅吉と中央執行委員の平野《ひらの》小剣《しょうけん》と栗須《くり》七郎《すしちろう》は、大会の決議を伝えるため、総理大臣の加藤友三郎《かとうともさぶろう》や内務大臣の水野錬太郎《みずのれんたろう》ら政府関係者を訪ねた。三人は一四日に陸軍大臣の山梨半造《やまなしはんぞう》と面会して抗議書を手渡したが、山梨は「お互い、やろうじゃないか」と言うばかりであった。しかし、軍務局長から「師団長会議のときにこの問題を議題にして適切な方法をとろう」との抽象的な回答を得たものの、本格的な対応策を引き出すまでにはいたらなかった。

◉軍事教育に対する反対

一九二四年三月三日に京都市で開かれた全国水平社第三回大会でも、愛知県水平社から「軍隊内に於ける差別に関する件」が提出された。しかし、第二回大会で可決されたものだから第三回大会で可決する必要がないとの意見が出され、進行係の駒井喜作は「昨年の本議案に関する決議の趣旨を徹底させるようにしたい」との修正案を提案し、この修正案が満場一致で可決された。ここからは、軍隊差別に対する政府の消極的な対応への全国水平社の強い不満がうかがわれる。

一九二五年五月七日から八日にかけて大阪市で開かれた全国水平社第四回大会では、兵庫県水平社から「在郷軍人に関する件」が提出された。おそらく軍隊差別にも関係した内容であり、理由は明らかでないが撤回されて、議論になることさえなかった。在郷軍人とは、一九一〇年一一月に軍国主義思想の宣伝と普及、そして国民の軍事能力維持のために設立された帝国在郷軍人会に組織された退役軍人のことであった。

ここで参考になるのが、一九二四年七月の関東水平社による在郷軍人連盟の提唱である。関東水平社は早くから内部に陸海軍部を設け、徴兵検査で選抜された水平社同人の入営や退営を援助していたという。それをふまえて関東水平社は新たに在郷軍人連盟を組織し、水平運動における前衛隊の役割を担わせようとした。これは軍隊差別に対する闘いのための組織ではなかったが、部落における在郷軍人の水平運動に対する自覚を高めようと意図したものであった。

第一次世界大戦後の軍備縮小と大正デモクラシーの動きに対抗して、軍部は青少年の軍事教練の強化を進めていた。そして、一九二六年四月に軍部は文部省と連携して、尋常小学校卒業から徴兵検査までの青少年を対象とする青年訓練所を各地に設置した。この軍事教育に対する反対の声を上げたのが、共産主義派の水平社青年同盟福岡県連合会であった。一月八日、福岡市の金平《かねひら》水平社青年同盟が中心となって軍事教育批判大演説会が開かれ、「我々は無産階級運動の利益に反する軍事教育に絶対反対す」との決議が採択された。

一九二六年五月二日から三日にかけて福岡市で開かれた全国水平社第五回大会において、水平社青年同盟福岡県連合会から「軍事教育反対の件」が提出され、山本作馬《やまもとさくま》は提案理由を「支配階級は軍事教練の名のもとに、無産階級の青少年をブルジョアの勢力下において統制しようとしている。われわれは、これに対して大いに反対しなければならない」と説明した。奈良の本田伊八《ほんだいはち》は「軍事教育は、国際戦争の準備と無産階級弾圧の用意だ。戦争によって利益を得るのは、資本家階級である。軍事教育は、資本家階級の忠実な番卒を養成するものにほかならない」と賛成意見を述べた。同じく奈良の山田孝野次郎《やまだこのじろう》も「軍事教育は無産階級運動を撲滅する支配階級の毒手だから、徹底的に反対だ」と述べたが、臨監から注意を受けたため会場は騒然となり、「官憲は横暴だ」との絶叫もやまなかった。そこで、議長の松本治一郎《まつもとじいちろう》は討論を打ち切って賛成の挙手を求めたところ、共産主義派や無政府主義系などという思想的な違いを超えて全参加者が手を挙げて、満場一致で可決されることになった。

◉福岡連隊事件をめぐる対抗

全国水平社は、早くから軍隊差別に対する糾弾闘争にとりくんだ。確認できるもっとも早いものは、一九二四年三月の熊本県の在郷軍人会での差別発言であり、糾弾した水平社員が暴行に及んだため、傷害罪に処せられた。八月二〇日の全国水平社機関紙『水平新聞』第三号には、兵庫の篠山《ささやま》歩兵第七〇連隊で大阪出身の部落兵士が差別発言を受け、大阪など近畿圏の水平社が糾弾闘争をおこなったことが報じられた。七月には、奈良の五條《ごじょう》の水平社員である福本義乗《ふくもとぎじょう》が京都の伏見《ふしみ》工兵第一六大隊で差別撤廃の講演をおこない、また奈良県水平社は、入営中の部落兵士を調査し、軍隊内の差別事件を糾弾するため、水平社を組織しようとした。

一九二六年一月、水平社青年同盟福岡県連合会の井元麟之《いもとりんし》ら約一五人の部落民の兵士が福岡歩兵第二四連隊に入営し、軍隊内差別と闘うため、ひそかに兵卒《へいそつ》同盟を組織した。入営早々に機関銃隊で差別を受けた部落民の兵士は地元水平社に連絡し、水平社は地元の在郷軍人会と協議のうえ、二月六日に機関銃隊長に抗議するなど、福岡連隊差別糾弾闘争を開始した。機関銃隊長は「連隊長と相談のうえ、差別撤廃講演会を開くようにし、その結果は追って通知する」と答えた。しかし通知がなかったため、水平社は抗議と交渉を繰り返し、ようやく七月二日に、七月下旬までに福岡市記念館で連隊主催の融和促進講演会を開くことを約束させた。

13-1 福岡第24連隊内の部落民兵士で組織した兵卒同盟（1927年11月）。２列目左から２人目が井元麟之

ところが七月一八日になって、憲兵隊長と連隊長は「全国水平社本部、水平社九州連合会の名によって、謝罪講演会を開くなど、軍隊を侮辱する意味の文書をまく事実があったので、約束した条件は破棄する」と一方的に通告してきた。この文書とは、七月五日の全国水平社本部と全国水平社九州連合会の連名によるビラのことであり、ここには「勝利解決」「連隊当局の屈服」「謝罪講演会」などの表現があったため、それを水平社側の背信行為とみた憲兵隊長と連隊長は、軍隊の威信のために約束を破ったのであった。

そこで水平社は福岡連隊に抗議するため、糾弾講演会や部落民大会の開催だけでなく、在郷軍人会や青年団、処女会、青年訓練所からの脱退、福岡連隊への入営拒否などの運動をおこなおうとした。この運動に対して労働農民党福岡県支部連合会や日本労働組合評議会九州連合会、日本農民組合福岡県連合会なども支援し、無産階級の反軍的な一大闘争として発展していった。

ところが一一月一二日、福岡地方裁判所や関係府県の警察部は「福岡連隊爆破陰謀事件」の容疑により、突如として全国水平社中央委員会議長の松本治一郎と本部理事の木村京太郎ら一七人を検挙した。この「福岡連隊爆破陰謀事件」とは、明らかに闘争の発展と反軍的な意識の高まりを恐れた軍部をはじめとした支配層の水平社や無産階級団体への謀略かつ弾圧であった。一九二七年五月二日から福岡地方裁判所で第一審の公判となり、水平社は福岡連隊に対する差別糾弾闘争とともに、福岡地方裁判所での公判闘争を闘うことになった。しかし一九二七年六月六日、「治安ヲ妨クル目的ヲ以テ爆発物ヲ使用センコトヲ共謀シタ」として松本ら一一人が有罪判決を受けることになった。

◉北原泰作による天皇直訴

一九二七年一月一〇日、岐阜県水平社の北原泰作《きたはらたいさく》が岐阜歩兵第六八連隊に入営した。北原は無政府主義派の全国水平社解放連盟に所属し、福岡連隊事件と軍部などの弾圧に憤慨して軍隊内の差別と闘う決意で入営したのであった。入営した北原を待ち受けていたのは厳しい差別であり、その不当性を上官に訴えたものの善処されることはなく、ことごとく軍隊の規律に抵抗するばかりであった。

そして一一月一九日、名古屋練兵場で陸軍特別大演習終了後の天皇による閲兵中に、北原は天皇に

13-2 第３師団の軍法会議での北原泰作（1927年11月26日）

直訴《じきそ》状を手渡そうとして取り押さえられた。直訴状の内容とは、軍隊内における差別事件の頻発や福岡連隊事件の弾圧をふまえて、その解決を天皇に請い願うものであった。しかし北原は、二五日には第三師団の軍法会議にかけられ、翌日には弁護権さえ認められず、天皇への直訴を禁止した請願令の違反によって懲役一年に処せられた。北原は上告したものの棄却され、翌年一月から兵庫の姫路《ひめじ》陸軍刑務所に収監されることになった。

天皇直訴事件の直後である一九二七年一二月三日から四日にかけて、広島市で全国水平社第六回大会が開かれた。この大会では、頻発する各種の差別事件に対する対応が中心の議題となったが、そのなかでも軍隊差別がもっとも重要な議題となった。まず、福岡県水平社から「軍隊内の差別対策の件」が提出され、山田二《やまだじ》郎《ろう》が軍隊内差別などの調査や福岡連隊事件の無罪要求運動、軍隊内差別に対する糾弾の自由、陸軍大臣に対する抗議文の作成などを説明し、満場一致で可決された。

次に長野県水平社から「福岡連隊事件対策の件」が提出され、高橋《たかはし》くら子《こ》が陸軍当局への厳重抗議や真相暴露、予審調書の作成と配布、無罪要求運動などを説明した。福岡の田中松月《たなかしょうげつ》は「公判はデタラメだ」と発言し、同じく福岡の山田二郎と花山清《はなやまきよし》が公判の内容を暴露しようとしたが、臨監から中止されてしまった。そこで奈良の阪本清一郎《さかもとせいいちろう》が「いまだ軍隊内には隠れた差別が無数にあるので、各地の在郷軍人会の名によって抗議文を出したい」と述べ、この意見を取り入れて、議案は満場一致で可決された。

愛知県水平社からは「北原君直訴問題対策の件」が提出され、水野竹造《みずのたけぞう》が第三師団の軍法会議に対する抗議と家族の慰問を提案した。長野の高橋くら子は「家族は三〇〇万人のためになってくれたと喜んでいるから、義捐金《ぎえんきん》を集めたい」と発言し、愛知の生駒長一《いこまちょういち》も「大会の委員によって、岐阜第六八連隊に抗議したい」と賛成意見を述べ、可決された。そして大会の名で、福岡連隊事件と天皇直訴事件に関して次の抗議文が採択された。

陸軍当局に対する抗議文

軍隊内に於《お》ける差別事件は頻々として各地に起り今尚《いまなお》改められない。当局は常に此《こ》の事実を隠蔽又は黙視し、偶《たまたま》之《これ》を糾弾《きゅうだん》せんとする我が水平運動に対しては極力弾圧的態度を以《もっ》て臨む。福岡連隊事件の不当弾圧、及《およ》び今回の直訴事件に於ける北原二等卒の弁護権の蹂躪《じゅうりん》等は其《その》最も顕著なるものである。第六回全国水平社大会は陸軍当局のかゝる威嚇的弾圧政策に対し断乎《だんこ》として抗議し、軍隊内に於ける完全なる差別糺弾の自由を要求する。

このように、大会では共産主義派も無政府主義派も、弾圧に抗しながら共同して軍隊差別に対して闘うことを決定し、陸軍当局に差別糾弾の自由を求めた。とくに天皇直訴事件については、軍法会議での弁護権の蹂躪を問題にした。

◉天皇直訴事件がもたらした衝撃

全国水平社内では、北原の天皇直訴に関して直訴という方法の是非にふれられることがなかった。しかし、一九二八年八月の『法律戦線』第七巻第八号に載せられた小田隆《おだたかし》の「最近頻発する直訴事件の社会的意義」にみられるように、「何事によらず問題の解決を直訴に頼ろうとすることが、いかに無駄な馬鹿気たことであるか」と天皇への直訴という方法自体に疑問が呈されることもあった。また、北原と親しかった京都の朝田善之助《あさだぜんのすけ》は『新版 差別と闘いつづけて』（朝日新聞社、一九七九年）で、「若い活動家の間には、直訴は天皇を肯定することになるのではないかと批判もあった」と当時を振り返った。

天皇直訴事件は、全国水平社のみならず政府に大きな衝撃をもたらした。事件直後の一一月二二日に陸軍省は、「直訴は皇室に対する不敬の意味はなく、ただ軍隊内の差別待遇を非難しただけ」と発表した。また、陸軍大臣の白川義則《しらかわよしのり》は「兵士を教育監督し、兵士も軽挙を慎んで差別的観念を消滅すべきだ」との訓示を全国各地の軍隊に発し、総理大臣の田中義一《たなかぎいち》も「今回のことはまことに恐懼《きょうく》にたえない。軍紀が緩んでいる」とする談話を発表した。このように、天皇直訴事件に狼狽《ろうばい》した政府は、軍隊内の差別に何らの具体的な対策を示そうとはせず、天皇や皇室などへの不敬につながる直訴の発生を警戒するばかりであった。

政府は天皇直訴事件を「重大事件」として新聞報道を差し止めていたが、一二月一日になって解除され、翌日に各新聞は大々的に天皇直訴事件を報じた。たとえば、一二三日の『大阪朝日新聞』夕刊が「何ら不敬の意味なし」「畏《おそ》れ多い直訴の刹那《せつな》」「当局を手古《てこ》ずらした直訴兵」「連隊の武勲と栄誉を傷つけ」などの見出しをつけたことに象徴されるように、天皇直訴事件直後の多くの新聞記事の内容は陸軍当局の発表にもとづくものばかりであり、直訴の背景や軍隊内の過酷な差別を報じるものは少なかった。

しかし、天皇直訴事件が鎮静化してくると、陸軍当局の対応に疑問を呈し、軍隊内の差別こそが問題であるとの報道が現れるようになった。その代表が、一二月三日の週刊『東洋経済新報』に載せられた、急進的な自由主義者である石橋湛山《いしばしたんざん》の「直訴兵卒の軍法会議と特殊部落問題」であった。ここで石橋は、天皇直訴事件に対する陸軍当局の威圧的な対応を厳しく批判し、「今回の事件の内容は、そもそも部落民に対する差別待遇である」との基本認識を示したうえで、「陸軍当局も国民もともに部落差別について深く反省し、その解決策を探る機会を促進すべきだ」と結論づけた。

また、水平運動を支援する弁護士の布施辰治《ふせたつじ》は、一九二八年一月の『進め』第六年第一号に「水平社の直訴事件と正式請願運動」を寄せた。ここで布施は直訴を決行した者に対する偏見に満ちた「狂人」や「売名行為」などとの評価を退け、「北原君の生命を賭けた直訴は、一般社会には不合理極まる差別と賤視、とくに軍隊内には厳しい差別を撤廃しようとしたものである」と評価した。そして布施は、「私は北原君の直訴問題を機会に、水平社が自ら差別撤廃のため正式に大衆的な請願運動を起こすとともに、これを一般被抑圧大衆が支持して差別撤廃運動を生活化し、さらに専制政治的支配階級に対する固くて強い共同闘争の基礎とするため最大の努力を尽くすべきである」と訴えた。

さらに、融和運動家の三好伊平次《みよしいへいじ》は、一九二八年一月の中央融和事業協会機関誌『融和時報』第三巻第一号に「軍隊と差別事件」を載せ、天皇直訴事件について「いやしくも法規を犯し不敬不謹慎の行動」と北原を批判しつつも、「不合理な差別に起因していることは何人も認めざるをえない」と指摘した。そのうえで三好は「全国民が天皇に深謝するとともに、差別に悩める人びとの心境を察して反省と懺悔《ざんげ》すべきだ」と、部落差別を天皇への報恩と国民の反省の問題とするなど、いかにも融和運動の陣営らしい見解を示した。

天皇直訴事件に衝撃を受けて、海外からは部落差別が注目を浴びることになった。一九二七年一二月二八日にイギリスを代表する新聞の『ザ・タイムズ』は、東京通信員からの「棄《す》てられたる者／

「穢多」の誇り／反抗の階級」を載せた。ここでは「北原兵卒が抗議した差別観念は封建時代からの残存物であり、いまだそれを法律や訓戒も根絶できていない」との認識から、部落差別の歴史と現実、水平社の創立と理念、政府の施策と問題点などが紹介された。

その後においては、一九三〇年に豊橋連隊差別糾弾闘争が最後の軍隊内差別糾弾闘争として闘われ、一九三四年には佐藤清勝《さとうきよかつ》中将差別糾弾闘争が反ファシズム闘争の一環として闘われることにもなった。

昨今のナショナリズムが顕著な政治状況のなかで、第九条を軸とした日本国憲法の改変や集団的自衛権の容認などを急ぎ、自衛隊の国防軍への改編さえ準備するなど、軍事大国化にむけた策動が活発化している。このような憂慮すべき危険な動きに対決するためにも、近代日本の部落差別を象徴する軍隊差別、軍事教育をめぐる水平社と軍部などとの激しい対抗、天皇の軍隊と軍部に対する軍隊内差別糾弾闘争、天皇直訴事件がもたらした大きな衝撃などを振り返っておく意味は大きいのではなかろうか。

◇参照文献
広川禎秀「水平社の反軍闘争の歴史的意義─一九二六年の福連闘争について─」（『部落問題研究』第六〇輯、一九七九年六月）
朝治武「なぜ北原泰作は天皇に直訴したか」（『雑学』第三二号、二〇〇六年五月）

14　日本水平社

◉遠島スパイ事件後の南梅吉

一九二四年一〇月に遠島スパイ事件が発覚し、一二月一日から三日にかけて大阪市で開かれた全国水平社府県委員長会議で、全国水平社中央執行委員長の南梅吉《みなみうめきち》は遠島スパイ事件に関係したとして罷免の処分を受け、全国水平社は激震に見舞われた。そして、約七カ月後の一九二五年五月七日から八日にかけて大阪市で開かれた全国水平社第四回大会の二日前である五月五日、全国水平社府県委員長会議の処分に反して中央執行委員長を名乗っていた南は、正式に中央執行委員長を引退し、新たに部落民の生活擁護にとりくむという声明を発表した。

これ以降、南は沈黙を守っていたものの、自らが主幹となって一九二六年一月に『正義之声』創刊号を発行した。同愛会会長で全国融和連盟の実質的な代表者である有馬頼寧《ありまよりやす》が「同胞相愛」という揮《き》毫《ごう》を寄せ、西本願寺の梅原真隆《うめはらしんりゅう》をはじめ東本願寺の武内了温《たけうちりょうおん》、歴史家の喜田貞吉《きたさだきち》、国家主義系である紫雲荘《しうんそう》の橋本徹馬《はしもとてつま》、全国融和連盟の山本正男《やまもとまさお》、中央融和事業協会の三好伊平次《みよしいへいじ》ら、主として融和運動に携わる人びとが寄稿した。つまり南は、融和運動に携わる人びととの連携を模索しはじめたのであった。

この『正義之声』創刊号に、南自身は仏教的なタイトルの「南無水平妙法《なむすいへいみょうほう》」を寄せた。ここでは、部落改善運動から融和運動を経て水平運動にいたる経緯を跡づけ、全国水平社創立の意義を明らかにしようとした。そして「真に水平運動を愛し、国家社会を思う士は水平運動発祥当時の精神と気概とを失墜しないように努めることはもちろん、小異を捨てて大同につき、ますます団結を図って協力一致しなければならない」と述べ、水平運動の大同団結を訴えた。

14-1 南梅吉

その背景には、「近ごろ、ややもすれば水平運動のなかには、あるいは他の社会運動に誘惑されて迎合し、あるいは部落内部の有産と無産の対立をもって水平運動の精神と履き違え、あるいは同志中にも小異を強調して争い事に固執し、またあるいは官憲の圧迫に屈して辟易《へきえき》するなど、歩調と陣容は乱れている」とする全国水平社に対する認識があった。すなわち南は、自らを中央執行委員長から引きずり下ろし、水平運動の統一と団結を阻害しているとみた全国水平社内の共産主義派を中心とした潮流を厳しく批判したのであった。

全国水平社は三月一五日の機関紙『水平新聞』第五号に、京都府水平社の一員である「Y生」の「南氏に与ふ―子供らしい逆宣伝をおよしなさい―」を載せた。ここではまず「スパイ事件で引退した南氏は、その後、全国融和連盟の人びとと近づきになって、個人雑誌の『正義之声』を出した」と、南が融和運動の陣営に近くなったと位置づけた。そのうえで、「南氏は近ごろ全国水平社が過激化したので、官憲から捜査や検挙を受けていると宣伝している。全国水平社から縁遠くなったからといって、子供らしい宣伝をすることはない。逆宣伝はおよしなさい」と、南に対し余裕をもって諭し、たしなめるだけであった。

しかし八月になって、新聞紙上で南梅吉と平野《ひらの》小剣《しょうけん》が全国融和連盟の有馬頼寧らと八月二八日に兵庫の住吉《すみよし》水平社で純水平運動の創立協議会を開くと報道され、全国水平社に衝撃が走った。これに南と平野は参加しなかったものの、全国水平社は南を痛烈に批判した。九月一日の『水平新聞』第一〇号は、京都府水平社の一員である「XY生」の「融和連盟の手先きを警戒せよ―日の本製靴株式会社々長南梅吉君と純水平運動に就て―」を載せた。ここでは、南が資本家の渋沢栄一《しぶさわえいいち》や有馬頼寧、そして徳川家達《とくがわいえさと》らの支援を受けて設立された日本製靴株式会社の社長に収まり、融和運動と連携しながら新たな水平運動を展開しようとすることに警戒心を示し、全面的な対決の姿勢を示した。

◉日本水平社の創立と全国水平社の批判

一九二六年一一月二九日、南梅吉ら有志は各地水平社にあてて「水平社の純化」と題する声明書を配布した。ここでは、まず全国水平社本部の一角を占める共産主義派の全国水平社無産者同盟を指して、「一般社会運動と同じく左傾に走り、またこれに名を借りて右傾の手足となっている。いまや全国水平社は創立当時の目的に反し、その団結力を弱めて疑念をもたれ、われわれ部落民の面目を汚辱し、あるいは部落民を利用して一部の私利に走っている」と厳しく批判した。また「全国水平社創立当時の目的を忘れることなく、一般社会運動に雷同することなく、また既成政党に混惑せず、新興政派に附和することなく、正義の上に速やかに堅実に部落解放の実を挙げるため同志を募り、新たに日本水平社を創設して純真かつ断乎《だんこ》たる団体を実現させる」ことを訴えた。

そして一九二七年一月五日、京都市の南宅で第一回協議会が開かれ、新団体の日本水平社が結成された。これには、京都をはじめ大阪、兵庫、鳥取、山梨、福井、愛知、静岡、千葉、埼玉、群馬、栃木、茨城、長野、滋賀、三重、神奈川など、二府一五県から約三〇人が参加したが、約五〇人が委任状を寄せるなど、日本水平社の影響力は限定されたものであった。中央執行委員長には南、顧問には京都府水平社委員長であった寺田清四郎《てらだせいしろう》と京都国粋会《こくすいかい》の近藤鶴松《こんどうつるまつ》、専任顧問弁護士には同愛会《どうあいかい》に参加していた岡田豊太郎《おかだとよたろう》、準備委員には三重県水平社委員長であった北村庄太郎《きたむらしょうたろう》らがそれぞれ就いた。これらは明らかに、水平運動において保守的立場に立つ人物、もしくは融和運動に近い人物であった。

日本水平社は自らの運動を「純水平運動」と規定したが、それを象徴するかのように、綱領や宣言、則は全国水平社創立当時のものを採用した。この時期の全国水平社は綱領や宣言、則（規約）を改正していたが、日本水平社は全国水平社創立当時のものを採用することによって、自らこそ水平運動の純粋な本流を継承していることを強調したかったのであろう。主な運動課題は、新たに作成された次の決議によって示された。

一、徹底的糺《きゅう》弾《だん》戦術は道徳的説諭
一、政党政派に超越の件
一、共産主義者徹底排撃の件
一、全国各水平社大同団結促進の件
一、国有地及び耕地整理調査の件
一、各部落全般産業状態調査の件
一、部落改善費使途徹底調査の件
一、官公省及び各工場に同人採用の状況調査の件
一、同人の小作地及び工場労働争議に関しては一般労働組合小作組合に依《よ》らず直接日本水平社の手に依て解決するの件

ここで注目すべきは、「徹底的糺弾戦術は道徳的説諭」である。つまり日本水平社は、全国水平社創立当時の理念を継承するとしたものの、徹底的糾弾については過激であるとの認識からか否定し、融和運動と同じように穏健な道徳的説諭に変えてしまったのである。また、全国水平社の指導理念のひとつとなっていた共産主義に対しては排撃の姿勢を示し、もっぱら部落民の生活擁護の課題を列挙するだけであった。そしてのちには、共産主義だけでなく、無政府主義も排撃の対象に加えることになった。

明らかに日本水平社の結成は、共産主義派や差別糾弾闘争に否定的な全国水平社内の穏健な潮流の取り込みにターゲットを絞ったものでもあった。そこで全国水平社は、一月二〇日に「日本水平社排撃声明書―支配階級の分裂政策に警戒せよ―」を発表し、これが二月一日の『水平新聞』第一三号に載せられた。ここでは、全国融和連盟とつながっていると見なした日本水平社の政策を全面的に批判し、「いまやわが全国水平社の運動の内部に手を伸ばした支配階級の手先きスパイ南一派の純水平運動を警戒せよ！　彼らを徹底的に排撃せよ！　日本水平社を葬れ！」と呼びかけた。これを受けて各府県の水平社では、大会で日本水平社の排撃や撲滅が決議された。

◉共産主義勢力との対決姿勢

結成された日本水平社は、勢力を拡張させるために地方大会の開催を呼びかけた。しかし、一九二七年四月四日の日本水平社群馬県大会、五月の南梅吉による三重県内での宣伝演説会が開かれた程度で、十分な効果をあげることはできなかった。このような状況を内務省さえもが、南の人格に対する信頼感の欠如や糾弾の放棄に原因を求めて「人気を欠いている」と述べ、日本水平社に国粋会会員を含んだことから「きわめて雑多な組織構成」と酷評するほどであった。

日本水平社は、一九二七年一二月三日から四日にかけて広島市で開かれた全国水平社第六回大会に参加する人びとにむけて、『声明書』と題するリーフレットを配布した。ここでは、非合法の日本共産党や共産主義派が全国水平社を牛耳《ぎゅうじ》って水平運動を歪《ゆが》めてしまったことを三五項目にわたって具体的に述べ、「全国各水平社はただちに共産党の手先きどもを撲滅する準備にとりかかれ‼」「彼らは部落解放の精神と行動を麻痺《まひ》せしめ、われら同人を強権共産党の奴隷にしようと陰謀を企《たくら》んでいるのだ！」「水平社内部に巣食う強権共産党をたたきつぶせ‼」「共産党の手先きどもを一掃して全部落民の大同団結へ進め‼」と呼びかけた。

そして最後には「共産党の手先きどもをたたきつぶして純水平運動への還元ができれば、日本水平社を解体し、大同団結のために全国水平社の戦列に追随することもやぶさかでない」とも宣言し、平野小剣とも関係がないことも述べた。つまり日本水平社は、全国水平社本部の一角を占めていた共産主義派に攻撃目標を定め、全国水平社から共産主義派が一掃されれば、日本水平社を解体して全国水平社の戦列に復帰してもよいとさえ述べ、また、全国水平社から除名処分を受けた平野とは無関係であることを強調したのであった。

しかし日本水平社は、全国水平社から共産主義派が一掃されないことに苛立《いらだ》ちを隠さなかったが、一九二八年三月一五日の日本共産党員一斉検挙と四月一〇日の労働農民党解散命令を好機の到来ととらえた。そこで、日本水平社と行動を共にしていた南の息子である南敬介《みなみけいすけ》は、京都市で開かれる全国水平社第七回大会の前日である一九二八年五月二五日に「共産党撲滅声明書」と題するビラを出した。まず「日本共産党こそ諸悪の根源である」とし、「全国水平社は共産党または労働農民党の出店」であると評した。そして、日本共産党員の一斉検挙と労働農民党の解散命令を「われわれの真意が明確にされたことを誇りとする」と歓迎し、「全国水平社から共産党の残党を一掃せよ」と呼びかけた。

これに対して全国水平社は七月二九日に、日本水平社のみならず日本主義水平血盟団、全国水平社芸術連盟を名乗る紛らわしい団体を対象とした「三団体排撃声明書」、八月九日には、三団体に全国水平社から離脱していた下阪正英《しもさかまさひで》を加えた「三不良団体及び不良分子排撃声明書」をそれぞれ各社会運動団体に送付し、日本水平社に対する排撃の意図を明確にした毅然《きぜん》たる態度を表明にした。これらの声明書で、小さいながらも一定の影響力を有していた日本水平社に最大級の警戒心を示した。

◉保守的政党の結成と融和運動への参加

日本水平社は、結成当初には「無産政党とは行動を共にしない」ことを明言し、決議の一項目で

「政党政派に超越する」としていたが、「既成政党と対立するものではない」と、保守的な政友会《せいゆうかい》や憲政会《けんせいかい》との連携を示唆していた。そして一九二七年一月二三日、日本水平社は、きたるべき普通選挙にむけて「普選に対する声明」というビラを出した。ここでは、普通選挙にあたっては「純粋に部落解放に努力せんとする誠意を示す個人や団体を援助する」と述べ、実質的には日本水平社と連携する保守政党の支援を示唆した。

一一月八日には『日本水平社総本部調査報告』というリーフレットを出し、九月からの府県会選挙で労働農民党から出た全国水平社の立候補者に激しい批判を加えた。京都市では南梅吉が、下京区から立候補した東七条《ひがししちじょう》水平社の菱野貞次《ひしのていじ》を落とすために保守政党の対立候補を応援するなど、全国水平社の妨害に奔走した。また、日本水平社に所属する京都府綴喜《つづき》郡の井手《いで》水平社の平原光親《ひらはらみつちか》が、保守的潮流の日本農民党から府会議員選挙に立候補したが落選し、成果をあげることはできなかった。

このような日本水平社に対して、全国水平社は一〇月一五日の『水平新聞』第一八号の「糺弾隊」という記事で、「南は「既成政党に惑わされない」と言いながら、ブルジョア候補を応援している」ことを暴露した。また、一一月五日の『水平新聞』第一九号には「中村生」の「支配階級の部落民ファシズム化と闘へ!!―その手先日本水平社を警戒せよ!!―」を載せ、保守政党の立候補者を応援する日本水平社と南は、支配階級の手先となって部落民をファシズムに導いていると厳しく批判した。

日本水平社は、結成当初に掲げた部落民の生活擁護を実現するために保守政党の立候補者を応援したが、十分な効果を得ることができなかったため、自らが保守的な政治的進出を図る道を選ぶようになった。まず一九二九年六月には、日本水平社と南は各地水平社の幹部や部落の有力者を訪ね、また、声明書で日本自由党を東京で結成すると発表した。ここで「われらの社会的経済的向上に努力する政党を結成する」と宣言したものの、思うように賛同者を得ることができず、準備会のみで終わってしまった。

また南は、一九二九年七月六日に各地の名士や有力者らを集めて設立された帝国同仁会《ていこくどうじんかい》なる融和団体にも参加したが、日本水平社内部から批判が湧き起こり、日本水平社から離脱する者も現れるなど、組織的な混乱をきたした。この南に対して全国水平社は八月五日の第二回中央委員会で、「帝国同仁会は南らの金儲《かねもう》けのための団体にすぎず、全国的な反対運動を起こすほどでもない」と無視するばかりであった。これをかぎりに、もはや全国水平社が日本水平社に言及することはまったくなくなった。

次いで一九三〇年一一月、南は、寺田清四郎や早稲田法制実業学校の上田光雄《うえだみつお》らとともに立憲解放党の結成を計画した。その結党趣旨説明書では「われらは階級利害を同じくする一般無産階級との結合によって、経済的障壁の撤廃のために政治運動に進軍する」と述べ、これまでの保守的な色彩では支持を集めきれなかったため、あたかも無産政党であるかのように装った。しかし、主張する内容は従来の保守的なものばかりであったので、支持を集められずに挫折した。また一九三〇年一〇月二三日には、日本水平社所属の群馬県水平社によって日本統一党も結成されたが、活動は振るわず、日本水平社の政党結成による保守的政治進出と融和運動への参加は失敗に終わってしまった。

◉国家主義への傾斜と組織的沈滞

一九三三年になって、南梅吉は『時局を顧慮《こりょ》して水平社同人に告ぐ』というパンフレットを発行した。ここで南は「約一〇年間の運動によって部落差別という三〇〇年間の悪習慣を矯正《きょうせい》することができ、水平運動の目的はほぼ達成した」との認識を示し、「今後の日本は東洋平和のため皇室を中心に日本人として一致団結し、国家の病原を撤廃するために努力しよう」と呼びかけた。しかし、その「病原の撤廃」とは「共産主義に一人たりとも感染してはならない」というものであり、天皇制への帰依による団結を強調しつつ、全国水平社から共産主義勢力を一掃することを目的とするものであった。

そして一九三四年二月、日本水平社は「国際水平運動への進出に就いて」と題するビラを配布した。まず「これまでの努力によって頑迷な者の反省を促し、国民的正義の自覚を喚起し、国家の事業は大いに見るべきものがあった」と部落問題が解決したように語り、「いまや天皇の権威はアジアの光となって国際的な影響力を形成し、諸問題は国際的関係を無視しては解決されないから、日本水平社は国際的進出を図る」と宣言した。日本は、一九三一年九月の「満州《まんしゅう》事変」を契機として中国大陸への侵略を開始していたが、これに日本水平社は対応しようとしたのであった。このような日本水平社の状況を、内務省さえもが「右翼的傾向が強くなってきた」と評価するほどであった。

一九三五年の初め、京都の日本水平社同人である増田茂雄《ますだしげお》は「全部落同胞に檄《げき》す‼——非常時国難に対処せよ！——」と題するビラを配布した。増田は、全国水平社が共産主義勢力に牛耳られて行き詰まったと述べ、「日本水平社が悪戦苦闘した甲斐《かい》あって、人間冒瀆《ぼうとく》が罪悪であることはいまや広く社会に浸透した」ので、「今後は三〇〇万の部落民ではなく九〇〇〇万人の国民同胞が団結して、不安定な東アジア情勢のもとで未曾有《みぞう》の国難に対処する必要があり、そのためには部落民が水平運動の国際的進出を掲げて先頭に立つべきである」と訴えた。

一九三五年三月、南個人も『三度我が同胞諸賢《しょけん》に告ぐ』というパンフレットを出した。まず「日本は一等国として国際的にも諸外国をリードしていく立場にもかかわらず、国民の大多数は真に自力更生の実を挙げていない」と嘆きつつ、「日本国民のなかでもとくに皇室に深く恩恵を受けた祖先をもっている部落民こそが忠君のために黙々として働き励み、一般国民を啓発することが唯一の道である」と部落民の奮闘を呼びかけた。

このように日本水平社は、一九三〇年代に入って国家主義に傾斜していったが、その主張は部落差別に苦しんでいる部落民の現実や要求とあまりにもかけ離れたものであったので、ほとんど支持を得ることができなかった。その結果、日本水平社の勢力はますます減少していき、もはや一九三七年七月の日中戦争勃発時にはなきに等しい状態に陥っていた。そして、アジア・太平洋戦争が勃発した直後の一九四二年一月一七日、南は所轄の西陣《にしじん》警察署に解散届を提出し、日本水平社は一五年の歴史を閉じることになった。

日本水平社は大きな影響力こそ行使できなかったものの、明らかに全国水平社創立以来の水平運動における保守的かつ国家主義的な傾向を継承した象徴的存在であった。今日のグローバル化や東アジアの不安定化などと連動したナショナリズムと新自由主義が顕著な日本の状況のなかで部落解放を展望するとき、ある意味では全国水平社が必然的に生み出したといえなくもない日本水平社の主張と運動は、反面教師としての意味ではあるが、多くの歴史的な教訓を投げかけているのではなかろうか。

◇参照文献

朝治武「創立期全国水平社と南梅吉（下）」（『京都部落史研究所所報』第一二号、二〇〇〇年一月）

朝治武「日本水平社の主張と運動」（秋定嘉和・朝治武編著『近代日本と水平社』解放出版社、二〇〇二年）

15 生活擁護

◉部落改善と募財拒否

全国水平社は、部落差別と闘うとともに生活の擁護を図ることによって、部落解放を実現しようとした。そこには、部落差別とは単なる観念や意識の問題だけではなく、政治や社会の問題と結びつき、さらに部落民衆に過酷な生活を強いていることも、広い意味において部落差別を温存するという問題意識があった。したがって全国水平社は、一九二二年三月三日の創立当初から生活の問題を重視したが、それについて明確に「生活権」という権利の問題であるという主張をおこなったのは、一九二九年一一月四日に名古屋市で開かれた全国水平社第八回大会で提案された「部落民の生活権奪還闘争に関する件」であった。これについてはのちほど述べるが、まずは全国水平社が創立から生活の問題をどのようにとらえたかから、見てみることにしよう。

全国水平社創立大会で可決された綱領の第二項が「吾々《われわれ》特殊部落民は絶対に経済の自由と職業の自由を社会に要求し以《もっ》て獲得を期す」であることは、よく知られている事実である。部落民の団結による自主解放の精神からすると、決議に示された侮辱の意思による部落差別の言行に対する徹底的糾弾とともに、「経済の自由と職業の自由」の欠如こそが部落差別と深く結びついたととらえられ、これに対する闘いが重視されたのであった。

すでに、劣悪な部落の状況を改善しようとする部落改善運動と、部落と部落外とを融和させようとする融和運動と連動した融和事業がおこなわれていたが、これらに対して全国水平社創立大会で可決された宣言では「何等《なんら》の有難い効果を齎《もた》らさなかつた」「人間を冒瀆《ぼうとく》されてゐた罰」「多くの兄弟を堕落させた」と否定的にとらえた。つまり全国水平社は、部落改善運動や融和事業を恩恵的かつ慈恵的であるとして拒否の姿勢を示し、自主的に経済の自由と職業の自由を社会的に要求して獲得することに活路を見いだそうとしたのであった。

全国水平社中央執行委員長の南梅吉《みなみうめきち》は、一九二二年七月に出された全国水平社機関誌『水平』第一号に部落改善を批判する「改善事業より解放運動」を寄せた。そこで南は、「われわれの多くは不幸にして被搾取階級である。すべての生存は脅かされ、われわれの多くはその事実に直面している。われわれはこの苦痛を味わいたくない。現在の経済組織は、われわれをますます貧困と窮乏へと追い込み、われわれの生存は危うくなっている」と、部落の厳しい生活状況を述べた。そして、保守的とみなされる南さえもが「儲《もう》けるための資本主義経済は部落の家内工業を奪い、部落民衆の職業の自由さえ奪っている。われわれの歴史と現実は、あまりにも人間とかけ離れている」と述べ、綱領に即して経済の自由と職業の自由の獲得を強く主張した。

生活の問題は、東西両本願寺に対する闘いとも結びつけられた。全国水平社創立大会の決議で東西両本願寺に対する闘いを宣言していたが、四月一〇日には今後二〇年間にわたる募財拒否の決議を通告した。東西両本願寺は、理由をつけては部落民衆から募財、つまり募金を集めていた。しかし全国水平社は、東西両本願寺が部落民の過酷な生活状況をまったく顧みず、金だけを集めようとしたことに拒否の姿勢を示したのである。当然に募財拒否は、過酷な部落差別の現実をふまえて自らが展開する水平運動に対して何ら協力しようとしない東西両本願寺に対する全国水平社の強い不信感の表れであった。しかし同時に、募財拒否の理由で示されたように、「われわれが決行している解放運動を徹底させるためには、必ず経済的独立を図らねばならない。そのためにも募財を拒否する」という、部落民の生活を擁護していこうとする全国水平社の姿勢と結びついていた。

◉生活擁護にかかわる議論の開始

一九二三年三月二日から三日にかけて京都市で開かれた全国水平社第二回大会で、部落改善にかかわる議案が議論された。大阪の西浜《にしはま》水平社から「部落改善費を拒絶するの件」と、奈良の大福《だいふく》水平社から「ある期間部落改善費を拒絶するの件」が提出され、後者は撤回されたものの、提案理由は「部落改善費は、われわれ部落民の有産階級と一般民を養うだけにすぎない。われわれには何らの利益ももたらさないので、拒絶の意思を表示し、政府当局へ通告する」と説明されたが、議長の南梅吉は委員会付託とし、阪本清一郎《さかもとせいいちろう》ら六人の委員を指名した。しかし、委員会での議論の結果、委員会は「この議案は部落民の反感を誘発する恐れがある」との理由から提案者と交渉し、撤回されることになった。全国水平社に結集する部落民のなかには部落改善費を受けている者もあり、これらの人びとからの反発を恐れたから撤回にいたったのであった。

これによって、連盟本部が提案していた「部落改善費を拒絶し、徹底的改善費を建議する件」は撤回されることになった。ここで言う「徹底的改善費」とは、内容は明確でないが、おそらく部落解放に役立つ改善費のことであったと思われる。また、大阪の今宮《いまみや》水平社から「政府の侮辱的改善策及《およ》び恩恵的施設に強硬抗議の件」が提出された。提案理由は「政府当局が部落改善費を出すのは、すでにわれわれを普通民と差別していることである。しかも政府は警察を利用し、あるいはその他の役人によって部落改善に名を借りて陰に陽に圧迫している。ゆえにこのような政府の恩恵的な態度には絶対に反対する」と説明されたが、南は議長の権限で保留を宣言した。部落改善費を獲得してもよいとする穏健な南からすると、このような議案は許されるものではなかったのである。

このような南の態度の結果、今宮水平社から提案された「政府当局を鞭撻《べんたつ》監視して、部落民の完全解放を期せしむる件」は撤回されることになった。むしろ全国水平社が一致できたのは、決議の第三項で示された「政府其他一切の侮辱的改善及恩恵的施設の根本的改革を促す」という部落改善に関する「改革」の方向であった。

これらの部落改善にかかわる議案だけでなく、部落の経済にかかわる議案も提出された。それは、京都の桃園《ももぞの》水平社の「部落民の商業上の連絡をとるの件」、奈良の小林《こばやし》水平社の「部落の経済的解放を期するため、一、水平銀行、二、水平物産取引所を設立の件」、奈良の柏原《かしはら》水平社の「生産組合及消費組合を設立するの件」であった。これらは一括して議論されることになり、提案理由は「部落の無産者は中産階級以上のものより重税の負担を余儀なくされている。無産者の生活を緩和する手段として、一般民が取引を水平社に申し込んだら、ただちに応じて連絡をとる方法を講じるものとする。水平銀行を設立し、部落民の金融を円滑にする。生産組合と消費組合を設立し、部落の経済を円滑にする」と説明された。

しかし採決の結果、「部落民の商業上の連絡をとるの件」と「生産組合及消費組合を設立するの件」の二件だけが可決されることになった。また、京都の東七条《ひがししちじょう》水平社から「購買組合設立を期するの件」、奈良の上牧《かんまき》水平社から「部落の貧困者救済の道を講ずる件」も提案されたが、どういうわけか、提案者によって撤回された。

一九二四年三月三日から四日にかけて京都市で開かれた全国水平社第三回大会では、連盟本部から「内務省の改善事業内容を調査するの件」が提案された。この議案を平野小剣《ひらのしょうけん》は「政府と各府県は部落改善費を水平社のために使っていない。水平社が調査して不正があれば、当局を片っ端からやっつける考えである」と説明し、会場から「われわれは税金を納付しているのに、部落改善費を貰《もら》えないのはもってのほかだ」「水平運動をやらない部落に部落改善費を多くやっている」などの意見が出され、満場異議なく可決された。この議案は、地方によっては水平社として部落改善費を獲得することを許容する可能性を表したものであったが、一方で全国水平社としては、決議の第三項で「政府其他《そのた》一切の侮辱的改善策及び恩恵的施設を拒否し、その徹底的廃滅を期す」という原則的な姿勢を示した。

しかし、一九二三年三月二三日に群馬県で開かれた関東水平社創立大会では、決議の一項目で「部落改善費は直接水平社に下付を要求し水平社同人の子弟教育費に充つることを要求す」が示された。地方や地域の水平社によっては、部落改善費は拒否するというよりも、有効に活用しようという姿勢がみられるようになったのである。また、一九二四年九月二〇日の『水平新聞』第四号には「食ふ問題を考へよ—腹が減っては戦は出来ぬ—」という投稿があり、当面の要求として部落改善が必要なことが述べられた。

◉農民組合と労働組合の組織化

一九二五年五月七日から八日にかけて大阪市で全国水平社第四回大会が開かれたが、部落改善費に関して変化がもたらされた。奈良県水平社から「賠償金行使の件」が提案され、阪本清一郎から「今日、水平社の同人の生活が貧困に陥り、かつ不衛生であるのは、国家当局が事業を実施しなかったからである。これまでわれわれは、部落改善費を拒否してきた。しかしわれわれは、自らの生活を向上させるため、部落改善費を部落差別の賠償金として政府にむかって要求する権利がある。産業組合や消費組合、託児所などを設置するため、予算を作成して政府に要求してはどうか」と説明された。

しかし、大阪の大西遼太郎《おおにしりょうたろう》の「現在は水平社の組織が不十分だから、かえってスパイを養成する原因になる恐れがある。こうした問題はもっと組織ができあがってから議論すべきである」や「われわれは国家を無視しているのに、そんな金を要求するのは矛盾である」などの反対意見が出て、激しい議論によって会場が混乱した。そこで議長の松本治一郎《まつもとじいちろう》は、「重大な問題である」としながらも保留を宣言せざるをえなかった。むしろ、大阪府水平社から「農民組合設置促進の件」が提案され、説明に立った糸若柳子《いとわかりゅうこ》が力説したため、討論もなく満場一致で可決された。三重や奈良などでは、部落農民の生活を守るために部落でも農民組合があいついで結成されていただけに、この議案に対して異論が出ることはなかった。

一九二六年五月二日から三日にかけて、福岡市で全国水平社第五回大会が開かれた。生活に関する議案では、まず大阪府水平仕から「労働組合組織促進の件」が提案された。下阪正英《しもさかまさひで》は提案理由を「水平社内部の無産者の経済生活を擁護し、水平運動を無産階級化するため、農民組合と労働組合の組織が必要である。これまでの大会で可決された農民組合の設立と内容の充実に努力するとともに、労働組合の組織化に対しても十分な努力を払わねばならない」と説明したのに対し、福岡の菊竹《きくたけ》トリが「単に賛成するだけでなく、組合の組織化に部落無産者は全力をあげて努力しなければなりません。私は大賛成です」と賛成意見を述べ、満場一致で可決された。

また、大阪府水平社から「部落内部の失業問題に関する件」も提案された。山本正美《やまもとまさみ》は提案理由を「資本主義の必然的な結果として部落の小産業の崩壊と、不景気のために部落内におびただしい失業者が生まれている。部落民の絶対解放を目標とし、その利害を代表するわが水平社は、無産部落民にとって生死の問題である失業問題を解決しなければならない。したがって失業者を組織し、「働かせろ、食わせろ」の要求を掲げて政府と資本家に迫るとともに、他の団体と協力して失業対策を講じ、なぜ不景気によって失業者が生じるかについての階級的教育を施さねばならない」と説明し、満場異議なく可決された。さらに愛知県の海部《かいふ》郡水平社から「部落改善費は部落内に使用すべき趣旨のものであるから、部落解放運動費に充てるべきである」とする「部落改善費要求の件」も提案されようとしたが、提案も議論もされなかった。これは、おそらく全国水平社としては政府の部落改善対策に対して拒否感が強かったからであると思われる。

しかし、一九二七年一二月三日から四日にかけて広島市で開かれた全国水平社第六回大会では、大阪府水平社から「政府の差別撤廃国策確立に関する態度決定の件」が提案された。説明に立った松田《まつだ》喜一《きいち》は「政府の国策確立は部落内の小ブルジョアを引き寄せるためであって、決して部落民全体が恩恵を被るわけではない。つまり、部落民をファシズム化しようとしているのだ」と厳しく批判した。この議案は可決されたうえで「政府の反動的な融和政策に断固として反対する」という決議を作成することになった。

◉生活重視の新たな方向への模索

全国水平社第六回大会までは、無政府主義またはアナキズムと共産主義またはボルシェヴィズムの対立、すなわちアナ・ボル対立が激しく、しかも共産主義派が本部の一角を握っていたため、階級闘争を軸とした運動の方向がめざされていった。それでも無政府主義派も、生活を重視した労働組合や農民組合の組織化に異論があるわけではなく、政府の融和政策に対する反対に対しても同調の意思を表明していた。しかし、一九二八年三月一五日の日本共産党員一斉検挙によって全国水平社内の主要な活動家が獄に下ることになり、共産主義派の影響力は失われていった。それに代わって全国水平社で主導権を握るようになったのが、松本治一郎をはじめとする阪本清一郎や泉野利喜蔵《いずのりきぞう》ら社会民主主義の立場に立つ活動家であった。

15-1 泉野利喜蔵

一九二八年五月二六日から二七日にかけて京都市で全国水平社第七回大会が開かれ、「支配階級の部落民政策」が示された。ここでは「支配階級の弾圧と懐柔政策は露骨となってきた。一方では凶暴的弾圧によってわれわれに臨み、他方では買収政策、改善政策、融和政策によって水平運動を反動化させようとしている。われらは、この支配階級の部落民政策と徹底的に抗争するため、団結を強固にするとともに戦線を統一しなければならない」と訴えた。

そのうえで「いまや水平社は従来からの差別糾弾闘争と同時に、自滅しようとしている部落民の経済的条件にもとづき、生活擁護のための闘争の分野に拡大すべきである。われらの政府に対する生活権賠償要求は、断じて従来の改良主義より出発した単なる部落改善ではない」とする、本部からの「生活権賠償要求に関する件」が用意された。しかし、無政府主義派を代表した京都の梅谷新之助《うめたにしんのすけ》が大会二日目の冒頭で「われわれは、この大会を認めない」と叫んで会場が混乱に陥ったため、警察から解散を命じられて、大会は不成立となってしまった。

全国水平社第七回大会に代わるものとして、七月一五日に奈良県で全国水平社府県代表者会議が開かれた。まず、阪本清一郎によって説明された「水平社の運動方針について」では、アナ・ボル対立による全国水平社の混乱と不統一を反省するとともに、部落民衆の生活を重視する新たな方向を模索しようとした。そして、「水平運動の要綱と政策」では、当面の任務として「差別問題に対して糺弾闘争を進め、差別の根本原因である階級制度に対する闘争意識を喚起すること」と「直接的な差別だけでなく、地方行政の不公平など間接的な差別を摘発して闘争すること」だけでなく、「政府の融和政策に反対し、徹底的部落民施設を政府に要求する」ことと「部落民の生活悪化を防止し、生活擁護のために闘う」ことも強調された。

これによって、各地の水平社では生活権擁護闘争が闘われることになった。それは、京都の田中《たなか》水平社の区画整理に伴う居住権擁護、京都の東七条水平社の講金問題に伴う生活権擁護、兵庫の馬田《うまだ》水平社の生活にかかわる町政刷新などの闘争であった。とりわけ三重の日野《ひの》水平社は、九月三〇日に部落民生活擁護大会を開き、「産業組合や消費組合などの事業に対して低利資金の貸与と補助金の要求」「町営住宅の要求」「部落民失業者の保護と救済」「職業上における部落民の機会均等」などを決議するほどであった。

◉生活権の奪還と部落改善の獲得

一九二九年一一月四日に名古屋市で全国水平社第八回大会が開かれ、まず「顧みると、水平社には日常闘争がまったくない。これは水平社が部落民の生活権奪還のための闘争方針をもっていないためだ」と自らを厳しく反省することから始まった。このような認識から、総本部から「部落民の生活権奪還闘争に関する件」が提案された。ここでは「われわれ部落民の生活はほとんどが窮迫している。これは賤視《せんし》観念による経済的封鎖とともに、資本主義経済の不合理な組織が原因している。賤視観念による経済的封鎖は水平社として独自に闘い、資本主義に対しては一般無産階級の解放に進む諸団体との共同闘争によらねばならない」とし、「部落民の生活の脅威に対し、あらゆる機関を通じて闘争する」と「観念的な差別撤廃運動から生活を基調とした運動へ進むよう努める」という方向が確認された。しかし、この方向はいまだ抽象的な域を超えるものではなかった。

一九三〇年一二月五日に大阪市で開かれた全国水平社第九回大会では、水平運動についての個々の方針が提案されることなく、全国水平社の統一した全体的な方針として中央常任委員会から「運動方針書大綱に関する件」が提案された。ここでは、客観的情勢や水平運動の欠陥が具体的に指摘され、部落民の社会的かつ政治的地位とともに、経済的地位が詳細に説明され、「水平運動の使命と目標」の生活に関係する項目として、「一般無産運動への積極的参加、もちろん公式的ではなく日常闘争との関連において、生活権奪還運動の喚起」と「帝国主義的政策とブルジョア的産業合理化の強行による部落民の生活悪化に対する防衛的闘争」、そして「支配階級の弾圧と欺瞞《ぎまん》政策と闘い、徹底的部落民施設を勝ちとる」ことが強調された。

そして、従来の部落改善に対する反対の姿勢から、「部落改善」を「徹底的部落民施設」と言い換えて位置づけ直すことによって、部落改善の要求を政府に迫っていくことに転換したのであった。そして、可決された大会宣言でも「生活不安と封建的遺制による賤視観念のために二重の苦しみをもつわれわれは、生活権奪還と封建的身分制の廃止の旗印を掲げ、いまなおわれわれに生活苦と差別苦をもたらそうとする、封建的遺制と混然《こんぜん》一体となった資本家地主権力に迫って、その戦線を強固にして力強い組織を確立し、全被圧迫民衆の一翼としての一部門を分担して勇敢に闘う」ことを力説した。

つまり全国水平社は、部落民の生活権を奪還するため、一方では労働組合や農民組合などと連携して資本主義と闘い、他方では従来は拒否していた部落改善を自らの力で闘いとる方向を確認したのであった。しかし、この方向は一九三〇年代前半になると、前者を強調することによって全国水平社解消論を生み出し、また、後者を継承して部落委員会活動に対応した改善費闘争へと発展することになった。いずれにせよ、紆余曲折《うよきょくせつ》を経て、一九二〇年代終わりから一九三〇年代初めにかけて、従来からの差別糾弾闘争だけではなく、生活権奪還を掲げた生活擁護闘争も全国水平社の重要な課題に位置づけられるようになったのである。

◇参照文献

馬原鉄男「大恐慌下の水平運動」(馬原鉄男『水平運動の歴史』部落問題研究所、一九七三年)
城間哲雄「一九三〇年代の水平運動」(城間哲雄遺稿・回想集刊行委員会編刊『城間哲雄部落解放史論集』、一九九八年)

第三期　侵略戦争とファシズム化が進行するなかで

一九二〇年代の終わりの世界大恐慌は日本にも波及して大きな経済的な打撃をもたらし、民衆は極度の生活難を強いられることになった。このような状況を打開するため、一九三一年九月に日本の支配層と軍部は中国東北部（いわゆる「満州《まんしゅう》」）への侵略戦争を開始することになった。また一九三〇年代前半には、侵略戦争に対応して軍部を軸としたファシズム運動が台頭し、これと連携したテロリズムによって脆弱《ぜいじゃく》となっていた政党内閣は崩壊することになった。このもとで社会運動が直面したのは、侵略戦争とファシズム化の進行に反対し、民主主義の擁護と民衆の生活を防衛するという課題であった。このような課題を水平運動も担うようになり、その具体化をめぐって新たな論争が展開されるようになった。

16　全国水平社解消論

◉全国水平社解消論の提案

一九三一年一二月一〇日、奈良県で全国水平社第一〇回大会が開かれた。この大会の中心議案は、中央常任委員会が提出した「運動方針書に関する件」であった。説明に立った大阪の泉野利喜蔵《いずのりきぞう》は、世界経済恐慌に端を発した日本経済の危機的状況、そのもとでの民衆の生活不安と社会ファシズム化などを強調し、部落差別を生みだす封建的な社会的政治的基礎の徹底的な改革と一般労農階級の自覚、一般労農階級の理解と提携による部落民の生活権奪還、一般無産団体との結合による共同闘争団体の組織化などを提案した。

まず質問では、奈良の本田伊八《ほんだいはち》が「一般労農団体との結合は水平社のまま結合するのか」と問い、泉野は「水平社の目標はあくまでも差別撤廃だ。だから差別の基礎である社会組織への闘いに進むために、労農先進部隊と水平社は結合しなければならないとの意味である」と答えた。また、本田の「水平社は労働組合、農民組合を組織するのか」との質問に対して、泉野は「それは誤りだ。階級的闘争は水平社が指導すべきでない。水平社は全部落民の身分的差別に対して闘う団体だ」と応答した。本田の質問は、明らかに共産主義の立場に立つものであった。それにひきかえ泉野の応答は、水平運動の階級的意義を理解しつつも差別撤廃という独自性を維持しようとした社会民主主義の立場に立つものであった。

議論に入って福岡の井元麟之《いもとりんし》は「泉野君の説明は、まったく誤っている。階級組織でない水平社は、階級闘争の激化した今日においては、反動的で邪魔な組織になっている」と前置きし、運動方針書に対置して、全国水平社九州連合会常任理事会の「全国水平社解消の提議―第十回全国水平社大会への意見書―」を説明することになった。その趣旨は、次のように説明された。

過去十ヶ年、全国水平社は特殊部落解放の旗をかざして闘って来た。だが特殊部落の解放は、全国水平社の闘争によって約束され得ない事が部落の労働者農民大衆に理解されるに至った。プロレタリアートの解放なくして、特殊部落民の解放はあり得ない。従ってプロレタリア××《(革命)》への特殊部落労働者農民の積極的参加こそが、特殊部落民を其《そ》の封建的半封建的身分関係から解放する根本条件となるのである。故に全国水平社は即時、其の身分的組織と闘争機能を階級的組織に解消しなければならぬ。

これは全国水平社解消論ともいうべきもので、その理論的根拠のひとつは、一九三一年の四月から六月にかけて日本共産党機関紙『赤旗《せっき》』に発表された共産主義インターナショナル、いわゆるコミンテルンが作成した「日本共産党政治テーゼ草案」(三一年テーゼ草案)であった。ここでは「日本の国家権力は金融資本が覇権を握れるブルジョア、地主の手中にある」とされ、「かくして来るべき日本の革命の性質は、「ブルジョア民主々義的任務を広汎に包容するプロレタリア革命」である」という革命の戦略規定が示された。この戦略規定のもとで、急激な日本資本主義の没落と社会民主主義勢力の社会ファシズム化なども強調されることになった。

これを受けて全国水平社解消論では、「プロレタリアの階級闘争に内包されたブルジョア民主々義的任務として、とくに部落問題―身分関係の闘争―が闘われなければならない。したがって身分闘争の主体は、階級的基本組織―労働組合、農民組合―であらねばならない」ことが強調された。つまり全国水平社解消論とは、日本資本主義の没落と社会ファシズム化の急激な進行という認識をふまえて、ブルジョア民主主義的任務としての部落問題を解決するというプロレタリア革命のために、全国水平社を解消して、部落民を日本共産党が指導する革命的な労働組合や農民組合などに組織し、これらの革命的な階級的基本組織によって身分闘争を闘っていくことを意図したものであった。

◉全国水平社解消論をめぐる激論

全国水平社第一〇回大会での全国水平社解消論をめぐる議論では、まず泉野が「私は階級的には敬意を表するが、全部は承認できない」と述べつつ、二つの疑問を呈した。第一は「身分闘争は認めるが、水平社の存在は反動的だというのは疑問だ」とし、「労農組合は大衆団体であり、意識の水準が低く差別観念さえもっている者もいる。だからこそ、水平社は必要だ」という組織論を述べた。第二に、「プロフィンテルンの決議にある「排外主義」と水平社の「水平主義」を同一視できない。だから水平社のどこにも「排外主義」はない」というものであった。なお、「プロフィンテルンの決議」とは赤色労働組合インターナショナル、いわゆるプロフィンテルンの「日本における革命的労働組合の任務」という一九三〇年八月の決議のことであり、ここでは「左翼労働組合は勤労大衆を個々の敵対的グループに分裂せしめているところの身分関係に反対し、排外主義に反対し」「一切の社会的生活的偏見に反対する闘争のイニシァティーブを取らねばならない」と述べられ、これが全国水平社解消論の理論的根拠のひとつになっていた。

泉野の反対意見に対して、本田伊八は「水平社解消論に賛成する」という立場から「泉野君は水平社に排外主義はないと言うが、かつてアメリカの排日移民法に反対したのは、日本帝国主義ブルジョアジーの手先となった排外主義の証拠だ。泉野君の運動方針では、部落民はますます反動化し、融和運動に転落する」と批判し、「全国水平社の青年同盟や無産者同盟が犯した誤りは、水平社を階級組織のひとつとしたところにあった。革命的伝統を継承して、解消闘争を闘おう」と呼びかけた。全国水平社解消論の作成に加わった岡山の野崎清二《のざきせいじ》も「差別糺弾闘争は、いくら階級的な指導でも部落民と一般大衆との身分的感情対立は深まる。これは社会民主主義のダラ幹の裏切りが理由でもあり、支配階級の分裂政策に奉仕している」と社会ファシズムを警戒し、「部落民の絶対解放は、プロレタリア革命によってのみ約束される」と賛成意見を述べた。

これらの全国水平社解消論の賛成意見に対して、長野の朝倉重吉《あさくらじゅうきち》は「私はマルクスの唯物弁証法の立場から、左翼小児病的で観念的な水平社解消論には絶対に反対だ」と反対意見を述べた。それは「現在、ファシズムの波が高まっているときに全国水平社を解消することは、部落民を反動へと追いやることだ」という認識からであり、「野崎君も、未組織の部落民だけでなく組織化された部落民さえ反動化したと言ったが、左翼である野崎君の影響下にある大衆さえ反動化している。部落民の反動化を食い止めるのが水平社の役割だから、水平社解消論には反対だ」と反論した。しかし野崎は「朝倉君の誤解を訂正する」と前置きし、「反動化したのは一般農民であり、部落民が反動化したのではない」と釈明した。

16-1 朝倉重吉

愛知の生駒長一《いこまちょういち》は「われわれは不幸にして頭が悪く、朝倉君のようにマルクスの弁証法はわからない。朝倉君の弁証法は敗北主義の哲学であり、臆病者の泣き言だ」と嫌みな揶揄《やゆ》を交えて批判し、「私は水平社解消論が絶対に正しいと認める」としつつも、運動方針書についての協議を新しい中央委員会に付託することを提案した。また、全国水平社解消論の作成に中心的な役割をはたした岐阜の北原泰作《きたはらたいさく》も「全国水平社の解消は必然である。水平主義とは身分闘争における排外主義である。朝倉君は唯物弁証法の立場から水平社解消論に反対したが、私は唯物弁証法の立場から必然なものとして賛成する」と述べたが、生駒と同じく、運動方針書についての議論を新しい中央委員会にゆだねることを希望した。ここで議論は打ち切られ、運動方針書についての議論は新しい中央委員会に付託されることになった。

◉外部の賛成意見と批判的意見

全国水平社解消論は衝撃的な提案であり、それに対して意見を表明することは水平運動の方向をめぐる大きな亀裂を生みだす危険性もあったためか、全国水平社内部では明確な賛否の意見が出ることはなかった。それにひきかえ全国水平社の外部からは、少ないながらも全国水平社解消論に対する意見が寄せられた。

その口火を切ったのは、一九三二年一月一日の社会運動情報紙『社会運動通信』第六六三号に載せられた河上肇《かわかみはじめ》の「水平社解消運動について──一九三二年度社会運動展望の重要なる一契機──」であった。マルクス主義経済学者として著名であった河上は「部落民が賤視差別を受けてきたのは封建的遺制に原因があり、封建的遺制に反抗する諸勢力はプロレタリアートによる闘争の指導のもとに戦線を統一しなければならない」という立場から、「部落民が水平社という身分関係に沿う団体に立てこもり、階級闘争に合流しないのは誤謬《ごびゅう》であり、社会運動全体にとって損失である」と述べ、「水平社解消運動が十分効果的におこなわれ、国内における統一戦線の樹立に大きな貢献をなすであろう」と期待した。

また二月には、日本共産党に指導された日本プロレタリア文化連盟に加盟する国際プロレタリア無神論者同盟日本支部と日本戦闘的無神論者同盟近畿地方協議会によって、「親愛なる全国水平社の同志に檄《げき》す」という檄文が寄せられた。ここでは、全国水平社第一〇回大会に提出された「反宗教闘争に関する件」という議案に敬意を表し、また「水平社解消論こそは、まさに歴史的必然であり、過程であらねばならないと信じる」と賛成意見を述べた。そのうえで、全国水平社解消論に反対する社会民主主義勢力に対しては、「徹底的な右翼日和見《ひよりみ》主義者もしくはそれに追随する意識なきロボット」および「社会ファシスト」などと辛辣《しんらつ》に批判した。

融和運動家の山本正男《やまもとまさお》は、まず二月一日に中央融和事業協会の機関紙『融和時報』第六三号に「時評　解消論はどうなるか」を発表し、七月には東京府社会事業協会機関誌『社会福利』第一六巻第七号に載せた「全国水平社の解消闘争批判」で全面的に論じることになった。ここで山本は、全国水平社解消論が「部落差別を封建的身分関係からのみみていて、宗教的・民族的観念を考慮に入れていないなど、科学的検討が不十分だ」と述べ、結論的に「水平社解消論の指導方針では部落の未組織大衆を組織することは困難であり、部落における左翼の運動として急激な展開をみることは至難であろう」との批判的な展望を示した。

◉松本治一郎を交えた中央委員会での議論

一九三二年三月二三日、大阪市の総本部で全国水平社第一回中央委員会が開かれた。これは福岡連隊差別糾弾闘争に関連した、いわゆる「福岡連隊爆破陰謀事件」の有罪判決によって一九二九年五月一〇日に下獄した中央委員会議長の松本治一郎《まつもとじいちろう》が一九三一年の一二月二六日に仮出獄したのを歓迎する意味を込めて開催されたものであったが、もっとも重要な議題は、第一〇回大会で新しい中央委員会に付託された運動方針書と全国水平社解消論についての議論であった。

最初に質問に立った奈良の阪本清一郎《さかもとせいいちろう》は、「大会で残されたのは水平社解消論の具体的方法論だったので、それを明示してほしい」と述べた。これに対して全国水平社解消論の作成に加わった京都の朝田善之助《あさだぜんのすけ》は「全国水平社解消論は運動方針書に対する意見書として提出したので、抽象的であるのは当然だ。具体的解消方針は、解消意見書が正しいと是認されたときに示されるだろう」と答え、北原も朝田に同意しつつ、「問題の中心は解消論と運動方針書との二つの理論のいずれが正しいか決定することにあるから、大会に提出した中央常任委員会の議案の議論から始めたい」と述べた。それでも阪本は納得しなかったが、朝田が「大会の席上はいろいろな空気があって十分に議論が徹底されなかった。もっとシンミリ議論する必要があるし、今日ならできる」と応答したため、阪本も「議論が朝田君の言うようなものであれば、賛成する」と同意した。このように議論の当初は、まるで駆け引きの様相を呈した。

実質的な議論に入り、松本が「全国水平社解消論のスローガンにある「支配階級の分裂政策に奉仕する全国水平社を即時解消せよ！」であれば、総本部を支持しなくてよいとの考えから総本部に金を送らないのではないか」と疑問を呈した。しかし、北原は松本の疑問に答えられず、総本部に金を送らないのは全国水平社解消論が「あるいは反映しているのかもしれない」と認めるしかなかった。

松本に説明を求められた泉野は「私が説明した運動方針書には、従来のような差別糾弾のみの闘いから、差別の社会的根拠への闘争に向けられねばならないことを示している」と述べたが、朝田は「総本部の常任は闘争を直接指導していないから、運動方針書に誤りが多い。泉野氏は、その方針書が正しいという立場でガンバルのか」と問うた。これに泉野は「運動方針書は常任中央委員会に諮っている」と答えたが、朝田が「運動方針書は多くの経験と各地の情勢を汲《く》み取《と》って書くべきなのに、泉野氏が一人で他の意見を退けて運動方針書を書くのには疑念をもつ」と

16-2 朝田善之助

発言したため、泉野は「信じられなければ、仕方ない」とまで言わざるをえなかった。まさに朝田の発言は、全国水平社解消論に反対する泉野への個人攻撃にほかならないものであった。

また、朝田の「水平社解消論に賛成の立場から、「部落民の本質」をもっと説明してほしい」との質問に対して、泉野は運動方針書を朗読したが、朝田は「それは職業別の羅列にすぎず、部落民の本質にふれていない」とあっさり返すだけであった。そこで北原は「部落民がいかなる社会的範疇《はんちゅう》に属するかが問題だ」と述べ、これを受けて朝田が「部落民に「身分」だけを見て、階級的実質を見逃してはいけない。「身分」のなかにある階級を規定せねばならぬ」と説明したように、全国水平社解消論の立場から部落民の階級としての実体を強調した。

松本は「水平主義とか水平社第一主義は、どういう意味か」と問い、北原は「部落民全体を味方として、部落民以外の者を敵と見る考えだ」と答えたが、松本は全国水平社創立時の綱領を示して「私が参加した当時の水平主義は、そうではなかった」と反論した。しかし、北原は「議長の言う水平主義は理想主義であって、非常に広い意味だ。われわれの言う水平主義とは、部落解放運動のなかの一部にある全部落民主義だ」と説明したが、松本は「初めの綱領を理解していれば、そんな考えにはならない」と一蹴した。

また、井元は「水平主義と言うのは正しくなく、排他的水平社第一主義と言うべきだ」と述べ、北原も「ただ字句の問題でしょう」とかわそうとした。しかし、傍聴者である大阪の高畑久五郎《たかはたきゅうごろう》が「共産主義など、どうでもよい。部落民だけが解放されればよいというのが、水平主義だ」と発言する始末で、阪本にいたっては「要するに「身分」のなかに階級を見落としてはならぬということなのだろう」と突き放して述べるなど、運動方針書と全国水平社解消論についての議論は本質的な深まりをもつものではなかった。そこで松本は、議長として「運動方針書はまだまだ議論が必要だから、討議委員会を設置したい」と述べ、賛成のうえで委員の選出は松本に一任されることになった。

◉全国水平社解消論が直面した困難な現実

第一回中央委員会の直後、全国水平社内の共産主義勢力は全国水平社解消闘争中央準備委員会を結成し、事務所を京都の朝田宅に置いた。その委員には、北原をはじめ朝田、野崎、井元、生駒、三重の岸部栄松《きしべえいまつ》、大阪の赤根岩松《あかねいわまつ》らが就いた。五月には北原が執筆した全国水平社解消闘争中央準備委員会編『水平社運動の批判―全国水平社解消論―』が共生閣から出版され、これまでの水平運動は全面的に排外主義的な誤謬の連続であったと手厳しく総括された。また、五月二〇日に機関紙『全水解消闘争』第一号、六月二〇日に『全水解消闘争』第二号を発行し、演説会などを開いて全国水平社解消論の宣伝に努めた。しかし、全国水平社内で支持を集めたのは、愛知、三重、京都、岡山など一部にすぎなかった。

そもそも全国水平社を革命的な労農組合に解消させようとした全国水平社解消論は、それ自体が困難な現実に直面していた。全国水平社解消論が想定した革命的な労農組合とは、日本共産党の指導のもとに一九二八年一二月二五日に結成された日本労働組合全国協議会、一九二八年五月二七日に結成された全国農民組合に対する日本共産党の革命的反対派結成戦術によって一九三一年八月一五日に結成された全農改革労農政党支持強制反対全国会議、いわゆる全農全国会議派であった。

しかし、これら革命的な労農組合は、権力の厳しい弾圧もあって争議などにおいて十分な闘いを展開できずに組織的沈滞もきたし、ましてや全国水平社解消論がいうような身分闘争を独自に闘えるだけの課題意識や組織的力量を決して持ち合わせていなかった。それでも日本共産党は、一九三二年五月三〇日の『赤旗』第七六号に「全国水平社解消闘争委員会を組織―全協及び全農全国会議派へ―」を載せ、「いまや全国的に革命的解消闘争は拡大強化しつつある」との認識を示すばかりであった。

全国水平社解消論は全国水平社内に亀裂と対立を生みだし、水平運動は停滞するばかりか、部落民の全国水平社への期待や関心さえ低下させていった。その結果、七月三日の第二回中央委員会と一一月三〇日の第三回中央委員会は出席者が少なく、また、全国水平社総本部は機能停止の状態に陥った。全国水平社解消論は、北原が『賤民《せんみん》の後裔《こうえい》―わが屈辱と抵抗の半生―』（筑摩書房、一九七四年）で「いま顧みるときわめて教条的であり、かつ清算主義的であった」と振り返り、また、朝田も『新版 差別と闘いつづけて』（朝日新聞社、一九七九年）で「解消闘争は、その後の水平運動の組織的発展のための大きな障害となったことは否めない」と評価するようなものであった。

一九三〇年代に入って経済恐慌は深刻さを増し、全国水平社は差別糾弾と生活擁護という独自の課題について新たな展望を切り開くため、労働組合と農民組合との関係が大きな課題として浮上した。

そこで全国水平社内の共産主義勢力は、全国水平社を解消して部落民を革命的な労働組合と農民組合に組織し、その労働組合と農民組合を主体として身分闘争を展開して日本共産党が先導するプロレタリア革命に合流しようとした。まさに全国水平社解消論は全国水平社に大きな衝撃をもたらしたが、その現実的な実現性はきわめて低く、共産主義勢力を除いて広い支持を得ることが困難な左翼セクト主義の産物にほかならなかった。全国水平社解消論をめぐる議論は、水平運動から今日の部落解放運動までの部落差別のとらえ方や差別糾弾と生活擁護の独自性、そして労働組合と農民組合との連帯と共同闘争のあり方を考えるうえで、いくつかの貴重な論点を示しているといえよう。

◇参照文献

和気隆「水平社解消論」(『部落解放研究』第一六号、一九七八年一二月)

渡部徹「全国水平社解消論と部落委員会」(部落解放研究所編『水平社運動史論』解放出版社、一九八六年)

17　部落委員会活動

◉地方改善費闘争と部落民委員会活動

一九三三年三月三日に福岡市で開かれる予定の全国水平社第一一回大会をひかえて、常任中央委員の北原泰作《きたはらたいさく》は二月八日に福岡市に入り、一時的に金平《かねひら》公会堂に移転された総本部の大会準備事務所で大会の準備を進めることになった。そして二月一〇日には、福岡の井元麟之《いもとりんし》が発行編集人となった大会準備事務所の『全国大会準備闘争ニュース』が発行され、とくに「地方改善費を俺達の手に！」という課題への取り組みが重視された。二月一六日には全国水平社九州連合会委員会が開かれ、議論のうえ「改善費問題に対する闘争方針」を決定し、第一一回大会における重要課題として提案することになった。地方改善とは、政府がおこなう融和事業の一環としての部落への経済対策のことであり、これの獲得を全国水平社九州連合会は部落の生活擁護のための重要な課題と位置づけたのであった。

二月二〇日、全国水平社解消闘争中央準備委員会は「全水大会開催に関する檄《げき》」を発表し、あからさまに全国水平社の解消を掲げず、「政府の「部落経済更生運動」に全面的に対立させて部落内の政治的、経済的諸問題を取り上げ、勤労部落大衆の不平不満を組織し闘争を展開するための「部落民委員会活動」を起こさねばならないことを、大会で提唱し決定しなければならない」と提案した。これは「部落民委員会活動」という名称を使った初めてのものであり、多分に全国水平社九州連合会の地方改善費に対する闘争を意識したものであった。そして、同じ日に大会対策協議会が北原や井元らの出席によって開かれたが、ここでは全国水平社解消にむかって進むべきであるが支持を得られそうにもないので、全国水平社を発展的に解消する方向のほうが得策であり、非解消派との衝突を避けることで一致した。

そして二月二三日、全国水平社によって『全国大会準備闘争ニュース』が発行された。ここでは地方改善費闘争の重要性が強調され、それと関連して「水平社に組織されている者だけの闘争とせず、未組織の大衆をも広く引き入れた大衆闘争にするため、水平社の名前で集会を開かず、部落大会や部落総寄合などとしたほうが大衆的であり、また大衆のなかから実行委員を選んでさまざまな交渉に当たる、このやり方が「部落民委員会活動」である」と、部落民委員会活動の具体化を図った。

大会の前日の三月二日には、議長の松本治一郎《まつもとじいちろう》も参加して、中央委員会と運動方針討議委員会が合同で開かれた。ここには、中央常任委員会の「闘争方針書（草案）」と全国水平社三重県連合会の「運動方針書への意見書」が提出された。意見書は、革命の戦略規定について、全国水平社解消論が採用した「ブルジョア民主主義的任務を広汎に包容するプロレタリア革命」を、一九三二年五月に共産主義インターナショナル、いわゆるコミンテルンが作成した「日本における情勢と日本共産党の任務に関するテーゼ」(三二年テーゼ)にもとづいて「社会主義革命への強行的転化の傾向を持つブルジョア民主主義革命」に変更したものであったが、内容的には従来の全国水平社解消論とまったく同じであった。そして議論の結果、全国水平社の解消は客観的かつ主観的な情勢からみて究極的方針としては正しいことが認められたが、現段階においては「闘争方針書(草案)」が妥当であることに異議なく意見が一致し、これを大会に提案することが承認された。

しかし非合法の日本共産党は、三月五日の機関紙『赤旗《せっき》』第一二三号に「身分的反抗を階級的反抗へ—全水全国大会近づく—」を載せた。ここでは「総本部に巣食う一部ボス的ダラ幹の泉野利喜蔵《いずのりきぞう》らは全国水平社解消論に口では賛成しながら実際には闘争をサボタージュし、社会大衆党幹部とひそかに手を握って部落大衆の革命的階級的進出を妨害している」と社会民主主義者を口汚くののしり、「わが日本共産党が指導する一切の階級廃除の闘争においてのみおれたちは解放されるのだと全水の兄弟は叫んでいるので、全国水平社解消闘争を支持せよ」と強く呼びかけるなど、全国水平社の新たな状況に対応したものではなかった。

◉身分闘争としての部落民委員会活動

三月三日、福岡市で全国水平社第一一回大会が開かれた。まず、北原が説明した中央委員会の「一九三二年における闘争の報告」では、「全国水平社は全線にわたって萎縮し、全国的な組織としての統制をほとんど保てず、それどころか総本部さえ完全に確立されていないことを、事実として率直に認めなければならない。しかし、勤労部落大衆の闘争はきわめて多様な形をとってすばらしい勢いで盛り上がり、この多様な形態の闘争は労働者、農民、勤労大衆の闘争と結合して、異常な高まりをみせている階級闘争の波に合流しつつある」とまとめた。つまり、全国水平社解消論をめぐる激しい対立から、多様な闘争の盛り上がりに対応できていない全国水平社総本部としての指導性の欠如という危機的な状況が問題とされたのであった。

このような危機的状況を打開するために提案されたのが、議長の松本からの信任が篤《あつ》い常任中央委員の泉野によって説明された大会の中心議案である中央委員会の「闘争方針書（草案）」であった。ここで注目されるのは、まず「身分闘争とは、社会生活のあらゆる領域において、今日なお部落民を束縛している封建的身分関係を決定的に粉砕せんとする部落民大衆の反抗闘争である」と、身分闘争の重要性を指摘したことであった。そのうえで「ふたたび新たに身分闘争を真に六千の部落を基礎とし、広汎な部落勤労大衆を組織し直すために、大衆闘争の形態である「部落民委員会活動」の戦術が採用されねばならない」と主張し、部落民委員会活動という「大衆闘争こそ、水平社運動が過去に犯した一切の誤謬《ごびゅう》を清算して、真に身分闘争を部落勤労大衆の基礎の上に再組織し、階級闘争の一分野として発展し強化するであろう」との展望を示した。また、部落民委員会活動を「ブルジョア・地主政府の反革命対策と反動融和団体による部落経済更生運動と全面的に対立する」ものであり、「部落勤労大衆の日常要求を取り上げ、それを封建的身分制廃止！のスローガンと結びつけて闘わねばならない」ものとして位置づけ、最後に地方改善費獲得の具体的な課題も掲げられた。

この「闘争方針書（草案）」についての具体的な議論はなく、三重の岸部栄松《きしべえいまつ》の緊急動議によって新中央委員会に一任されることになり可決された。そして翌日の四日に開かれた第一回中央委員会において、「闘争方針書」は承認されることになった。このように、解消派と非解消派との妥協による全国水平社の総意として、部落勤労大衆の日常的要求を基礎とする身分闘争としての部落民委員会活動という大衆闘争の戦術形態が新たに採用されることになった。

しかし奈良の阪本清一郎《さかもとせいいちろう》は、全国水平社第一一回大会直後の自筆メモに「最近、水平社の闘争様式は主として部落民委員会なるものを強調しつつある。それは明らかに現在の水平社運動方針が、現段階における部落民大衆の要求に疎隔しているのではないか、解消論の一変形ではないかと、追及すること」と書きとめた。つまり阪本は、部落民委員会活動が部落民の要求とはかけ離れたものであり、また全国水平社解消論の変形形態ではないかとの疑いをひそかに抱いていたのである。

また、全国水平社第一一回大会直後には、全国水平社解消闘争中央準備委員会から「全国水平社解消闘争の意義と委員会の当面の任務」が発表された。ここでは、「部落民委員会活動の意義は、水平社運動の偏向をプロレタリアートの指導の下に闘争することによって徹底的に克服し、部落民解放運動におけるプロレタリアートのヘゲモニーを確立することによって、全水解消闘争を成功的に発展させるためにきわめて有効な戦術であるという点にある」との見解が示された。この見解からは、部落民委員会活動が全国水平社解消論の変形形態ではないかという阪本の疑いが、あながちまったくの間違いではなかったことがうかがえよう。

◉高松結婚差別裁判糾弾闘争への適用

五月二五日、全国水平社第二回中央委員会が開かれた。ここで「部落民委員会活動の具体的方針決定に関する件」の議論では「ブルジョア地主政府の欺瞞《ぎまん》的部落経済更生運動に全面的に対立させて、部落施設要求カンパを全国的に組織する」という大衆闘争としての部落施設要求カンパニアの闘争方針が作成されることになり、起草委員として泉野、北原、京都の朝田善之助《あさだぜんのすけ》、福岡の吉竹浩太郎《よしたけこうたろう》の四人の常任中央委員とともに、中央委員である長野の朝倉重吉《あさくらじゅうきち》と奈良の米田富《よねだとみ》、そして井元、阪本らが選ばれた。これは、かつての解消派と非解消派のバランスをとった人選であった。そして「解放令」発布記念日の八月二八日をめざして全国闘争を巻き起こして、部落出身の府県市町村議員会議と全国部落代表者会議を開き、そのために宣伝活動を強化することも決定された。

しかし七月から全国水平社は、組織をあげて高松結婚差別裁判糾弾闘争にとりくむことになった。七月九日に全国水平社総本部は「指令　部落民委員会活動を強化せよ」を発し、高松結婚差別裁判糾弾闘争を部落民委員会活動として展開する姿勢を示した。本来的に部落民委員会活動は、部落民の生活要求にかかわる地方改善費要求と関連して提起されたものであったが、同時に身分闘争としての位置づけをもっていたので糾弾闘争にも適用されることになり、全国水平社にとって最大の闘争として発展することになった。

四月に日本共産党に入党していた北原は、一〇月一八日に治安維持法違反に問われようとしたため地下活動に入り、一二月には中央融和事業協会の山本正男《やまもとまさお》宅で日本共産党の「身分闘争に関するテーゼ草案」をひそかに執筆した。ここでは「解消派の活動は、水平社の排他主義的偏向に反対し、プロレタリアートのヘゲモニーを確保するための正しい意図からなされたにもかかわらず、大衆獲得の戦術を誤ったセクト主義に陥っている」と総括し、「全国水平社の中心的闘争目標は絶対主義的天皇制支配の下にある封建的搾取に対する闘争であり、それは経済的基礎の上で極度の迫害と非人間的差別的搾取に対する闘争でなければならない」と認識しながらも、部落民委員会活動については「革命的部落委員会（農委・工委等の形態）の設立」としてふれられただけであった。すなわち日本共産党は、地方改善費闘争や差別糾弾闘争などを展開する大衆闘争としての水平運動を評価せず、部落委員会活動を部落における革命的反対派とだけ解釈し、もっぱら抽象的に天皇制との対決にむけた闘争をあおるだけであった。

◉部落委員会活動としての具体化

高松結婚差別裁判糾弾闘争が一応の終息を迎えた一九三四年一月二〇日、総本部は全国水平社第一二回大会にむけた「大会達示」第一号において、「昨年度の大会で決定された闘争方針をより具体化し、部落施設獲得闘争ならびに日常の諸要求を、部落を基礎に取り上げて闘うところの、いわゆる〝部落内活動〟の強化に重点を置かねばならない」ことを強調した。ここで言う「部落内活動」とは、部落民委員会活動そのものにほかならなかった。

そして四月一三日から一四日にかけて、京都市で全国水平社第一二回大会が開かれた。大会の中心議案は、泉野が説明した中央委員会の「一九三四年度闘争方針大綱（草案）」であった。ここでは「全国水平社解消論は誤りであった」ことがあらためて明確にされ、部落民委員会活動から名称を変えた部落委員会活動については意義が再確認されたうえで、「一九三四年度における全国水平社運動の方向は、部落内活動を強化し、全国的に応急施設費廃止反対、地方改善費増額要求闘争を捲《ま》き起《お》こすために全勢力を集中し闘い抜かねばならない」と結論づけた。

この議案に対しては福岡の田原春次《たはらはるじ》が、「闘争課題については全国水平社独自のものと、それ以外のものがあり、それを混同すると混乱を招く恐れがある。これらの闘争にあたっては、政党と協力する意思はあるのか」と質問した。田原の想定した政党とは、中間派社会民主主義の立場に立つ社会大衆党であったと思われるが、泉野は全国水平社の独自的闘争を強調して、政党との協力については否定的に回答した。このほかにも三重の新田彦蔵《にったひこぞう》や福岡の花山清《はなやまきよし》、山口の田村定一《たむらさだいち》らの意見もあったが、この全国水平社の方向を決する重要な議案は新中央委員会に一任されることになった。そして、五月

17-1 全国水平社総本部事務所を訪れた小山紋太郎（1934年７月）。左から松田喜一、小山紋太郎、酒井基夫、朝田善之助、北野実

二四日の第一回中央委員会で承認され、部落委員会活動についてのパンフレットを作成することが決定された。

七月一日には、井元が中心となり米田や朝田、泉野も加わって作成した全国水平社常任中央委員会編の『部落委員会活動に就《つ》いて―全国水平社運動を如何《いか》に展開するか―』が発行されたが、三日後の七月四日に発禁処分を受けたように、官憲にとっては決して好ましい出版物ではなかった。ここでは「部落委員会活動とは一口に言えば、社会生活のあらゆる領域にわたって今日なお被圧迫部落大衆を束縛しているところの封建的身分関係を、決定的に粉砕しようとする部落民の大衆的闘争形態のことである」と定式化したうえで、「世話役活動は部落委員会活動の基礎的活動である」ことが強調され、それは大衆的闘争形態の重要な戦術として、地方改善費闘争のみならず差別糾弾闘争にも適用されるべきであると主張した。

これを受けて静岡の小山紋太郎《こやまもんたろう》は「小山荊冠」のペンネームを使い、一一月一五日と一二月五日の全国水平社機関紙『水平新聞』第一・二号に「投稿 パンフ『部落委員会活動に就いて』を読みて」を寄せた。ここで小山は、部落委員会活動に対する誤解が流布していたことをふまえて、「高松闘争を通じて「部落委員会活動」が激化し、従来は不十分であった部落民に対する規定が明確になった。しかし、部落委員会活動は固定化した組織で闘うものではなく、大衆動員の形態であって、部落の要求を基礎にした部落委員会の機能として、それぞれの要求に順応した名称をもった委員会で闘われねばならない」ことを明確にした。つまり、『部落委員会活動に就いて』にしたがって、部落委員会活動を大衆的闘争形態の重要な戦術ととらえた弾力的な組織化によって、部落の大衆的かつ多様な要求闘争を展開する必要があることを強調したのであった。

◉「融和事業完成十箇年計画」への批判

一九三四年から一九三五年にかけて、さまざまな闘争が部落委員会活動として展開されるようになった。全国水平社の機関紙『水平新聞』を見るかぎりでは、三重や京都、大阪において部落委員会活動が積極的にとりくまれた。とりわけ一九三四年の一〇月から一一月にかけて大阪の松田喜一《まつだきいち》の指導により兵庫で闘われた赤穂松茸《あこうまつたけ》山入会権闘争は部落委員会活動の典型的な模範として大きな意義をもっていたが、全体としては盛り上がりに欠けるものであった。そこで、一九三五年四月五日の『水平新聞』第六号に載せられた「第十三回全国大会の意義と任務」では、「部落委員会活動の具体的展開によって、支部の強化のみならず地区協議会の確立、府県連合会の強化、地方協議会の結成を図り、行動の迅速と強化のために鋼鉄のごとき組織の網を張りめぐらさなければならない」ことを強調した。

一九三五年五月四日から五日にかけて大阪市で開かれた全国水平社第一三回大会では、政府に対する要求闘争として意味をもつ議案の「部落改良施設費増額要求署名運動提唱に関する件」が提案された。ここでは、「この署名運動は被圧迫部落大衆をわれわれの側に獲得するための部落内のあらゆる要求、たとえば共同浴場、共同作業場、託児所、無料診療所等の施設、道路下水、不良住宅の改修や改築の要求を取り上げて、その完全なる実現のために闘うところの、総括的闘争である。したがって、この運動はわれわれの居住活動、すなわち部落委員会活動の政府に対する総括的意思表示でなければならない」と位置づけられた。しかし、この議案は実際には具体化されることはなかった。

このように、全国水平社が部落委員会活動を有効に展開しえない状況のなかで、中央融和事業協会は、一九三五年六月二四日から二五日にかけて東京で開かれた全国融和事業協議会において、部落経済更生運動を基盤とした「融和事業の綜合《そうごう》的進展に関する要綱」とその具体的計画にあたる「融和事業完成十箇年計画」を決定した。とくに「融和事業完成十箇年計画」は、一九三六年度から一〇年間かけて融和事業を完成させようとする計画であり、その内容は産業経済、教育文化、環境整備、教育教化を中心としたものであった。しかし全国水平社は、九月五日の『水平新聞』第一一号に「融和事業完成十ケ年計画の批判」を載せ、「融和事業完成十箇年計画」が「もっとも大仕掛けな反動的かつ欺瞞的な意図によって企てられたことに注目しなければならない」と注意を呼びかけ、「差別迫害によって突き落とされた部落を改良する一切の経費を部落大衆自身の手に渡せ、全額国庫負担によって部落大衆の生活と部落の状態を完全に賠償せよ」と要求した。

ところが、一二月の中央融和事業協会機関誌『融和事業研究』第三六輯《しゅう》に載せられた「融和事業の綜合的進展に関する要綱 解説」では、「今後、水平運動の将来に大きな期待をかけることは困難であるように思われる。また、往年のような全部落大衆の解放運動として全面的に飛躍した水平運動華やかなりしころをふたたび招来することも困難だろう」と水平運動に対する悲観的な見通しが示された。この見通しに対抗するかのように、一九三七年三月三日に東京で開かれた全国水平社第一四回大会で「融和事業完成十箇年計画反対に関する件」という議案を可決したものの、その実行方法で「部落委員会活動を基礎に全国委員会を結成する事」としただけで有効な闘争を展開することはできず、これ以降に部落委員会活動という名称が使われることはなかった。

戦後の部落解放運動と部落史研究に多大な影響を与えた歴史研究者の井上清《いのうえきよし》は、名著の誉れ高い『部落の歴史と解放理論』（田畑書店、一九六九年）において、『部落委員会活動に就いて』を「部落解放運動のこれまでの文献のうちで最良の理論的文献であり、身分と階級の区別と統一、日常闘争と政治闘争の結合の説明が明快になされており、しかもすぐに役に立つ実践的な文献であると私は思う」

と高く評価した。二〇一八年の現在、生活危機と対決するために新たな発想で大衆的運動を展開する今日の部落解放運動にとって、部落委員会活動の経験がもつ意味が新たに問われているといえよう。

◇参照文献

朝治武「赤穂松茸山入会権闘争の歴史的意味―部落委員会活動との関係を通して―」（『ひょうご部落解放・人権研究所研究紀要』第一二号、二〇〇六年三月）
朝治武「夢のシンポジウム・部落委員会活動の再検討」（『佐賀部落解放研究所紀要』第二七号、二〇一〇年三月）

18　高松結婚差別裁判

◉部落民であることによる結婚誘拐罪

高松結婚差別裁判糾弾闘争、いわゆる高松闘争は、全国水平社の総力をあげた最大の闘争となり、また水平運動をもっとも象徴するばかりか、社会に多大な影響を与えた重要な出来事でもあった。ことの発端は、以下のごとくである。高松市の部落に住んで古物商を営む久本米一《ひさもとよねいち》と山本雪太郎《やまもとゆきたろう》の異父兄弟である二人は、一九三二年一二月一五日に一般女性である石原政江《いしはらまさえ》と知り合い、久本は石原と結婚の約束を交わして同棲《どうせい》するにいたったが、八日後の二三日に誘拐の容疑で高松警察署に逮捕された。この二三日に石原は、結婚相手が部落民であることを高松警察署から知らされて結婚の意思を翻し、これを知った父親の石原新太郎《いしはらしんたろう》は久本と山本を告訴した。

高松警察署は一九三三年一月二〇日に、部落出身の久本と山本が結婚のために石原を誘拐したと判断し、高松地方裁判所に送った。この日から高松地方裁判所の予審判事である山下雅邦《やましたまさくに》によって、二人は四回にわたって尋問を受けることになった。そして四月二四日、山下は、二人が「特種部落の出身」を隠して結婚しようとしたのは刑法に規定する結婚誘拐罪に当たるとの「予審終結決定」により、公判に付すことを決定した。

高松地方裁判所でおこなわれた五月二五日の公判において、高松地方裁判所検事の白水勝起《しろうずかつおき》は「そもそも結婚をするには互いに身元や身分、職業などを明かして、双方が納得して結婚するのが世間の習慣であるのに、被告の二人は特殊部落民でありながら自らの身分を隠した」との論告をおこない、結婚誘拐罪による懲役一年六カ月を求刑した。この差別発言を聞いていた部落からの傍聴者に促されて弁護士の中村皎久《なかむらきよひさ》は、「封建的差別観念は不都合であり、検事の「特殊部落」という用語ははなはだ不穏当である」と、白水に対して一時間にわたって抗議したが、白水は狼狽《ろうばい》するばかりで差別発言を容易に認めようとはしなかった。

高松地方裁判所刑事部に所属する裁判長の三浦通太《みうらつうた》は、白水の差別発言を問題にすることはなく、むしろ容認するだけであった。そして九日後の六月三日、三浦は判事の小林種吉《こばやしたねきち》らとともに、被告の二人に対して「特殊部落」という差別語こそ使わないものの、白水にしたがって部落民であることを匂わせながら結婚誘拐罪であると認定し、久本に懲役一年、山本に懲役一〇カ月という判決を下した。

刑事訴訟法では、判決から七日以内に被告から控訴することが可能であったが、被告の二人は判決に不満をもちつつも、民法に規定されたように未成年である石原の親に承諾を得なかったことに対する負い目だけでなく、裁判を続行すると費用がかさむことからも控訴しなかった。これについては、結婚誘拐罪が親告罪、すなわち被害者その他法律の定めた者の告訴によって初めて成立する罪であることを知りながら、親に告訴の取り下げの交渉を何らおこなわず、控訴しても判決がくつがえる可能性は低いであろうと判断していた弁護士である中村の態度が関係していた。

かくして六月一〇日をもって二人の結婚誘拐罪という判決は確定し、裁判費用の一切を支払うとともに懲役刑に服することになった。つまり、高松警察署から高松地方裁判所までの警察および司法の関係者は、二人が部落民であることを隠したことによる結婚誘拐罪という主張を一貫して崩さなかったのである。

◉差別裁判を取り消すための糾弾闘争

全国水平社香川県連合会馬場支部は、五月二六日に緊急役員会を開いて協議したが、「徹底的に糺弾すべき」という強硬派と「いたずらに事を大きくするべきでない」という穏健派に意見は分かれ、全国水平社香川県連合会執行委員会に一任することになった。香川県連合会では数回にわたって協議を重ねたものの、穏健派である委員長の藤原《ふじわら》喜三太《きさた》らと強硬派である馬場支部の藤本《ふじもと》源次《げんじ》らとの対立は解消されなかった。控訴期限を一〇日も過ぎた六月二〇日になって、馬場支部から全国水平社総本部に連絡が届いた。全国水平社から二四日に吉竹浩太郎《よしたけこうたろう》、二七日に北原泰作《きたはらたいさく》と井元麟之《いもとりんし》、七月一日に藤原権太郎《ふじわらごんたろう》らが現地に赴き、六月三〇日には馬場支部糾弾闘争委員会を組織した。

全国水平社では七月三日に中央常任委員会を開き、部落民委員会活動として高松闘争にとりくむことを決定した。七月五日には全国水平社香川県連合会第一回対策委員会が開かれ、また一四日にも第一回実行委員会も開かれたが、糾弾闘争をおこなうことを確認したものの、強硬派と穏健派の溝は埋まらなかった。そこで全国水平社は、藤原ら穏健派を「融和運動屋とともに運動の切り崩しと妨害を図っているダラ幹スパイだ」と厳しく批判した。七月二八日には全国水平社の指導で香川県部落代表者会議を開き、差別判決の取り消しを要求して糾弾闘争を進めることを決定した。ここには穏健派も参加したが、全国水平社の指導を離れて独自に行動するようになり、一部は日本水平社と行動を共にすることになった。

全国水平社が七月三日の中央常任委員会で高松闘争を議論した際、闘争スローガンは「階級的、ファッショ的裁判絶対反対!」に決まりかけた。しかし、オブザーバーとして参加していた松田喜一《まつだきいち》が「本質的に階級的裁判に違いない。しかし、部落大衆を糺弾闘争に決起させるためには、差別裁判を取り消せ!という部落大衆にアピールするスローガンを掲げるべきだ」と発言したため、これに一同が賛成することになったという。全国水平社は、高松闘争を部落民が身分を隠したことによる結婚誘拐罪という差別裁判の取り消しを目的とすると位置づけ、全国的闘争を呼びかけた。それを受けて各連合会では演説会などを開き、高松闘争は全国化していった。

18-1 三木静次郎

八月一三日、全国水平社は「指令」第三号で高松闘争のスローガンのひとつとして「差別裁判を取消せ！　然らず ば解放令を取消せ！」を採用し、いわゆる「解放令」が発布された八月二八日に大阪市で全国部落代表者会議を開くことに決定した。これは差別裁判が、部落差別の根拠のひとつとなっている法的な身分の廃止を宣言した「解放令」さえも反故《ほご》にしていることを明確にするためであった。しかし、「解放令」を高松闘争に持ち出すことは天皇制を容認することではないかという懸念《けねん》も全国水平社内にあったが、岡山の三木静次郎《みきしずじろう》から高松闘争自体が問題を解決するから決して天皇制の容認に当たらないとの助言があり、このスローガンが採用されたという。

そして九月三日に全国水平社は「達示」第二号で、「「特殊部落」という名称は、差別され迫害されることが当然であるかのように合理化するため、支配階級が勝手に付けた呼称である。圧迫を被ってきた部落だから、今後はわれわれ自身を「被圧迫部落」と呼称することを全国の兄弟に提唱する」と呼びかけた。この「被圧迫部落」は部落民自身が自称するために創造した初めての呼称であり、これが差別的な「特殊部落」という呼称も問題のひとつとした高松闘争のなかから生み出されたことは重要であろう。

◉融和団体と司法関係者の対応

高松結婚差別裁判については、一九二七年一〇月一日に設立された融和団体の讃岐昭和会《さぬきしょうわかい》も対応した。日ごろから讃岐昭和会は、部落差別の撤廃と融和の実現を主張しつつも、「普通民が特殊部落民と結婚するということが問題だ」と、部落民と一般民衆との結婚に否定的であった。この讃岐昭和会の幹事を務めていたのが弁護士の中村であり、中村は法廷で検事の白水が連発した「特殊部落」については抗議しつつも、部落民を隠したことによる結婚誘拐罪については明確に否定してくつがえすだけの確信をもっていなかった可能性が高い。したがって中村は、被告の二人に対して積極的に控訴を勧めず、七月八日に全国水平社が裁判について問い合わせても、「弁護士の職務権限以外のことだ」として拒絶するだけであった。

また、全国水平社香川県連合会が裁判における検事や裁判長、判事らの姿勢を糾弾しようとしたが、讃岐昭和会の藤原浄休《ふじわらじょうきゅう》らは「相手が相手だから謝罪させるわけにはいかない。あまり騒ぐと弾圧されるぞ。われわれにおとなしく任せれば、県内三カ所ほどで差別撤廃講演会を開いてやる」と調停をもちかけた。この調停の背景には、香川県連合会の穏健派と讃岐昭和会との密接な協調的関係があった。また、全国水平社が当初に指導のために香川へ乗り込んでくると、高松警察署は「これらの行動はいたずらに人心を攪乱《かくらん》し、事態を悪化させる」として県外退去を命じ、瀬戸際で高松闘争の鎮静化を図ろうとした。

全国水平社の指導によって高松闘争が全国的に盛り上がってくると、部落差別撤廃を掲げる融和団体も静観していられなくなってきた。中央融和事業協会は九月一日の機関紙『融和時報』第八二号の「今尚《いまなお》反省懺悔《ざんげ》の秋《とき》—香川県下に於《お》ける差別事件を顧て—」という主張で、「もっとも神聖な法廷で差別問題を起こしたことは、まことに痛嘆に堪えない」と述べた。しかし、ここでは高松結婚差別裁判の具体的内容や対策にはまったくふれず、ただ高松闘争の盛り上がりに押されて関係者の反省や懺悔を述べるだけであった。

地方融和団体でも、高松結婚差別裁判にふれるところが現れた。たとえば広島県共鳴会《きょうめいかい》では、八月二八日の第二回総会で高松結婚差別裁判が緊急動議として提案され、付託を受けた委員会の協議によって、「高松地方裁判所の事件は実に遺憾だ。この際、事件の真相を明らかにし、適切な対策を立てて善処を望む」という電報を司法・内務両大臣や中央融和事業協会、高松地方裁判所に送ることになった。

そこで九月一九日、中央融和事業協会の会長である平沼騏一郎《ひらぬまきいちろう》は、「裁判において特殊部落という身分を表示したことは融和事業に悪影響を及ぼし、融和事業関係地区住民も大いに憤慨している。したがって、適切な措置を講じていただきたい」という陳情書を司法大臣の小山松吉《こやままつきち》に送った。これを受けて、司法省は九月二五日に司法事務次官の名で、「裁判において、たまたま差別的な用語の表示があったことによって、検察や裁判所の職員が差別的偏見をもっているかのような物議を醸し出し、また順調に発達してきた融和事業に悪影響を及ぼしたのは、司法の威信のためにも遺憾である。今後の審理のためにも、職員が誤解や非議を受けないよう配慮すべきである」との通達を、大審院長をはじめ検事総長、控訴院長、検事長、地方裁判所長、検事正ら指導的な司法関係者に送った。これらの中央融和事業協会と司法省の対応を、直後に全国水平社は「中央融和事業協会に与う」で「さながら融和団体などによってすべてが解決したかのようにふれまわることによって、どこまでも部落大衆を欺き、ごまかそうとするものだ」と厳しく批判した。また、高知県公道会の北代実《きただいみのる》でさえも一〇月一日の『融和時報』第八三号に寄せた「講習所感」で、前号の「今尚反省懺悔の秋」に対して「傍観者的態度は許されず、高松結婚差別裁判の問題に対策を示すべきである」と疑問を呈するほどであった。

◉非常上告の要求と司法関係者の追及

全国水平社は高松結婚差別裁判の部落差別という側面に対しては糾弾闘争で闘ったが、有罪が確定したという裁判の側面に対しては法的に闘いを進める必要があった。全国水平社中央委員会議長の松本治一郎《まつもとじいちろう》らは七月一一日に自由法曹団、翌日に労農弁護士団を訪ね、協力を取りつけた。一二日には三人の弁護士とともに司法大臣の小山松吉を訪ねて抗議し、調査を約束させた。

高松結婚差別裁判における法律上の最大の問題は、被告が控訴せずに確定してしまった結婚誘拐罪という判決をいかに取り消し、無罪を獲得するかであった。刑事訴訟法では、無罪を獲得するには二つの方法があった。ひとつは、確定判決の事実認定に誤りがあるとして、有罪となった二人が原判決を下した裁判所に再審を要求して無罪を獲得することであった。もうひとつは、確定判決に法令違反があるとして、検事総長に非常上告を要求して大審院に違反部分を破毀《はき》させることであった。確定判決の事実については二人も認め、二人は刑に服していて調整がむずかしいため、再審という方法は困難であった。そこで全国水平社が選んだ方法は、確定判決の法令違反を問題とする非常上告を検事総長に要求することであった。

労農弁護士団の布施辰治《ふせたつじ》は、マルクス主義法学者として著名な平野義太郎《ひらのよしたろう》の協力を得て八月中旬に「非常上告に関する上申書」を書き、これは検事総長の林頼三郎《はやしらいざぶろう》に提出された。長文の上申書は、有罪となった二人に刑法の定める結婚誘拐罪を適用するには無理があり、また、判決は封建的身分を廃止した「解放令」に違反しているという法的論理にもとづくものであった。あわせて大阪控訴院長の谷田三郎《たにださぶろう》には、高松地方裁判所の四人の判事に関する「判事懲戒裁判開始決定申告書」、高松地方裁判所の増田疇彦《ますだうねひこ》には、検事の白水に関する「高等文官たる検事懲戒裁判告発要求書」と牢獄につながれている二人に関する「結婚誘拐冤罪犠牲者即時釈放の要求」が提出された。

これらの要求へ世論を盛り上げるため、全国水平社は全国的に署名活動を展開し、さらに米田富《よねだとみ》を団長とする請願隊を組織して、一〇月一日から一九日まで博多から東京に向けて列車で行進をおこなった。この請願隊による行進のような大衆的な高松闘争については、非合法の日本共産党も一〇月

18-2 奈良での差別裁判取消請願隊。前列中央に阪本清一郎、後列左から２人目が米田富

一〇日の機関紙『赤旗《せっき》』第一六一号で報じ、無産政党や労働組合、農民組合、消費組合など、多くの無産団体も積極的に支援した。

一〇月二〇日と一一月八日、全国水平社は司法大臣の小山松吉と会見をおこなった。全国水平社は四万筆に及ぶ署名を差し出し、調査結果の回答を求めた。しかし小山は「公訴事実や予審決定書に差別用語があったことは、遺憾に思う。しかし、判決文のなかには差別用語はないので、差別的な態度で判決を下したということはない」と述べ、全国水平社の主張を聞き流すだけで、誠実に対応しようとはしなかった。

一一月八日、全国水平社は検事総長の林頼三郎とも会見をおこない、非常上告を要求した。しかし林は「今回、問題となっている判決や一切の書類を取り寄せて主任検事が調べたところ、判決中の個所に法令違反の点はない。またほかからも多くの書面が届いているが、どれも法令違反があるとは言っていない。したがって、非常上告はできない」と回答し、いくら全国水平社が追及しても姿勢を変えようとしなかった。

また全国水平社は、一〇月二一日から二七日にかけて、内務省の警保局長や社会局長官、社会部長、福利課長、それに大蔵次官ら政府関係者とあいついで会見し、高松結婚差別裁判や地方改善費について要求をおこなった。しかし、政府関係者は既定の行政的な見解を繰り返すだけで、まともに全国水平社の要求に応えようとはしなかった。

◉香川での水平社の壊滅と闘争の総括

一一月一二日になって山本は一四日の刑期を残して、一二月七日には久本も四七日の刑期を残して、それぞれ仮釈放された。また、一二月二六日に検事の白水は京都の福知山区裁判所に転任となった。これらの司法省による一連の措置は、明らかに全国水平社による高松闘争の終息を図ろうとしたものであった。

香川では、高松闘争における地元の中心地であった馬場部落で一一月二五日に報告演説会が開かれ、ここでは仮釈放された山本もあいさつをおこなった。しかし、ここで警察官が負傷するという事件が起こり、二八日に高松警察署は大々的な検挙をおこなうことによって高松闘争に弾圧を加えた。これに衝撃を受けた全国水平社馬場支部は「全国水平社の指導方針は過激で融和は困難であるから、これからは天皇の良民となる」という声明書を一二月六日に発表し、全国水平社と絶縁することになった。そして一〇日には融和団体の黎明会《れいめいかい》を設立したが、これらの動きは高松警察署や讃岐昭和会、日本水平社の南梅吉《みなみうめきち》らの働きかけによるものであったという。

一九三四年一月一五日には香川県警察本部は「差別事件取締に関する件」を発し、「水平社の不当な糺弾を厳重に取り締まる」という強い姿勢を示した。これが影響してか、香川県内の水平社支部は半年ほどで全国水平社を脱退し、融和団体の設立に向かっていった。このような事態に対して全国水平社は「香川を守れ、馬場の兄弟を救え」と題するビラを配り、泉野利喜蔵《いずのりきぞう》を派遣して調査もおこなったが、何ら実効ある措置をとることはできなかった。高松闘争が現地の香川にもたらしたのは、結果的には水平社の壊滅と水平運動の終息であった。

全国水平社は、一九三三年一一月二〇日に差別判決の取り消しと部落改善費を要求して、納税や兵役、就学など三大義務の拒否を基本とする「要求貫徹闘争方針書―第二段の闘争戦術―」を提起したが、闘いは思うようには進まなかった。また、一九三四年四月一三日から一四日にかけて京都市で開かれた全国水平社第一二回大会で白水に対する自決要求が採択され、二一日に福知山区裁判所に転任となった白水に会って自決を要求したが容《い》れられず、これをもって全国水平社の高松闘争は実質的には終息してしまった。

一九三五年五月四日から五日にかけて大阪市で開かれた全国水平社第一三回大会で、高松闘争の総括が議論となった。総本部の一員として高松闘争を指導した井元は、部落改善費闘争への発展を意識して、「高松闘争をキッカケとして部落施設要求の闘争が急速に成長しているので、政治的意義を勝利的に理解できる」と高く評価した。しかし請願隊の団長を務めた米田は、差別判決の取り消しが実現しなかったことを重視して、「支配階級の緩和的態度を引き出した政治的意味は認めるが、高所からみれば成功であったとは言えない」と述べ、高松闘争が失敗に終わったと厳しい判断を下した。

仮釈放ののちに二人は高松市内で暮らして仕事に精を出しつつも、高松結婚差別裁判については何も話すことはなかったことをふまえると、亡くなるまで無念の想いであったことは想像にかたくない。高松結婚差別裁判の重大さに比して、裁判所や政府に非を認めさせて差別判決を取り消すことは、いくら全国水平社が総力をあげて全国闘争を展開したとしても、侵略戦争へと突き進むファシズム支配が強化されている当時のもとでは、実に容易ではなかった。高松結婚差別裁判と高松闘争を歴史的に検証することは、犠牲者となった二人の、部落民であることによる結婚誘拐罪という汚名を返上する名誉回復につながり、また、緊迫した重要な再審段階を迎えている狭山差別裁判で無罪を導くためにも、重要な論点と示唆を浮上させることになっていると確信している。

◇参照文献
灘本昌久「高松差別裁判糾弾闘争」(『部落解放』第一九八号、一九八三年六月)
朝治武「高松結婚差別裁判の真相」(香川人権研究所編刊『高松結婚差別裁判の真相』、二〇〇四年)

19　反戦反ファシズム

◉圧殺された帝国主義戦争反対の方針

一九三一年九月一八日、帝国日本によって中国東北部で引き起こされた「満州事変《まんしゅう》」と呼ばれた中国への本格的な侵略戦争の開始は、日本の政治や社会を戦争とファシズムへと急速に転換させる役割を果たすものであった。日本は一九三二年三月一日には中国東北部に傀儡《かいらい》国家である「満州国」を発足させたが、国際連盟の厳しい非難にあい、一九三三年三月二七日には国際連盟を脱退して、国際的に孤立することになった。そして日本は、中国侵略のため中国各地に軍事行動を拡大させていったが、中国国民党と中国共産党による抗日闘争をはじめとして中国民衆の激しい抵抗を受けることになった。しかし日本においては、政府や軍部と一体となったマスコミが対外危機を煽《あお》るようになると、民衆のあいだに戦争熱と排外主義が蔓延《まんえん》することになった。

このような状況のもとで、日本労働総同盟は「満州事変」を支持し、日本労働総同盟と連携する右翼社会民主主義の社会民衆党は軍部と結びつき、「日本国民大衆の生存権確保」と「満蒙《まんもう》の社会主義的国家管理」の名において「満州事変」への積極的な支持を表明することになった。社会民主主義の中間派と左翼を糾合した全国労農大衆党は、全体としては「満蒙軍事干渉反対」や「帝国主義戦争絶対反対」などのスローガンを掲げて「満州事変」に反対したが、一部の者によって「満州事変」が支持されたため、わずかに反戦を掲げた演説会を開くにとどまった。非合法の日本共産党と、その影響下にあった日本労働組合全国協議会や反帝国主義民族独立支持同盟日本支部などは戦争反対を訴えたが、官憲の激しい弾圧もあって反戦闘争は広がりを見せなかった。

「満州事変」から約三カ月後の一二月一〇日、奈良県で全国水平社第一〇回大会が開かれた。ここに中央常任委員会から「帝国主義戦争反対の件」が提案されたが、官憲によって議案そのものが握りつぶされ、岡山の野崎清二《のざきせいじ》が議案について述べようとしても中止を命じられるだけであった。この「帝国主義戦争反対の件」の主文は「本大会は、ブルジョアジーの利益擁護と、植民地再分割のための、また労働者農民の祖国ソヴェート同盟に対する反革命のための、帝国主義戦争に絶対反対する」というものであり、実行方法は「一、青年団、青年訓練所、在郷軍人会、消防組、処女会等の一切の官製団体からの同盟脱退、反帝同盟への積極的参加／一、満州駐屯軍慰問金品の強制的寄附反対！／一、演説会、座談会、研究会、印刷物の配布等によって反戦のアヂ、プロをすること」を提案したものであった。また、「運動方針書に関する件」や可決された宣言でも、「満州事変」や帝国主義戦争反対に関する部分は官憲の検閲によって削除された。

一九三三年三月三日に福岡市で開かれた全国水平社第一一回大会では、報告において「日本帝国主義は底知れず深まり行く恐慌からの活路を見出《みいだ》さんとして中国における領土拡張戦×《(争)》を開始した。帝国主義日本の此《こ》の軍事行動は新な世界戦×《(争)》をすぐ目の前へ接近させたのである」と述べ、「満州事変」を契機とした世界戦争への危機感を表明した。しかし、全国水平社第一〇回大会とほぼ同様の内容の、中央常任委員会から提案された「帝国主義戦争反対の件」は議案そのものが官憲によって握りつぶされ、可決された宣言でも「植民地再分割のための、同時にサヴェート同盟及び中国サヴェート破壊のための、帝国主義世界殺戮《さつりく》戦争の決定的切迫」の表現だけでなく、「戦争」「植民地的」という言葉さえもが官憲によって削除される始末であった。そして、一九三四年四月一三日から一四日にかけて京都市で開かれた全国水平社第一二回大会では、官憲の激烈な弾圧によって戦争反対に関する議案は提案さえできない状況になった。

◉社会ファシズムへの警戒

全国水平社が最初にファシズムに注目したのは、一九三二年三月三日の『水平新聞』第一〇号に載せられた「暴露資料 社会ファッシズム―反動融和団体を叩《たた》き潰《つぶ》せ（第二回全国融和団体大会批判）―」であった。ここでは「特殊部落民の懐柔政策として、また部落民勢力のファッシズム（反動）化政策として彼らがなしつつあるのは融和運動である」と述べ、まずは融和運動が社会ファシズムと同列であるとして警戒感を強めた。

全国水平社第一〇回大会では、中央常任委員会を代表して大阪の泉野利喜蔵《いずのりきぞう》から「最近、満蒙問題を契機として社会ファシズムの具体的台頭に向かって本大会は反対闘争を遂行することを決定す」という主文の「反社会ファッシズム闘争に関する件」が提案された。ここに社会ファシズムの具体的な規定はないが、泉野が警戒したのは明らかに、社会民衆党や日本労働総同盟、全国農民組合ら右翼社会民主主義勢力であった。また、中央常任委員会から提案された「運動方針書に関する件」も泉野によって説明されたが、福岡の田原春次《たはらはるじ》は「社会ファシズムを問題にしているが、ファシズムは問題にしないのか」と尋ねた。しかし、泉野が「書き落としたので、付け加えることに異存はない」と答えたように、ファシズムそのものに対する警戒心は強くはなかった。

「運動方針書に関する件」に対抗して、共産主義の立場である福岡の井元麟之《いもとりんし》から「全国水平社解消の提議」が提案された。ここではファシズムにもふれられたが、より社会ファシズムとの闘いに重点が置かれた。しかし、本来的に社会ファシズムとは、融和団体や泉野が警戒した社会民衆党などの右翼社会民主主義だけでなく、泉野らが連帯の対象とする全国労農大衆党などの左翼社会民主主義まで含むものであった。全国水平社解消論の議論では、左翼社会民主主義の立場に立つ長野の朝倉重《あさくらじゅう》吉《きち》の「現在、ファシズムの波が高まっているときに全水を解消することは、部落民を反動へ追いやることだ」との発言は、ファシズム支配との対決という点では異彩を放っていた。

19-1 上田音市

一九三二年三月二三日の全国水平社第一回中央委員会では、「全国農民組合総本部の社会ファッシスト的分裂策動に対する抗議」が可決された。全国農民組合には三重の上田《うえだ》音市《おといち》や岡山の野崎ら全国水平社の主要活動家も参加していたが、これらの人びとが除名されたことを契機に、全国水平社は全国農民組合総本部を社会ファシズムと規定して抗議することにしたのである。すなわち基本的に、中央委員会議長の松本《まつもと》治《じ》一郎《いちろう》をはじめとした左翼社会民主主義勢力と全国水平社解消論を主張する共産主義勢力で構成されていた全国水平社中央委員会は、右翼社会民主主義に対して社会ファシズムとして反対することでは一致して共同歩調をとることが可能であったといえよう。

　全国水平社内の左翼社会民主主義勢力による社会ファシズム批判は一定の妥当性をもっていたが、右翼社会民主主義勢力をファシズム支配の側に追いやる役割を果たす傾向をもっていた。また、全国水平社内の共産主義勢力による、右翼と左翼を問わずに社会民主主義勢力を社会ファシズムと批判する社会ファシズム論は、共産主義インターナショナル、いわゆるコミンテルンと日本共産党の社会民主主義主要打撃論に影響を受けたものであり、社会民主主義勢力との対立を深めて、反ファシズム統一戦線の可能性を破壊するものにほかならなかった。

◉反ファシズムと人民的融和

一九三二年に入って、軍部と結びついた急進的な国家主義勢力によるテロ行為が多発し、五月一五日には、海軍青年将校によって総理大臣である政友会《せいゆうかい》の犬養毅《いぬかいつよし》が暗殺されるという衝撃的な事件が起こった。この五・一五事件を契機として、「挙国一致」を掲げた海軍大将の斎藤実《さいとうまこと》を首班とする内閣が五月二六日に成立した。これは八年間にわたって続いた政党内閣の崩壊を意味し、また、軍部との妥協を重ねることによって日本の政治と社会の軍国主義化とファシズム化を急速に進行させていくことになった。

一九三三年三月三日に福岡市で開かれた全国水平社第一一回大会では、中央常任委員会から提出された「ファシズム、社会ファシズム反対闘争の件」が京都の小林清一《こばやしせいいち》によって説明された。提案理由からはファシズム批判の部分が官憲によって削除されたものの可決されたが、何よりも社会ファシズム批判よりファシズム批判に重点が置かれたことに全国水平社の認識の変化をみてとることができる。この延長線上に全国水平社は、高松結婚差別裁判糾弾闘争の最中の一九三三年八月二九日に「ドイツ・ファシスト政府に対する抗議」を発し、ユダヤ民族を迫害したアドルフ・ヒトラー率いるナチス・ドイツを厳しく批判した。この抗議の背景には、前日に開かれた差別裁判糾弾闘争全国部落代表者会議の「宣言」での、「ナチスの独裁下にあるファッショのドイツにおいて、言語に絶する野蛮なユダヤ人狩りが白昼公然とおこなわれているという事実は、やがてファッショの日本においてもまた、このような残虐な迫害がわれわれを襲う日がくるかもしれないことを、強く感じざるをえない」という認識があった。

一九三四年四月一三日から一四日にかけて京都市で開かれた全国水平社第一二回大会では、中央委員会によって提出された「農民戦線統一運動支持に関する件」が可決された。全国農民組合は一九三一年八月一五日から全農改革労農政党支持強制反対全国会議、いわゆる全農全国会議派と分裂していたが、一九三四年三月ごろから全農全国会議派に属する各府県連合会があいついで全国農民組合に復帰しつつあったことを歓迎したものであった。ファシズムが進行していくなかで、農民運動の戦線統一を重視した全国水平社は社会ファシズム批判を完全に放棄したのであった。

一九三四年一一月二三日の『万朝報《よろずちょうほう》』に、予備役陸軍中将の佐藤清勝《さとうきよかつ》の「貴人《きじん》と穢多《えた》」と題する差別記事が載せられた。佐藤はファッショ的な国家主義団体である明倫会《めいりんかい》の最高幹部でもあったので、全国水平社はこの差別記事に対する糾弾を軍隊に対する差別糾弾闘争として展開するとともに、名称を使わないものの、実質的には反ファシズム闘争として位置づけたのであった。

一九三五年五月四日から五日にかけて大阪市で全国水平社第一三回大会が開かれ、中央委員会が提出した「差別糺弾方針確立に関する件」が上田によって説明された。ここでは、「差別糺弾闘争の意義は、その糺弾闘争を通じて被圧迫部落大衆の生活を擁護かつ伸張させ、これを人民的融和の重要なるモメントとし、かくして被圧迫部落大衆の解放条件とするところにある」と説明された。この「人民的融和」こそは、労働者や農民など勤労諸階層との結合による反ファシズム闘争の展開を強く意識した戦術的用語であった。しかし、反面では、水平運動の基本的闘争形態のひとつである差別糾弾闘争そのものの意義と役割を実質的には低下させる結果を招くことになっていった。

◉平野小剣と西光万吉の国家主義

「満州事変」を契機に、ファシズムの進行と軌を一にした国家主義運動が活発化していった。この国家主義運動の流れに身を投じたのが、全国水平社創立を担い水平運動において一定の影響力をもっていた東京の平野《ひらの》小剣《しょうけん》と奈良の西光万吉《さいこうまんきち》であった。

一九二七年に水平運動から距離を置くようになった平野は、一九二八年八月一日に国家主義団体の内外更始倶楽部《ないがいこうしくらぶ》を結成した。内外更始倶楽部は綱領で「被圧迫者ノ社会的、政治的、経済的ノ解放」を掲げていたものの、同時に「皇道ニヨル新日本ノ建設ヲ期ス」という日本主義と「覇道《はどう》文化ヲ克服シ全アジア民族ノ解放」というアジア主義も掲げ、「満州事変」への支持を契機に、軍部と結びつきながら下からのファシズム化を進めていった。

平野は、五・一五事件によって成立した斎藤実の挙国一致内閣を支持し、一九三二年一二月一三日に七〇あまりの国家主義団体によって結成された国体擁護連合会の幹部となった。また、一九三四年から一九三五年にかけて美濃部達吉《みのべたつきち》に関する天皇機関説事件が起こったが、平野は一九三五年三月八日に結成された機関説撲滅同盟の中心人物となり、頭山満《とうやまみつる》や西田税《にしだみつぎ》、蓑田胸喜《みのだむねき》らとともに自由主義を激しく攻撃する国体明徴運動を展開した。

平野に強い影響を受けた関東水平社や全関東水平社甦生《こうせい》連盟は、全国水平社の戦列から離れ、独自の国家主義的な水平運動を展開して、群馬を中心に一定の影響力をもっていた。とくに関東水平社の宮本熊吉《みやもとくまきち》は、国家主義政党である愛国勤労党と結びつき、一九三三年七月四日には「皇国非常時打開祈願」の幟《のぼり》を掲げて明治神宮と靖国《やすくに》神社に参拝し、八月一九日には五・一五事件の被告に対する減刑運動を起こし、陸軍省や海軍省、司法省に陳情するほどであった。しかし、全国水平社と傘下の関東連合会は、このような国家主義的な動きを無視するばかりであった。

治安維持法違反で刑に服していた西光は、獄中で転向上申書を提出し、一九三三年二月一日に仮釈放された。そして西光と、全国水平社とは一定の距離を置いていた阪本清一郎《さかもとせいいちろう》、米田富《よねだとみ》は一九三四年三月一〇日に、石川準十郎《いしかわじゅんじゅうろう》らが結成した大日本国家社会党に入党し、国家社会主義運動に転身した。大日本国家社会党は党是として、「光輝ある建国の本義に基き、君民一如搾取なき新日本の建設を期す」を掲げていた。

一九三四年九月一〇日、西光と阪本、米田の三人は『街頭新聞』を創刊し、天皇を中心とした日本主義的な国家社会主義の宣伝に努めるようになった。とくに西光らは、一九三四年一〇月に陸軍省新聞班が発表した「たたかいは創造の父、文化の母である」との有名な書き出しで始まる『国防の本義と其強化の提唱』を支持した。また西光らは、軍部に期待を寄せるだけでなく、国家主義団体が中心となって展開された天皇機関説排撃運動にも参加し、政友会や民政党《みんせいとう》などの既成政党を激しく攻撃するなど、軍部を中心とした政権に道を開こうとする下からのファシズム運動を進めていった。

全国水平社は当初は西光らの動向を無視していたが、一九三五年九月五日の機関紙『水平新聞』第一一号の「二大闘争からの教訓と経験」で、「大衆は無意識のうちにも彼らはもはやわれわれの味方ではないことを感知している」と西光らを冷笑した。そして一九三六年一月一日に大日本国家社会党党員が差別事件を起こすと、全国水平社は三月五日の『水平新聞』第一七号の「大日本国家社会党員が泥酔して差別した」として西光らに対する対決姿勢を鮮明にし、さらには「ファッショ西光を葬れ」との批判を浴びせることになった。このように、奈良の水平運動に一定の影響力をもっていた西光らのファシズム的な動きは、全国水平社にとって許すことができないものであった。

◉全国水平社の反ファシズム闘争

一九三六年二月二六日、陸軍の皇道《こうどう》派青年将校が「昭和維新」をめざして岡田啓介《おかだけいすけ》首相の官邸などを襲撃する大規模のクーデターを決行した。クーデターは失敗したが、この二・二六事件の衝撃は大きく、軍部を中心としたファシズムの強化へと導くことになった。また、反ファシズム統一戦線を呼びかけた前年の夏に開かれたコミンテルン第七回大会に参加した野坂参三《のさかさんぞう》と山本懸蔵《やまもとけんぞう》は、この二月に「日本の共産主義者への手紙」で人民戦線戦術を提唱し、二・二六事件に対する危機感から反ファシズム闘争の機運を盛り上げることになった。

全国水平社は、一九三六年三月五日の『水平新聞』第一七号に「二・二六［帝都叛乱《はんらん》］事件の展望」を載せ、「強固な中央集権的戦線統一によって、歴史の逆行者たるファッショを粉砕することができる」との決意を示した。また、三月二一日の全国水平社第四回中央委員会では「二・二六事件を画期線として政権のファッショ化が着々と促進されつつある」との認識が示され、「ファッショ反対」や「階級的人民融和の確立」が提起された。

全国水平社中央委員長の松本治一郎は、二月二〇日の衆議院議員選挙に無所属で立候補し、「ファッショ反対」や勤労大衆の生活擁護を掲げて当選した。松本が目標としたのは、社会民衆党と全国労農大衆党が合同して成立した中間派社会民主主義の社会大衆党と左翼社会民主主義の労農無産協議会を合同させ、反ファシズム統一戦線を結成させることであった。そのため松本は、四月二六日に社会大衆党から浅沼稲次郎《あさぬまいねじろう》、麻生久《あそうひさし》、安部磯雄《あべいそお》、片山哲《かたやまてつ》、杉山元治郎《すぎやまもとじろう》、水谷長三郎《みずたにちょうざぶろう》、三輪寿壮《みわじゅそう》ら、労農無産協議会から加藤勘十《かとうかんじゅう》、全国農民組合から黒田寿男《くろだひさお》を招き、無産議員招待会を開いた。このようなかで、内部に亀裂を抱える社会大衆党を軸とした無産政治戦線統一の機運が高まり、各府県で結成された無産団体協議会に全国水平社の各府県連合会も参加した。しかし、松本らの調停や斡旋《あっせん》の努力にもかかわらず、中央段階での社会大衆党と労農無産協議会との合同は実現しなかった。

それでも全国水平社は、一一月三日に第六回中央委員会を開き、「現下におけるファッショ進展の情勢にあたり、人民大衆の生活権と政治的自由のため、反ファッショ闘争を強力に敢行すべく、わが全国水平社は各無産者団体と相協力し、無産政治戦線統一の急速なる実現に強大の努力を致さんことを期す」という「戦線統一に関する決議」を可決した。また松本も、一九三七年二月一日の『水平新聞』第二三号に「敢然《かんぜん》身命を賭《と》して戦はん」を載せ、「不肖《ふしょう》松本は、議会解散と否とにかかわらず、ただただ一意専心、勤労大衆の生活擁護と民権伸張のために、ファッショ反対の旗幟《きし》を高く翳《かざ》し、所信に向かって邁進《まいしん》するのみであります」との強い決意を示した。

一九三七年三月三日、東京で全国水平社第一四回大会が開かれた。可決された宣言では、多くを割いたファシズム批判の部分が官憲によって削除させられたが、辛うじて「反ファッショ戦線の統一」のスローガンは残った。また「綱領」は「我等は、集団的闘争を以《もっ》て政治的、経済的、文化的全領域に於《お》ける人民的権利と自由を擁護伸張し、被圧迫部落大衆の絶対解放を期す」と改正され、全国水平社が展開していた反ファシズム闘争にふさわしい内容となった。

このように全国水平社と松本は反ファシズムの旗を掲げていたが、三月二五日に書記長の井元麟之と常任書記の酒井基夫《さかいもとお》が治安維持法によって逮捕され、全国水平社は危機に陥った。それを打開するため、七月四日に中央委員らが松本宅で懇談会を開いたが、ここで泉野は人民戦線運動が「全水の運動の将来に大きな暗影を投ずることになった」と発言し、これ以降、全国水平社としての反ファシズム闘争は急速に終息していった。とはいえ、権力の激しい弾圧のもとで反戦反ファシズムを掲げた全国水平社の姿勢は、今日の錯綜《さくそう》した東アジア情勢を背景とした、戦争が可能な国家改造と排外主義的なナショナリズムの蔓延という日本のファッショ的な政治的・社会的状況のなかで、継承すべき貴重な遺産として顧みられるべきであろう。

◇参照文献

藤野豊「水平運動における反ファシズムの論理」（藤野豊『水平運動の社会思想史的研究』雄山閣出版、一九八九年）
朝治武「水平運動における戦時的転換の歴史的意味」（朝治武『アジア・太平洋戦争と全国水平社』解放出版社、二〇〇八年）

20　封建的身分制

◉階級政策の犠牲者

周知のように、社会主義者の佐野学《さのまなぶ》は一九二一年七月の『解放』第三巻第七号に「特殊部落民解放論」という記念碑的な論文を発表した。この論文の「解放の原則」は全国水平社創立に大きな影響を与えたが、佐野は部落差別の歴史についても重要な言及をおこなった。すなわち佐野は、部落民に対する賤視《せんし》を「何ら存在理由なき空虚な歴史的伝統にすぎない」としながらも、「発生的見地からすると、古代の被征服民族である奴隷群が部落民の本源」であるとした。そして、部落民の社会的地位を確定したのは「徳川時代の階級政策」であり、一八七一年八月二八日の、いわゆる「解放令」のあとには「徳川時代的要素」を濃厚に残しながら、資本主義社会のなかで労働者や農民とともに被搾取者になったととらえた。

一九二二年三月三日の全国水平社創立大会で採択された宣言に「陋劣《ろうれつ》なる階級政策の犠牲者」という表現が登場するが、ここでの「階級政策」とは、広い意味においては古代から現代までの階級関係を指し、狭い意味においては佐野が述べた「徳川時代の階級政策」と「徳川時代的要素」という身分関係を指していた。佐野に大きな影響を受けた弱冠一九歳の共産主義者である高橋貞樹《たかはしさだき》は、一九二四年五月に『特殊部落一千年史』を著し、ここで部落民は「徳川幕府の階級政策の犠牲」となったことを強調した。しかし当時、「徳川時代の階級政策」や「徳川時代的要素」「徳川幕府の階級政策」に対して今日で言う封建的身分制という表現は使われなかったが、わずかに高橋が徳川時代を「陰惨な封建時代」とも呼んだように、これらの表現は実質的には封建的身分制を意味していたと思われる。

ただ、初期水平運動が部落差別を封建的身分制としてもとらえていたとはいえ、そこに身分制の頂点に位置する天皇に対する批判的な見解が必ずしも全体として共通していたわけではない。一九二三年九月一日に関東大震災が起こったが、これに乗じて西光万吉《さいこうまんきち》や阪本清一郎《さかもとせいいちろう》らは天皇を東京から京都へ移そうとする、いわゆる「錦旗《きんき》革命」を実行しようと計画した。また、多くの徹底的糾弾に際して差別した者に謝罪を要求するのに持ちだされたのは、天皇の聖旨として発布された、いわゆる「解放令」に背いているという論理であった。つまり初期水平運動は、封建的身分制に対して直感的に批判的な意見をもっていたが、一君万民論にもとづく天皇への期待は大きかったのである。

全国水平社の闘いと影響力に衝撃を受けた政友会《せいゆうかい》の衆議院議員である横田千之助《よこたせんのすけ》らは、一九二三年三月二三日に「因襲打破に関する建議案」を帝国議会に提出した。この建議案は、帝国議会に部落差別の撤廃という課題を提起したことに大きな意味をもっていたが、とくに士族と平民の区別という因襲が部落差別を残存させている原因ととらえ、この士族という「族称」としての「身分の称号」は「まったくの時代錯誤」であるとして廃止を主張した。「華族」は問題にしないのかとの質問もあったが、華族を規定する華族令と大日本帝国憲法の問題へと波及する恐れがあったので、横田は華族の問題は除外すると答えた。

この横田らの建議案は、部落差別の撤廃を近代日本の族称と呼ばれる身分の廃止と関連づけたところに特徴があった。しかし当然に、特権的な意識をもつ士族からの建議案への反発は強く、四月二二日には東京で約四五〇〇人が集まって全国士族会が結成された。これに対して歴史研究者の喜田貞吉《きたさだきち》は、六月に『社会史研究』第九巻第六号の「学窓日誌」で、「あれだけ久しく社会の上流に立って、百姓、町人を足下に踏みつけていたはずの武士が、何の反省もなく族称を保持しようとする妙な特殊団体であり、時代錯誤である」と述べて、違和感を露《あら》わにした。

◉「民族」と「階級」をめぐる対抗

ただ、部落差別を封建的身分や近代の族称と関連づけてとらえるだけではなく、他の社会的存在としてとらえる見解もあった。その象徴的なものが、部落差別を民族の問題としてとらえる見解であった。すでにみた佐野や高橋は、部落差別を広い意味で階級政策の産物ととらえていたものの、同時に発生史をふまえて部落民を「被征服民族」とも見なしていたが、民本主義で著名な政治学者の吉野作《よしのさく》造《ぞう》も、一九二三年四月の『中央公論』第三八年第四号に寄せた「水平運動の勃興」で部落民を「被征服民族」ととらえ、佐野と同様の見解を示した。

全国水平社の活動家で初めて部落差別を民族の問題としてとらえたのは、全国水平社創立に深く関与した東京の平野小剣《ひらのしょうけん》であった。早くも平野は、一九二一年二月一三日の第二回同情融和大会でまいた「民族自決団」を名乗った檄文《げきぶん》において部落民を「民族」と呼び、その後も、水平運動の階級的な側面をふまえつつも、「民族運動」もしくは「民族的運動」の側面を強調することを憚《はばか》らなかった。しかし平野は、部落民を純然たる民族ととらえたのではなく、当時における民族自決論をふまえて、部落民が自律性の強い民族と類似していたので、その独自的な歴史性を重視して部落民を民族と呼んだと考えられる。

この平野の見解を継承したのが全国水平社内の無政府主義勢力、つまり、一九二五年五月一五日に結成された全国水平社青年連盟のアナ系であった。一九二六年五月二日から三日にかけて福岡市で全国水平社第五回大会が開かれ、共産主義勢力のボル派が階級意識を強調して提出した「綱領改正の件」をめぐって、アナ系とボル派のあいだで激しい議論が戦わされた。アナ系である静岡の小山紋太郎《こやまもんたろう》は「われわれの運動は差別撤廃という民族的解放の重大使命を帯びているので、部落民は部落民自身の行動によって絶対の解放を期せねばならない」と述べ、同じくアナ系である岐阜の北原泰作《きたはらたいさく》も「水平運動は民族意識の上に立って徹底的に闘ったらよいではないか」と発言した。

しかし、ボル派の全国水平社無産者同盟に属する大阪の松田喜一《まつだきいち》は、「水平運動は民族運動ではなく、封建的な観念を取り除くための闘いがそう見えたのであって、階級闘争に進んでいくべきものである」と反論した。この背景には、一九二五年九月一八日に高橋貞樹を理論的リーダーとして結成された全国水平社無産者同盟の創立大会宣言で示された、部落差別の残存は「封建的イデオロギー」に求められるが、その「封建的イデオロギー」さえもが「封建的軍国帝国主義の階級闘争緩和の手段に利用されている」という認識があった。またボル派は、綱領が改正されたあとである一九二六年六月三〇日の全国水平社機関紙『水平新聞』第八号に載せられた「「綱領」改正の意義」で、「従来、民族意識の上に立っているかのように解されてきたわが水平運動は、いまや明確なる階級意識の上にその運動を進展させることになった」と総括した。つまりボル派は、水平運動は反封建闘争の要素をもつ階級闘争であると主張したのであった。

　これらの議論は、水平運動の方向をめぐって独自性を堅持しようとするアナ系と階級闘争として展開させようとするボル派との対立であり、直接的には部落民の社会的性格に関する見解の相違ではなかった。つまり、部落民の社会的性格をめぐっては明確に規定する見解はなく、はなはだ定義が曖昧であったものの、基本的に民族または階級と位置づける見解が対抗していたといえよう。

◉封建的身分への着目

一九二四年九月に関東水平社機関紙として出された『自由』第一巻第二号に、労資協調機関である協調会の永井《なが い》亨《とおる》による「水平運動の社会的使命」が載せられた。ここで永井は、部落民が「階級でなくして身分である」から、水平運動は「階級闘争として闘うべき性質ではなく、身分闘争として闘うべきである」と主張した。永井の主張は身分を強調して階級闘争を否定するものであったので、平野は、部落民が「職業より来た階級制度の受難者」であるから、水平運動は「徹頭徹尾、身分の解放でなく、呪われた階級制度より脱却せんとする解放戦である」と批判した。そして翌月の『自由』第一巻第三号には、国家社会主義者である遠藤《えんどう》友四郎《ゆう しろう》の「身分とは何ぞや」が載せられ、ここで遠藤は「身分なる言葉は侮辱の表現である」とし、水平運動は階級闘争であるべきであるとして永井に反論した。すなわち、この時点で身分をもち出すことは、階級闘争を否定するものであると認識されていたのである。

しかし、非合法の日本共産党に大きな影響力をもっていた共産主義者の福本和夫《ふくもとかずお》は、一九二六年二月に『社会の構成＝並に変革の過程』を著した。ここで福本は、「歴史の従来の時代においては、われわれはほとんどどこにでも、種々なる分限もしくは身分への社会の完全な編制、社会的地位の多様な段階を見出《みいだ》すのである」と述べた。これは、経済的地位の「階級」に対して、社会的地位を表す

「身分」の意義を強調しようとしたものであった。これに大きな影響を受けたボル派である奈良の木《き》村《むら》京《きょう》太《た》郎《ろう》は、一九二六年九月に大《おお》山《やま》郁《いく》夫《お》や黒《くろ》田《だ》寿《ひさ》男《お》、鈴《すず》木《き》茂《も》三《さぶ》郎《ろう》らが編集する『大衆』第一巻第六号に「苦難の闘ひにある水平運動」を寄せ、「部落は民族でも階級でもない、封建的思想に禍《わざわい》されている社会群である」と述べた。ここで言う「社会群」とは、実質的には福本が強調した「身分」を意味するものであったと思われる。

一九二六年一〇月一七日、奈良県水平社第五回大会が御所《ごせ》町で開かれた。ここで採択された宣言では、「われらの社会的存在は民族的であるよりも身分的存在である。しかもその身分としての差別的法制が封建的制度とともに崩壊して、その社会的差別感情のみが搾取階級の道徳のうちにその存在理由を有する資本主義社会にあっては、その階級意識の転化は必然的なものである。身分が階級の特別な歴史的発現形式であり、その法的組織が崩れると、その社会的存在が容易に民族的に誤認されるにもかかわらず、それは実に身分的なものでなければならぬ」と述べられた。表現や論理展開は実に複雑で容易に理解できないものであるが、要するに部落民は社会的存在としての身分であり、その身分は資本主義の階級制度によって維持されているので、水平運動は身分制と闘う階級闘争であるととらえたのであった。この宣言が、水平運動において部落民の社会的性格を封建的身分と明確に規定した最初のものであった。

一九二八年三月一五日に日本共産党員が一斉に検挙され、全国水平社内のボル派は崩壊してしまった。そこで全国水平社内の社会民主主義勢力とアナ派は組織統一を模索して、七月一五日に奈良県で全国水平社府県代表者会議を開いた。ここで採択された、奈良の阪本清一郎が執筆して奈良県水平社として提出した「水平社の運動方針について」では、「すでに法制的階級の存在は廃止されたにもかかわらず、なお身分的階級としてのエタの形態は依然として残され、しかも社会外の社会人としてやむなく孤立的生活を維持されている」「差別観の根本は封建時代的要素を保つ現代の社会制度より醸成されたブルジョア道徳観念に依存している」と述べられた。いまだ曖昧さを残す「身分的階級」という用語を使用していたものの、全国水平社は「身分」という用語によって、部落差別が封建的身分制の遺物であり、これが資本主義によって残存させられていることを明確にしようとしたのであった。

◉封建的身分制の明確化

一九二七年七月一五日に共産主義インターナショナル、いわゆるコミンテルンは、日本共産党の「日本に関するテーゼ」（二七年テーゼ）を作成した。これは一〇月になって日本で公表されたもので、日本におけるきたるべき革命の性質を「ブルジョア民主主義革命は強行的速度をもって社会主義革命に転化するであろう」と規定した。この規定の背景には、「日本国家それ自体が日本資本主義の最大の要素である」としつつも、「古い封建的諸形態」や「封建的特質と遺物」が残存しているとの指摘があった。この二七年テーゼは、日本共産党のみならず、左翼的な社会運動に大きな影響を与えるものであった。

20-1 全国水平社第９回大会（1930年12月５日）

一九三〇年五月三一日に出された『水平新聞』第五号の「再組織を前に」という主張では、全国水平社の新たなスローガンとして「封建的身分制の廃止」を掲げることが呼びかけられた。そして、一九三〇年一二月五日に大阪市で全国水平社第九回大会が開かれ、全国水平社は従来のアナ・ボル対立を完全に克服した。この全国水平社第九回大会で採択された宣言では「日本資本主義は、成立の初期において封建的絶対専制勢力と野合して、その支配権を確立したのであった。われわれに対する「賤視観念」の物質的基礎は、こうした封建的残滓《ざんし》としての遺制のなかにこそあるのである」と述べられ、「われわれは生活権奪還と封建的身分制廃止の旗じるしを高く掲げる」ことが主張された。この宣言によって、「封建的身分制廃止」に対する闘いが全国水平社の重要な課題として位置づけられることになった。

この「封建的身分制廃止」の意味を明確化しようとしたのが、思想的立場を無政府主義から共産主義へと転換させ、一九三〇年一一月一日には全国水平社常任委員となった北原泰作《きたはらたいさく》であった。北原は、一九三〇年一一月に出された融和団体である福岡県親善会《しんぜんかい》の機関誌『共栄』第三巻第一一号に「稲葉敬」のペンネームで「「階級」か「身分」か?──特殊部落はその何《いず》れに属する──」を寄せた。ここでは「階級とは生産における共通の役割によって結合された人間の範疇《はんちゅう》」、「身分とは法制的、法律的秩序における共通の地位によって結合された人間の集団」とされ、しかも「封建時代の社会形態にあって、階級は身分の外被に包まれていた」から、部落民は「いまだ完全に身分の外被を脱ぎ捨てていない「身分に包まれた階級」である」と規定した。

また、一九三一年三月に北原は「弾左介」のペンネームで、前年七月に中央融和事業協会機関誌『融和事業研究』第一一輯に発表された下地寛令《しもじかんれい》の「融和問題の社会心理学的研究」を批判した、「「身分」の残存形態としての部落──下地氏への駁論《ばくろん》──」を『融和事業研究』第一五輯に寄せた。ここで北原は、融和運動の立場から階級と身分を混同する下地を批判し、「部落を正しく表せば、それは封建的イデオロギー的身分であると言うことができる」とした。さらに北原は、一九三一年四月に「稲葉敬」のペンネームでふたたび『共栄』第四巻第四号に「水平運動と融和運動の指導方針より観《み》たる差異」を載せ、「差別観念の基礎を封建制社会のみに求めて現在の資本主義社会に求めない融和運動は、必然的に観念的運動に終始せざるをえない」のに対し、「水平運動にあっては差別観念がただ単なる封建的イデオロギーとして遺存するのみでなく、その基礎を現在の資本主義社会組織のなかに織り込まれている封建的ないし半封建的生産関係に見出すのである」と述べ、封建的身分制の残存物としての部落の基礎である、資本主義のなかにある封建的または半封建的な関係を重視した。

◉封建的身分制廃止の闘い

一九三一年一二月一〇日、全国水平社第一〇回大会が奈良県で開かれた。ここでは全国水平社解消論をめぐって大きな議論となったが、北原も作成に参加した「全国水平社解消の提議」は「部落民は言うまでもなく封建的身分関係の残存物である。そして部落民の存在根拠は、多くの封建的遺制を内包する現在の日本資本主義の社会組織に求められねばならない」と主張した。しかし全国水平社解消論は、コミンテルンが作成した「日本共産党政治テーゼ草案」（三一年テーゼ草案）に従って社会主義革命にいたる階級闘争を重視したため、身分闘争は階級組織が担わねばならないとするものであった。

全国水平社第一一回大会が一九三三年三月三日に福岡市で開かれ、大阪の泉野利喜蔵《いずのりきぞう》によって説明された「闘争方針書」で「封建的身分の残存物としての部落の存在」が明確にされた。また「社会生活のあらゆる領域においてて今日なお部落民を束縛している封建的身分関係を決定的に粉砕せんとする部落民の反抗闘争である」身分闘争の意義と、その具体化としての大衆闘争の形態である部落民委員会活動が提起され、「部落民委員会活動は封建的身分制廃止！のスローガンと結びつけて闘わねばならない」と主張された。この主張に大きな影響を及ぼしたのが、天皇制や寄生地主制などを半封建的関係として重視する、コミンテルンが作成した「日本における情勢と日本共産党の任務に関するテーゼ」（三二年テーゼ）であった。

身分闘争としての部落民委員会活動が具体化されたのが、一九三三年の夏から闘われた高松結婚差別裁判糾弾闘争であった。ここでは差別判決の原因として、「解放令」が出されたにもかかわらず色濃く社会に残存している封建的かつ身分的な賤視観念が重視され、「身分的賤視観念による差別判決を取消せ！」と「身分制を支持し部落民を反動化せんとする政府の手先融和運動を撲滅せよ！」が中心的なスローガンとして掲げられた。まさに高松結婚差別裁判糾弾闘争は、封建的身分制廃止の闘いでもあった。

一九三六年二月二〇日の衆議院議員選挙で、全国水平社中央委員長の松本治一郎《まつもとじいちろう》が当選した。五月一日に第六九特別議会が開かれ、松本は五月一六日の衆議院予算委員会で地方改善費についての質問に立った。松本は地方改善費を全額国庫負担として増額することを要求し、あわせて華族制に対しても矛先を向けた。質問で松本は「部落大衆に対する差別観念のごときも、上層身分たる華族に対する尊敬の観念の反対表現として、下層身分に対する賤視観念となって現れるにほかならない」と述べ、「封建的身分制の遺物たる華族制度を撤廃しなければならない」と主張した。ここでは天皇制についてはふれられなかったが、天皇制を射程におく封建的身分制廃止の論理が明らかに貫かれていた。しかし内務大臣の潮恵之輔《うしおしげのすけ》は、「慎重に考究したうえでないと答弁できない」と逃げる始末であった。

また五月二〇日、松本は秘書の北原泰作と労農無産協議会の鈴木茂三郎《すずきもさぶろう》が作成した「華族制度改正に関する質問主意書」を特別議会に提出した。ここでも「華族に特権を与えた政府は、反対に解放すると称して被圧迫部落大衆には一片の空文を与えたのみである。したがって、このことが対峙《たいじ》する二つの封建的身分の遺制を今日の社会に残すところの原因となっている」と述べ、華族制と関連する諸制度の改正を求めた。そこで潮は二六日に「答弁書」を示したが、「華族については宮内省の所管なので、政府は答弁を差し控える」と明確な答弁を避けるだけであった。また松本は、六月の総合雑誌『改造』第一八巻第六号に「華族制度改廃の問題」を載せ、部落差別と深く結びついていた封建的身分制の問題を世論に広く訴えた。

部落差別の社会的性格については、いくつかの観点から追究されてきたが、部落差別は封建的身分制の問題であるという認識が、一九三七年七月に始まる日中戦争までの全国水平社における到達点であった。今日では、封建的身分制との関連のみで部落差別が論じられることは稀《まれ》になった。しかし、明治維新からの日本近代社会の特質をふまえるならば、部落差別が封建的遺制であるかどうかの評価の違いはあるにしても、天皇を頂点とする身分制の内容と意義は、部落差別の性格を解明するうえで無視できないばかりか、象徴天皇制のもとでの現代日本社会と向き合うにあたっても重要な論点を投げかけているように思えてならない。

◇参照文献

朝治武「幻の「錦旗革命」—関東大震災と水平運動—」(『季刊・リバティ』第四号、一九九三年一二月)

関口寛「水平運動における「民族」と「身分」—一九二〇年代の運動をとおして—」(黒川みどり編著『近代日本の「他者」と向き合う』解放出版社、二〇一〇年)

第四期　総力戦体制とファシズム支配のなかで

一九三七年七月の日中戦争への突入を契機とした、日本のアジア・太平洋地域への侵略戦争は、日本を本格的な総力戦体制へと移行させることになった。このもとで日本の政治や外交、経済、社会、文化は、侵略戦争への国家総動員の色彩が強められていった。また、不十分ながらも支配に対抗していた無産政党や社会運動などは総力戦体制に組み込まれ、支配層への接近と連携を繰り返すことによってしか活動できなくなっていった。そして、一九四一年一二月のアジア・太平洋戦争と軌を一にしながらファシズム支配が完成してくると、日本から一切の政党と社会運動団体は姿を消すことになった。全国水平社は一九四二年一月に消滅するまで、総力戦体制とファシズム支配に協力しつつ自らを存続させるしかなく、その範囲内において諸勢力が熾烈《しれつ》な論争を展開することになった。

21　戦争協力

◉「挙国一致」への参加

一九三七年七月七日の帝国日本による「蘆溝橋事件《ろこうきょう》」を契機とする「支那事変《しな》」と呼ばれた日中戦争の勃発は、日本の政治をはじめ経済や社会などを大きく変えることになった。当初は戦争の不拡大方針をとっていた総理大臣の近衛文麿《このえふみまろ》は、八月一五日にいたって事実上の宣戦布告ともいうべき声明を発表し、政界をはじめ財界や言論界の代表に対して「挙国一致」への協力を要請した。これを受けて新聞各社は戦争協力を熱狂的に煽《あお》り、これまで曲がりなりにも勤労者の立場から反ファシズムの姿勢をとっていた中間派社会民主主義の社会大衆党《しゃかいたいしゅうとう》も、日中戦争を遂行する近衛内閣への積極的な協力を誓うことになった。

「解放令」発布記念日の八月二八日、全国水平社中央委員長の松本治一郎《まつもとじいちろう》は、中央放送局（NHK

の前身）が起こした差別事件への糾弾によって実現した「社会正義と融和問題」というラジオでの講演放送をおこなった。ここでは「いまや日本は内外ともに未曾有《みぞう》の非常時局に直面しております。この困難な時局を乗り切って日本をますます発展させるためには、「挙国一致」が強く要望されています」と述べられ、部落問題の解決とは「旧身分関係によって生じる相克摩擦《そうこくまさつ》を解消して、国民が平等の権利と自由を享受することができる、国民融和の状態をいかにして実現するかという問題である」との理解が示された。つまり松本は、近衛内閣が日中戦争に臨んで強調した「挙国一致」や「相克摩擦」を使い、融和団体の中央融和事業協会が基本方針としていた「国民融和」の実現に接近したのである。

九月七日には、松本をはじめ朝田善之助《あさだぜんのすけ》、北原泰作《きたはらたいさく》、松田喜一《まつだきいち》らによって時局懇談会が東京で開かれ、「支那事変の拡大は東洋平和と日支両民族の共存共栄のため遺憾《いかん》だ」としながらも、「日本国民としての非常時局に対する認識を正当に把握し、積極的に挙国一致に参加しなければならない」という立場から、「真の挙国一致は完全なる国民融和を前提としなければならない」との認識によって「差別観念と差別事象を徹底的に取り除き、貧困な部落経済の組織化と向上を図る」との結論が下された。これは松本によるラジオでの講演放送を継承したものであったが、この後退した姿勢に対してさえ警視庁は不穏当と決めつけて安心せず、北原を呼び出して、「この際、一切の感情と相克を超越し、全国民一体となって国難の克服に協力する方針を樹立し、全国水平社を指導せよ」との警告を発するほどであった。

そして九月一一日に、松本はじめ朝田、泉野利喜蔵《いずのりきぞう》、北原、松田らが参加して拡大中央委員会が大阪市内の総本部で開かれ、松田から提案された「非常時に於《お》ける運動方針」が可決された。基本的には九月七日の懇談会での結論と同じであり、「国内相克の原因となるような身分的賤視《せんし》差別」を撤廃するために「出動兵士家族の生活援護を十分にして後顧の憂いをなくす」「差別に対する糺弾を国民融和への契機として処理」「部落問題の根本的な解決は部落大衆の生活環境の向上改善」などが具体的に述べられた。この時点で全国水平社は、日中戦争が早期に終結するという見通しをもち、この立場から政府の戦争政策への支持を前提としつつも、「国民融和」によって部落差別の撤廃を図ろうと転換したのである。

◉大日本青年党と新生運動

一九三七年秋、全国水平社大阪府連合会委員長でもあった松田喜一は「全国水平社の運動の沈滞は、その運動方針が客観情勢を無視しているため。これを打開するには右翼団体との連携を第一とすべきだ」という認識をもつようになり、西光万吉《さいこうまんきち》らと連絡をとりながら、一九三八年一月には周辺の同志とともに大日本青年党に入党した。大日本青年党は、陸軍軍人の橋本欣五郎《はしもときんごろう》によって一九三六年一〇月一七日に、アドルフ・ヒトラーを党首とするドイツの国家社会主義ドイツ労働者党（ナチ党）を手本として結成された、日本を天皇が中心となったファシズム国家に改造しようとする急進的な国家主義政党であった。この松田の大日本青年党への入党に対して、中央融和事業協会は一九三八年三月一日の機関紙『融和時報』第一三六号「大阪公道会版」に載せられた「水平運動の大転換―闘争主義へ「サヨウナラ」／大日本青年党へ／近畿全組織に大衝動―」で、「全水の運動目的からいつても天皇帰一の同党のイデオロギーに転換することが当然とみられ、相次ぐ青年党への参加は必須の形勢にある」と好意的に報じた。

松田が連絡をとっていた西光は、一九三四年九月一〇日に阪本清一郎《さかもとせいいちろう》や米田富《よねだとみ》らとともに国家主義を主張する『街頭新聞』を創刊し、軍部を中心とした政権に道を開こうとする下からのファシズム運動を進めていた。そして、日中戦争が勃発したあとである九月二〇日の『街頭新聞』第四一号で、西光らは「われらは無敵皇軍の措置を信頼し、事変に臨む皇国の断乎《だんこ》たる方針を絶対に支持する。われらは速やかに皇国の戦時体制を確立させ、真に政教百般の改革を断行し、国体的国民共同体完成への一大国民運動の展開を期さねばならない」と、天皇制国家と日中戦争への全面的な協力を表明した。

また西光は、自身が大日本青年党へ入党しなかったものの良好な関係をもち、一九三七年秋には、西光の同志で全国水平社から離脱していた奈良の木村京太郎《きむらきょうたろう》や中村甚哉《なかむらじんや》、亀本源十郎《かめもとげんじゅうろう》らが大日本青年党に入党した。そして西光らは、大日本青年党の主張や政策に沿って新たな運動を展開するため、一九三八年三月五日には『新生運動』を創刊し、日中戦争に対応して全国水平社などを国家主義へと導こうとする新生運動を開始した。ここに、西光を中心として新たな運動を展開しようとする、新生運動グループが誕生したのである。

新生運動グループは、まず日中戦争を「全アジアを欧米の鉄鎖から解放せねばならない聖なる使命をもっている」ととらえ、それをふまえて「国民融和の運動はアジア全民族の融合統一運動への飛躍的発展とならざるをえない」と、部落問題の解決とアジア諸民族の統一を結びつけた。また、「差別があるから融和ができないのではなく、融和ができていないから差別が問題となる」と融和に力点を置き、「差別の撤廃は、いまでは水平社や融和団体の名によっておこなわれるべきスケールの小さいものではなく、全国民的規模のもとになされるべき国民運動であるべきだ」とした。そして、国民運動となるためには、「部落民意識を捨てて皇民意識のもとに日本主義運動を進める必要があり、この皇民意識とは赤子《せきし》思想であって、そこには何らの差別や不平等は認められない」ことを強調した。この立場から、全国水平社に対しては「差別の表示に対して徹底的糺弾を加え、それによって差別の根絶を図ろうとして、かえって国民間の反目を醸成している」と厳しい批判を投げつけた。

侵略戦争にほかならなかった日中戦争は、帝国日本にとって軍事だけでなく経済や政治、社会、文化など国家の総力をあげて遂行する国家総力戦であった。この国家総力戦への国民の同意を得るため、上からの画一化と平準化を進め、国民間の対立や摩擦を緩和させていく側面をもっていた。これを松田や西光らは部落問題を解決する好機ととらえて積極的に国家主義的な動きをとりはじめ、全国水平社は部落問題を解決するため戦争に順応しながら政府の諸政策を支持していくことになり、のちに全国水平社をはじめとした諸勢力が、思惑を異にしつつ複雑に絡み合いながら錯綜《さくそう》した経過をたどることになった。

◉国家的立場からの国策協力

一九三八年二月七日、全国水平社中央委員会が東京で開かれた。ここで松田は自らが属する大日本青年党の政策にもとづいて、「全国水平社の政治的態度は国家的立場からの運動であり、いうまでもなく反共産主義かつ反人民戦線の精神であることは、従来から今後においても不変であることを鮮明にしたい。長期戦争の新事態に備えるために協力一致の態勢をいっそう強化し、さらにこれを大アジア建設のための発展的運動方針として規定しなければならない」という水平運動の大転換を主張した。

この松田の主張は、新たに生起した二つの出来事が関係していた。ひとつは、いわゆる人民戦線事件であった。一九三七年一二月一五日に、人民戦線運動の姿勢を崩さなかった左翼社会民主主義の日本無産党や日本労働組合全国評議会の活動家である加藤勘十《かとうかんじゅう》や鈴木茂三郎《すずきもさぶろう》のほか、山川均《やまかわひとし》や荒畑寒《あらはたかん》村《そん》、大森義太郎《おおもりよしたろう》、向坂逸郎《さきさかいつろう》、猪俣津南雄《いのまたつなお》らが検挙され、二二日には両団体が結社禁止となった。また一九三八年二月一日に、人民戦線運動と何ら関係がなかった自由主義者の大内兵衛《おおうちひょうえ》や有沢広巳《ありさわひろみ》、美《み》濃部《のべ》亮吉《りょうきち》でさえ検挙されることになった。もうひとつは、一九三八年一月一六日に近衛内閣が発した声明であった。この声明では、軍部に押されて「国民政府を対手《あいて》とせず」として中国の国民党政府との和平交渉を打ち切り、長期戦を想定して日中戦争を拡大させながら、中国に新たな傀儡《かいらい》政権を樹立するという方向が明確に打ち出された。

21-1 全国水平社中央委員会（1938年２月７日）。右側、着物姿で座しているのは松田喜一、その左に朝倉重吉、田原春次、酒井基夫、一人おいて松本治一郎、朝田善之助

　これらをふまえて全国水平社として新たに声明書を発表することになり、起草委員の選定にあたって朝倉《あさくら》重吉《じゅうきち》と田原《たはら》春次《はるじ》は「全国水平社が人民戦線あるいは日本共産党に対して無関係であることを趣旨に盛り込むべきだ」との意見を述べたが、この意見に対して中央委員長の松本治一郎は容易に賛成しなかった。いまだ松本は、弾圧されて実際の運動としては困難であった人民戦線運動との関係を、完全に断ち切ろうとはしていなかったのである。

　可決された声明書では、まず「全国水平社の運動は、いつの場合においても国家的立場からなされるものであることは言うまでもない」との基本姿勢が示され、「国策の線に沿って国内の相克摩擦の解消、挙国一致の建前からなされる革新政策の遂行は、当然に部落問題をも解決しうることと固く信じる」と述べられた。そのうえで具体的課題としては「部落内部の産業更生や精神的自覚を図る」「一切の社会的関係と協力する」が掲げられたが、差別糾弾についてはまったくふれられなかった。これは明らかに、松田の主張を退けながら、日中戦争の長期化に即して九月一一日の「非常時に於ける運動方針」をさらに強化しようと意図するものであったが、言葉にはしなかったものの、松本は大いに不満であったという。

新生運動グループは、三月五日の『新生運動』第一号に載せられた「部落運動の新動向と其《そ》の基本問題」で、連絡をとっていた松田の主張が退けられながらも全国水平社が「国家的立場」を鮮明にして近衛内閣の「国策」としての「革新政策」に期待をかけたことを好意的に評価した。ここでは同時に、「全国水平社に望むことは馬《ば》臭《しゅう》的転向ではなく、全面的転向である」との見解を示した。この「全面的転向」とは、四月三日の『新生運動』第二号で述べたように、自らの主張に沿って「全国水平社を日本主義の軌道に乗せる」ことであった。

◉天皇制に立脚した国民融和

一九三八年四月一五日から一六日にかけて、大阪市の総本部で全国水平社拡大中央委員会が開かれた。ここでも松田喜一から私案として「綱領、運動方針、宣言に関する件」が提案されたが、とりわけ「綱領（案）」は「一、国体の本義に則《のっと》り国家の興隆に貢献し、以《もっ》て国民融和の完成を期す／一、自奮自励、経済文化生活の充実伸張を期す／一、社会施設の徹底を期し、融和完成上一切の障害を芟除《さんじょ》す」とされ、「宣言（案）」では「我々は誰よりもよく真実の日本精神と、わが国家民族の最高使命を識《し》っている」と述べられた。この松田の私案は、大日本青年党の立場に立って従来の「国家的立場」をより進めて天皇制への立脚を表明したものであり、また、新生運動グループがもくろんだ「全国水平社を日本主義の軌道に乗せる」ことでもあった。

議論の結果、綱領の第一項は私案どおりで、第二項と第三項は合わせて一項にし、宣言は私案どおりとされた。しかし松本治一郎は、五月二〇日までに全国水平社大会を開くという松田の提案には反対し、一〇月に開くことに落ちついた。おそらく松本は、大日本青年党と新生運動グループを背景として主導権を握って影響力を強め、それを足場に全国水平社を日本主義へと一気に大転換させようと画策する松田らの動きを警戒したのであろう。

新生運動グループは、五月一五日の『新生運動』第三号で中央委員会での綱領、運動方針、宣言の草案を紹介し、「部落運動の統一に就て」で「きわめて最近において、部落内の各団体間に一致の機運が現れ、国策の線に沿って、ある程度の提携協力を可とする議論がおこわれている」と好意的に受けとめた。また北原泰作は、三月二七日に開かれた全国水平社長野県連合会の講演で、「過去における全国水平社の運動の誤謬《ごびゅう》を清算して、天皇陛下の赤子という観念に立脚する新運動を展開し、穢《え》多魂《た》を発揮して穢多が国難に殉じるときがきたとの信念で、国家のために尽くしたい」と天皇赤子論を主張した。このころから五月にかけて北原は、松田や西光らの新生運動グループのみならず、朝田や深川武《ふかがわたけし》、さらには融和運動の陣営にある山本正男《やまもとまさお》らと連絡をとり、「真に日本精神に立脚した国民運動を起こすべきである」として全国水平社を解消しようと激しく動きまわった。

しかし六月に入って、この北原の派手な動きを知って激怒した松本が北原を厳しく叱責したため、北原は全国水平社から離脱せざるをえなくなり、また、松田らも従来のような主張を強く押し通すことが困難な状況になった。そして六月一五日に拡大中央委員会が総本部で開かれたが大きな波乱もなく、「綱領」は「吾等《われら》は国体の本義に徹し国家の興隆に貢献し、国民融和の完成を期す」に決定された。また「運動方針大綱」では「協同組合運動の徹底」が強調され、具体的には「部落固有の美風を一層伸ばし、互いに協力して自奮自励、経済、文化、社会生活の充実伸張と、福祉増進、生活の振興と安定を図り、あるいは社会上一切の障害を芟除し、以て国策に順応し、国防並びに銃後活動の徹底を期すなど、国民精神総動員の趣旨にそわんとする」と説明された。これは、日中戦争の長期化に伴って国策に順応しながら部落の生活に関する課題にとりくんでいこうとするものであり、松田や北原ら、そして新生運動グループの主張を基本的に退けたものであった。

◉全国水平社の存続と東亜協同体の建設

全国水平社拡大中央委員会を終えたあとの七月七日、松本から厳しく叱責された北原は、もはや全国水平社には期待せずに「これから愛国運動を模索する」との手紙を阪本清一郎に送った。しかし、このころ西光らと連絡をとっていた泉野は、自らを信頼する松本に会って、西光らを全国水平社に引き入れたうえで新生運動グループとの統一を図り、さらに全国水平社を解消して新たな国民運動を展開する必要性があることを打診し、松本から「泉野の意向は理解した」とのこころよい感触を得ることになった。そして泉野は、新生運動グループや田原、深川、山本らとも会い、全国水平社の解消について話し合った。これらをふまえて泉野は、七月二〇日ころに西光や阪本、米田らが松本や自らと会って話し合うことを強く勧めた。

このような動きに勢いを得た新生運動グループは、八月一五日の『新生運動』第五号で「解放令」発布記念日の八月二八日に全国水平社の臨時大会が開かれると想定して、「滅ぶべき運動の基本思想の誤謬を認め、その思想とともに組織をも清算解消し、全国水平社を超越して明朗透徹の皇国思想に回帰することを希望してやまない」と呼びかけた。また、新生運動グループも「解体」の用意があり、さらに中央融和事業協会の河上正雄《かわかみしょうゆう》とも連絡をとりながら、「融和団体こそ解体して国民運動としての再出発を積極的に是認すべきである」と主張するにいたった。つまり新生運動グループは、自らのみならず全国水平社と中央融和事業協会が解消し、「皇国思想」にもとづく統一した「国民運動」へ突き進むべきであるとの希望的な意見を述べたのである。

しかし、八月二八日に福岡市の松本宅で開かれた全国水平社の懇談会で、松本の信任が厚い田中《たなか》松月《しょうげつ》から北原と山本らの全国水平社解消の「策謀」が失敗したことが暴露され、「全国水平社は、あくまでも部落解放に邁進《まいしん》する」ことが確認された。また、九月九日に松本の主催で開かれた福岡の新聞記者との融和懇談会で、松本自身も「最近の全国水平社解散説はまったくのデマであり、全国水平社はむしろ挙国一致体制確立のため、国民融和の完成、部落問題解決の先頭に立って、革新日本建設運動を展開する」とのあいさつ文を配布するほどであった。

それでも新生運動グループは、九月一五日の『新生運動』第六号に載せられた「解放令の意義と部落団体の解散について」でも全国水平社解消の意義を述べ、「党派的偏見が解消し、国体明徴の旗のもとに一切の運動が帰一されるとき、そこに起こるものは一大国民運動であり、一大政治運動である」とのいまだ楽観的な見通しを示した。この背景には、一九三八年の八月から一〇月にかけて起こった近衛を担ごうとする挙国一致的な新党構想があり、これを受けて西光は、近衛の側近で自らと親しい有馬頼寧《ありまよりやす》を介して、全国水平社や中央融和事業協会だけでなく新生運動グループをも解消して、新党に合流させることが可能であると考えていたからであろう。

ところが全国水平社は、九月一五日に総本部で開かれた中央常任委員会において中央融和事業協会との連携を決定したものの、新生運動グループの呼びかけにまったく応えようとはしなかった。そして一一月二三日、ようやく全国水平社第一五回大会が大阪市浪速区《なにわ》の栄《さかえ》第一小学校で開かれた。ここでは、決定されていた「綱領」と「運動方針大綱」にもとづく重要議案の「銃後部落厚生運動に関する件」や「軍事関係の差別根絶に関する件」「差別糺弾方法に関する件」などが可決された。これら議案の目標は、一一月三日に近衛内閣が発表した「東亜《とうあ》新秩序建設」の声明に沿った「東亜協同体建設」のためと位置づけられ、戦争協力を強化しつつ、新生運動グループや泉野の意に反して全国水平社を存続させようとするものであった。

全国水平社第一五回大会直後の一一月二八日、泉野は、大会で自分だけが全国水平社の解消を主張できるわけがなく、松本がその思想に同意している西光をはじめ阪本や米田らが大会に出席して意見を述べていれば完全に主導権を握れたのにとの不満を米田に漏らし、また、新生運動グループでは原則的な理想論で押し通す西光を浮いてしまった存在と見なし、新生運動グループ内に意見の相違から分岐が生じているとの認識も米田に伝えた。

一方、西光は、一二月一五日の『新生運動』第八号に載せた「惟神道《かんながらのみち》への回帰に非《あら》ず全水の「社大党的」転向」という日本主義的な論文で、全国水平社が第一五回大会をもって解消しなかったことに対して怒りと失望を露《あら》わにし、「まさしく水平社とは皇国日本に対する反逆の名であり、そこに少しも国体的意義は含まれていない」とまで断言して、今後は全国水平社に関係することなく、自らは新たな別の道を模索するとの決意を示すばかりであった。そして、所期の目標を失うだけでなく、分岐さえも生じていた新生運動グループは、自《おの》ずと消滅するしかなかった。

日中戦争がもたらしたのは、激しい弾圧のもとでの国策としての戦争政策に順応する全国水平社の国家的立場への転換であり、また、日中戦争を好機ととらえて全国水平社を解消させて統一した国家主義的な国民運動を展開しながら積極的に国家に貢献しようとする、全国水平社の内外における諸勢力の出現でもあった。戦争が可能な国家改造のために諸政策が矢継ぎ早に実現されていく危険な状況の真《ま》っ只中《ただなか》にある昨今、全国水平社と諸勢力による帝国日本の日中戦争への協力が今日に投げかける意味はきわめて深刻というほかない。

◇参照文献

キムチョンミ(金靜美)『水平運動史研究—民族差別批判—』(現代企画室、一九九四年)

朝治武「戦時期全国水平社と新生運動」(朝治武『アジア・太平洋戦争と全国水平社』解放出版社、二〇〇八年)

22　島崎藤村『破戒』再刊

◉『破戒』の出版と反響

日露戦争が終結した翌年の一九〇六年三月二五日、島崎藤村《しまざきとうそん》の『破戒《はかい》』が「緑蔭叢書《りょくいんそうしょ》」第一篇《だいいっぺん》として自費出版された。この『破戒』は自然主義文学を代表する記念碑的作品であり、今日では日本近代文学の名作との評価を得ている。『破戒』は藤村にとって初めての小説であり、出版される前に多方面から期待が高まっていた。そして出版されたあとには、たちまち多くの批評が現れることになった。いち早く『破戒』を高く評価したのは、夏目漱石《なつめそうせき》であった。漱石は四月一日に森田草平《もりたそうへい》に宛てた手紙で、「まず気に入ったのは文章です。普通の小説家のように、人工的で余計な細工がない。そして真面目にすらすら、すたすた書いているのがとてもよい。いわゆる大家の文章のように、装飾がたくさんないから愉快だ。それから気に入ったのは事柄が真面目で、人生というものに触れていながら脂ぎったところがない」と述べ、「軽薄なものばかり読んで小説だと思っている社会に、こんな真面目なものが出現するのは、とてもうれしい」とも付け加えた。

漱石は四月三日にも森田に「『破戒』を読み終えた。明治の小説として後世に伝えるべき名作だ。尾崎紅葉《おざきこうよう》の『金色夜叉《こんじきやしゃ》』は、二、三〇年後には忘れ去られるだろう。『破戒』はそうではない。僕は多くの小説を読まないが、明治の時代に小説らしい小説が出たとすれば、それは『破戒』である」との手紙を送り、翌日には高浜虚子《たかはまきょし》に宛てた手紙でも『破戒』を絶賛した。

しかし志賀直哉《しがなおや》の批評は、漱石のものとは異なっていた。志賀は藤村と親交がある有島生馬《ありしまいくま》に宛てた手紙で、「『破戒』を読んだ。藤村氏は常々から君が尊敬している人だから、僕も十分に尊敬を払って読んだ。しかし一言にしてこれを評すると、失望のほうだった。忠実な作ではあるが、傑作ではない」との厳しい評価を下した。しかし志賀は「丑松《うしまつ》は同情できる人という主人公としてもっとも大切な資格を失っている」と考えたが、それは「いったい丑松はえたなのか？　えたでないのか？　藤村氏は種族としてのえたに同情したのか、いやしめられているえたでない人に同情したのか、そのあたりが不明だ」という理由からであった。すなわち志賀は、主人公の丑松を部落民として設定したことに大いなる疑問を呈したのであった。

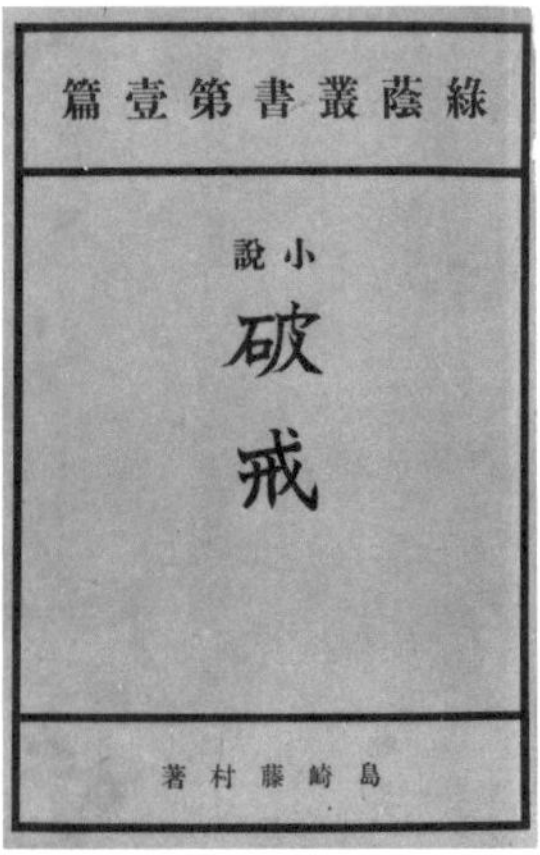

22-1『破戒』初版（1906年３月25日）

『破戒』は部落問題を主題にした小説であったので、志賀のような批評が出てくることは必至であった。むしろ、『破戒』が部落問題を主題としたことを真正面から受けとめたのは、融和運動を推進する部落民の岡本弥《おかもとわたる》であった。一九一六年九月の大和同志会機関誌『明治之光』第五巻九月号に岡本が載せた「部落叢談《そうだん》」によると、岡本は『破戒』を「小説ではあるが、血と涙を結晶した同情同感をもって書いたものだ」と高く評価した。また、「藤村氏は現在、わが国の文壇における明星であるが部落民であり、『破戒』は自己の経歴を著述したものだ」との話を聞いた岡本は、一九一一年から翌年にかけて藤村を訪ねたが会うことができず、『破戒』のなかにある『懺悔《ざんげ》録』や『労働』『現代の思潮と下層社会』などを東京の書店で捜しまわったという。

さらに岡本と会った際に藤村は「世間では僕を部落の者であると言っているらしいが、もとより部落の方に同情している一人には相違ないが、実際は部落出身でない」と述べ、「君も僕も等しく日本の臣民と信じて永く親交しようではないか。僕は今後、人道を鼓舞するという目的にかなう文筆を公にして君の来訪の答礼とするから、君もまた自重自愛して日本国家のために尽くしたまえ」と岡本を励ましたという。

◉水平運動からの肯定的な評価

全国水平社創立に大きな影響を与えたのは、一九二一年七月の『解放』第三巻第七号に載せられた佐野学《さのまなぶ》の「特殊部落民解放論」であることは周知の事実であるが、「特殊部落民解放論」でも『破戒』にふれられている。佐野は「自由の空気がみなぎる大都会や植民地に混ざり入っても、常に藤村氏の『破戒』の主人公のように、戦々恐々として身分の隠蔽に惨憺《さんたん》たる苦心をしなければならない」と述べ、部落差別の過酷さを表現したものとして『破戒』を高く評価した。

共産主義派の全国水平社青年同盟における指導者であった高橋貞樹《たかはしさだき》も、一九二四年に出版した『特殊部落一千年史』で『破戒』について述べることになった。高橋は「自由の空気がみなぎる大都会といえども、われわれを峻拒《しゅんきょ》する。常に戦々恐々として身分の隠蔽に努めることは、小説『破戒』の主人公のようである」と述べ、また別の箇所では「島崎藤村氏の小説『破戒』は、部落民の悲惨な生活を題材としたもので、主人公の瀬川丑松が身分を隠す心の痛苦は、読む者を悲しみ痛ませる」とも評価した。この高橋の評価は身分を隠すことに焦点を当てたものであり、明らかに佐野の評価に強く影響を受けたものであった。

一九二四年一一月には関東水平社機関紙『自由』第一年第四号に、『時事新報』に載せた馬場孤蝶《ばばこちょう》の「巷《ちまた》を覗《のぞ》きて」が転載された。藤村の旧友である馬場は、柳田国男《やなぎたくにお》が「『破戒』に描かれているような差別的待遇の事実は存在しない」と述べたのに対し、「信州の小諸《こもろ》あたりでは、差別待遇についてはまったく『破戒』のなかに書いてあるとおりなのだ」という藤村の答えを紹介した。そして「不法な差別的待遇は、やはり今日に至ってもなお少しも勢いを弱めずに存在しているものと断定せざるをえない」と述べ、「水平社の諸君が、積年の虐遇に対して、堪忍袋の緒を切って団結の力と可能性とを自分のなかに見出《みいだ》すや否や、猛然として自分たちの人間としての権利を主張するに至ったのはまったく道理至極であり、心ある者は何人といえども諸君の憤慨、諸君の反抗、諸君の要求を諒《りょう》としない者はないに違いない」と力強く励ました。

水平運動に共鳴する一九二六年一月の『平等新聞』第八号に、「藤村氏の破戒」が載せられた。ここでは『破戒』の筋書きを紹介したうえで、「日本とロシアが大戦争をしているとき、同じ日本帝国の臣民であり同胞であるのに、エタとか新平民とか呼ぶことや迫害、排斥、放逐はあったのである。これが日本国民であります。あぁ日本国民であるわれわれは世界に向かって差別待遇の撤廃を叫ぶ価値がありますか。一等国民として誇りを得られますか」と厳しく問いただざるをえなかった。

一九三五年一一月になって、全国水平社機関紙『水平新聞』第一三号に「結婚解消の断頭台に／涙を呑《の》む部落女性」という記事が載せられた。ここでは「九州のまったく未知の兄弟」から送られてきたと紹介された手紙は、「「素性が賤《いや》しい」「あいつは特殊部落民だ」という呪うべき一語によって、社会的に進出しようとしているわれわれの兄弟たちは、あらゆる場面で無慈悲に叩《たた》き落とされている」と述べたうえで、次に「比較的に自由の空気がみなぎっている大都会や植民地に混ざり込んでいても、常に島崎藤村の小説『破戒』の主人公のように、戦々恐々として素性を隠すことに惨憺たる苦心をせねばならない」と、佐野に強く影響された文章を続けた。水平運動の『破戒』に対する評価は多くはなかったものの、部落差別の厳しい状況を告発したものとして、全体としては好意的であったといえよう。

◉島崎藤村の部落問題認識

たしかに『破戒』は過酷な部落差別を描いたものにはちがいなかったが、問題となるのは藤村の部落問題に対する認識であろう。幸いに藤村は『破戒』に関係して部落問題についての談話や随筆などの類を発表しているので、いくつかを取り上げて探っていくことにしよう。

まず取り上げるのは、『破戒』が出版された直後の一九〇六年六月に『文庫』第三一巻第六号に藤村が話した内容が載せられた「『破戒』の著者が見たる山国の新平民」である。藤村は『破戒』のために取材した人物や場所を振り返ったが、小説ならまだしも、随所で「新平民」や「穢多《えた》」「穢多村」などの差別語を多用したように言葉の社会的影響を一顧だにせず、いかにも注意や配慮を欠くものであった。

しかし問題はそれだけでなく、藤村の部落民に対する眼差《まなざ》しであった。藤村は「私の見たところでは、信州あたりの新平民をおおよそ二通りに分けることができると思います。開化したほうの新平民と、開化しないほうの新平民の二通りです。開化したほうの新平民は、容貌も性癖も言葉遣いなんかも、すべてのことがほとんどわれわれと変わるところがない。開化しないほうでは、容貌も何となく粗野で、われわれが恥ずかしいと思うことを恥ずかしいと思っていないようです。顔の骨格なんかも、われわれと違っているように見えます。いちばん著しいのは、皮膚の色が違っていることです」と差別的に述べた。また、「穢多には、一種臭気がある」とさえ言い放ったように、とくに生活状況が芳しくない部落民に対して、あたかも文明的かつ人種的な違いでもあるかのように見なしたことは、藤村の部落に対するゆがんだ認識を表現するものであった。

一九二三年四月四日、『読売新聞』に「眼醒《めざ》めた者の悲しみ─「破戒」を書いた当時の事情から水平運動まで─」という藤村の談話が載せられた。ここで部落青年が藤村を訪ねて部落差別に関する苦労を話したことを紹介したうえで、藤村は「君らはまずそういうヒガミを第一に捨てるんだね。見たまえ、私なんぞは何とも思っていやしないじゃないか」と返したように、差別による苦悩を心の持ちようの問題に限定し、自らは差別心などないことを強調するだけであった。しかし藤村は、水平運動に対しては「その主張を正しくないとはだれも言いうる者はあるまいと思います。もっとずっと前から来るべきはずのものが、当然われわれの眼の前にやってきたような感じがします」と好意的に受けとめ、以前と違って「部落民」という用語を使うようになった。

22-2 島崎藤村

藤村は一九二三年五月の『文化生活の基礎』第三巻第五号に、自ら書いた「部落民の解放」を寄せた。ここで藤村は「部落民の解放ということが、部落民自身によって考え出されたことはまことに喜ばしい現象であります」との認識を前提に、「水平社の運動もおもしろい。

少なくとも社会を刺激してみなの目を醒《さま》させるだけでも、その運動の効果はあると私も信じています」と肯定的な意見を述べながらも、「しかし部落民の側から考えてみて、そうした運動が多数の力で圧倒的に目的を達し得られるでしょうか」との疑問を呈した。その疑問は、「結婚の問題が一番の難関として最後まで残るだろうと思うのです。それにつけても社会組織のもっとも深い根底が「性」にあることをしみじみ感じます」との藤村の部落問題認識と深く関係していた。

一九二七年六月には同愛会機関誌『同愛』第四三号に、藤村の「特に文学者として」という短文が載せられた。ここでは「部落問題に対して、特に文学者として考えることは、一般文芸家によって部落問題に関する作品が書かれることも望ましいが、特に部落の人たち自身のなかから良い芸術家が生まれてくることこそ、私は望ましいことだと思われます。そういう人の芸術によって、もっと強く訴えるものがあってほしい」と述べ、水平運動と同様に部落民に対しても大きな期待を寄せた。また、一九二八年一月に中央融和事業協会機関誌『融和時報』第三巻第一号に藤村は「融和問題と文芸」を寄せ、『破戒』の映画化にもふれて、「ともあれ、こんな機運が動いてきたというだけでも、何となく私には爽やかな若々しい感じを起こさせる。世の中はおもしろいことになってきた」と高揚感も述べるほどであった。

◉小林綱吉らの抗議による『破戒』の絶版

藤村の部落民への大きな期待と高揚感とは裏腹に、一九二九年になって『破戒』に対して危機的な事態が起こってくるようになった。新潮社は一九二八年二月に『現代長篇《ちょうへん》小説全集』全二四巻の刊行を始め、一九二九年七月には第六巻として『破戒』を収録した「島崎藤村篇」を刊行した。しかし、この『現代長篇小説全集』第六巻を最後として『破戒』は増版されなくなった、つまり、絶版になってしまったのである。

そもそも『破戒』の絶版については、戦後の一九五三年一一月に『部落』第四八号に載せられた北《きた》原泰作《はらたいさく》の「『破戒』と部落解放の問題」で、「当時、全国水平社から分裂した反動的不良分子によってつくられた関東水平社とか日本水平社とかいういかがわしい連中が、『破戒』をタネに藤村を脅してゆすろうと企て、藤村が面会しなかったので新潮社を恐喝して金銭を取り検挙された」と述べられた。ところが、一九五四年四月に部落解放全国委員会が発表した「『破戒』初版本復原に関する声明」では、「当時、全国水平社が『破戒』を絶版にさせる方針をとったことは、明確にしておく必要がある」と述べられたように、全国水平社こそ絶版をもたらした張本人とされた。

しかし、内務省警保局保安課が極秘にまとめた『特高月報』一九三九年三月分が、「島崎藤村の小説『破戒』は、昭和四年、われわれが命をかけて絶版を主張し、これを貫徹した」という小林《こばやし》綱吉《つなきち》の証言を明らかにしていたように、絶版の直接的な原因は一九二九年の小林らによる抗議であった。

この重要な事実は、一九二九年段階では広く知られることがなかった。

小林綱吉は一八九五年に群馬県高崎の部落に生まれ、一九二二年三月三日の全国水平社創立大会に参加し、一九二三年三月二三日に創立された関東水平社を拠点に活動するようになった。しかし、一九二四年一〇月の遠島スパイ事件を契機として関東水平社は全国水平社とたもとを分かち、一九二五年四月一七日には、関東水平社から離れた平野《ひらの》小剣《しょうけん》を中心として全関東水平社青年連盟が新たに結成されるなど、関東の水平運動は分裂した混迷状態に陥ってしまった。

このようななかで小林は、一九二五年一〇月に全関東水平社青年連盟の拠点である群馬県水平社から除名され、一九二八年には右翼的な日本主義水平血盟団を結成するようになった。そこで全国水平社は、一九二八年八月九日の「三不良団体及び不良分子排撃声明書」で日本主義水平血盟団と日本水平社、全国水平社芸術連盟の団体と下阪正英《しもさかまさひで》に対し、「いずれも部落民を背景とし、差別糾弾運動を名目に不良行為をなす団体で、純粋な水平運動を目的とするものではなく、その勢力は微弱にして有名無実のものに近い」と厳しく批判し、一九一四年に発表した菊池寛《きくちかん》の戯曲「特殊部落の夜」が小林らの脅迫的な糾弾によって一九二七年に絶版へと追い込まれたことも暴露した。

つまり、『破戒』の絶版をもたらしたのは、全国水平社のみならず関東水平社や全関東水平社青年連盟とも異なる日本主義水平血盟団を拠点とする小林らの新潮社への抗議であった。これと符合するかのように、一九二九年七月に出された『現代長篇小説全集』第六巻の「島崎藤村篇」では、『破戒』の「穢多」が「部落民」に変えられるなど、用語や表現について大幅な改訂が施され、藤村から寄せられた「序にかへて」でも「私の『破戒』も、もはや読書社会から姿を消していいころかもしれない」とのあきらめに近い意味深なことが述べられるほどであった。

◉全国水平社の支持による『破戒』の再刊

藤村は『破戒』が絶版となってから、それについて何も語ろうとはしなかったが、一九三五年に入って新たな動きが出てきた。一一月に新潮社から「定本版藤村文庫」が刊行されはじめるが、これに『破戒』を収録することを新潮社の支配人である中根《なかね》駒十郎《こまじゅうろう》は探り、まず初めに絶版の原因をつくった小林綱吉らに働きかけることになったようである。四月六日の『上毛《じょうもう》新聞』によると、小林ら約一五人は小林宅で関東水平社協議会を開き、「問題となっている島崎藤村氏の『破戒』の中の不適当文字について協議した結果、出版元の新潮社は今後発行するものには不適当文字を削除する旨を答えたと報告され、出席者はこれを諒として声明書を発表した」と報じられたが、これは中根の小林らに対する根回しへの厳しい対応であった可能性が高い。

中根の小林らに対する根回しは、残念ながら功を奏さなかった。むしろ、中根が根回しの重点をおいたのは、部落問題に関してもっとも影響力が強い全国水平社であった。全国水平社の常任中央委員である井元麟之《いもとりんし》は、中根の懇請もあってか、一九三六年七月に藤村と会い、一九二九年に小林らの抗議によって『破戒』が絶版となったことを初めて知り、「全国水平社としては、『破戒』の再刊を支持する気持ちがある」と伝えた。これによって藤村と新潮社は励まされることになり、『破戒』の再刊に向かって具体的な動きが始まっていくことになった。

そして、日中戦争の最中であった一九三八年一一月二三日、大阪市で全国水平社第一五回大会が開かれた。中盤も過ぎたところで議長の松本は「島崎藤村氏の『破戒』再刊支持に関して総本部より緊急動議が提出されましたので、異議ありませんか」と切り出したが、あえて突然の緊急動議にしたのは『破戒』の再刊に反対する者がいたからであろう。説明に立った井元は、「『破戒』は申すまでもなく部落問題を扱い、しかも解放的思想と理解に満ち溢《み》《あふ》れたものである。しかも明治文学史上にも画期的意義を有する不朽の作品であり、貴重なる芸術品でもある」と述べた。

そして井元は藤村からの「一昨年に全国水平社の代表の方と会い、『破戒』の再版を支持し要望してくださるとの真意がわかり、非常に喜んでいる」との全国水平社に宛てられた手紙の要点を紹介し、「われわれが従来、出版物、映画、演劇などを問題にする場合、そのほとんどは糺弾の対象としてであったが、良いもの、正しいもの、貴重なものに対しては理解と認識をもって支持し擁護するのだという本来の方針を社会に表明することは、一部の誤解を正す意味からいっても社会的意義は決して小さくない」と訴えた。これに対して大阪の栗須喜一郎《くりすきいちろう》から「島崎氏のように理解ある人に、なるべく部落問題のことも書いていただきたいと思う」との賛成意見があり、緊急動議は満場一致で可決されることになった。

これによって一九三九年二月、『破戒』は「定本版藤村文庫」第一〇巻に『破戒（別名、身を起すまで)』として再刊されたが、これにも相当の改訂が施された。しかし『特高月報』一九三九年三月分によると、小林綱吉は「せっかく亡びかけた差別的な異種族的な観念が、世の中に再燃する恐れがある。もし内務省で禁止しなければ、必ず全国のどこかで反対論が勃発するだろう。全国水平社の松本氏がこれに賛成したのは、人民戦線的かつ反戦的な傾向からであり、決して善意の賛成ではない」と悔しがった。また『特高月報』一九三九年五月分によると、あとになって部落厚生皇民運動に参加する常任中央委員の朝田善之助《あさだぜんのすけ》が「改訂版は依然として差別的傾向が濃厚である。再刊は井元が独断で承認したからである」と述べ、常任中央委員の松田喜一《まつだきいち》や大阪の北野実《きたのみのる》らと謀って、藤村と井元を糾弾しようとしたという。『破戒』は再刊されたとはいえ、まだ反対論がくすぶっていたのである。

戦後の一九五三年八月になって、筑摩書房から「現代日本文学全集」第一回配本(第八巻)として『島崎藤村集』が刊行され、これに『破戒』は一九〇六年の初版に復元して収録されることになった。こうして『破戒』は初版のまま広く読まれることになったが、『破戒』は部落問題と深く関係した影響力が強い小説であっただけに、その運命が良くも悪くも水平運動と部落解放運動の動向に翻弄されることになってしまったのは、貴重な歴史的事実として記録と記憶に永くとどめられるべきであろう。

◇参照文献

大阪人権博物館編刊『島崎藤村『破戒』一〇〇年』(二〇〇六年)
宮武利正『「破戒」百年物語』(解放出版社、二〇〇七年)

23　部落厚生皇民運動

◉新展開を模索する大和会

一九三七年四月一三日に中央融和事業協会から産業組合中央会に移った山本正男《やまもとまさお》は、全国水平社と中央融和事業協会という従来の運動的枠組みでは、日中戦争の遂行という新たな状況に対応できないと考え、新たな運動の組織的な展開を模索するようになった。一九三八年九月一七日に山本は、九月一〇日から大日本連合青年団本部に勤務するようになった北原泰作《きたはらたいさく》や中央融和事業協会の成沢英雄《なるさわひでお》と井上哲男《いのうえてつお》らと会い、「全国水平社とも融和団体とも関係なく、独自の立場から国民融和問題を考える同志的な結合によって、倶楽部《くらぶ》のような組織を持とう」と話し合いを持ちかけた。

そして、山本を中心に一九三九年二月二六日に結成されたのが大和会《たいわかい》であり、その目的は「国民融和の指導方針および実践方策を研究討議し、会員相互の親睦と修練を図る」とされ、事業として研究会や懇談会の開催をはじめ調査・研究資料の配付、会員相互の連絡、会誌の発行などがあげられた。この大和会に参加したのが、全国水平社を離脱した北原、全国水平社常任中央委員の朝田善之助《あさだぜんのすけ》や野崎清二《のざきせいじ》、松田喜一《まつだきいち》、それに成沢や井上、地方融和団体の職員らであった。

大和会の山本は、日本国体研究所と深く関係していた。日本国体研究所は、一九三八年一一月に新官僚の理論的リーダーである緋田工《あけだたくみ》や元日本共産党員の川崎堅雄《かわさきけんお》と尾崎陞《おざきすすむ》らによって結成され、「わが国体本義の理論的研究ならびにその現代社会に対する適用の仕方等を研究するとともに、その研究活動を通じ、国体本義の正しき実践者としての自修に精進せんとする」ことを目的とした研究団体であった。また山本は、産業組合青年連盟を基盤として近衛文麿《このえふみまろ》を中心とした政治体制を準備していた有馬頼寧《ありまよりやす》とも公然と連携し、内務省からは有馬が大和会に資金を提供しているのではないかと警戒されるほどであった。

大和会は、結成に際して発表した『大和会創立趣意書』で、日中戦争を「白人欧米の帝国主義と赤魔の桎梏《しっこく》から東亜諸民族を解放する」ものととらえ、「今次の聖戦の発展は、国内改革なしには新秩序の建設は不可能である」と、戦争の遂行と国内改革を結びつけようとした。そして「部落問題の完全な解決こそ、皇国日本の新体制完成の必須条件であり、国内改革の重要課題である」とし、そのために「新東亜建設との一貫性を有する新日本国民組織の中核細胞として、物心一如の部落協同体組織が再編成される必要がある」と主張した。

まさに大和会は、日中戦争と結びつけて国内改革の一環として部落問題の解決を位置づけ、全国水平社と融和団体の革新的指導者を横断的に組織しようとした研究団体であった。この大和会に対して、全国水平社は無視を決め込んだ。しかし、融和団体に食い込もうとする大和会に危機感をもった中央融和事業協会の理事である三好伊平次《みよしいへいじ》は、一九三九年五月の機関紙『融和時報』第一五〇号に載せた「部落協同体の編成とは何事ぞ！」で「取りあげるほどの価値ある問題でないかもしれない」と言いつつも、「融和事業は精神運動に基調を置くものであって、国内改革などというような大それた企てを含む性質のものではない」と批判せずにはいられなかった。

◉全国水平社解消を主張する部落厚生皇民運動

一九三八年一一月二三日の第一五回大会を乗り切った全国水平社は、日中戦争の進展に対応しながら、従来どおりの基本的課題である差別糾弾闘争と生活擁護闘争を進めていった。一九三九年八月二八日に予定されていた全国水平社第一六回大会が中止されると、大和会に参加していた朝田は公然と全国水平社の方針に反旗を翻し、「今後の方針の第一は、まず全国水平社の発展的解消である」と主張するようになった。また野崎も、朝田と同様に、全国水平社の方針が間違っているために水平運動は行き詰まったので、全国水平社と各融和団体が解消し、「国家協同体の基礎単位となる部落協同体を確立させ、それによって身分的差別は解消する」との展望を述べるにいたった。この二人の発言の背景には、「本会それ自体の発展において自然に生じる摩擦はやむをえない。これを回避するなら本会の発展は望みがたい」という大和会の方針があった。

九月から一一月にかけて、大和会に参加する朝田や北原、松田、野崎は頻繁に会合を開き、大和会を徐々に研究団体から実践団体へと移行させせようとした。これをふまえて全国水平社書記長の井元麟之《いもとりんし》は、全国水平社常任中央委員を、朝田と松田の大和会支持派、野崎の大和会系、泉野利喜蔵《いずのりきぞう》と自らの大和会非支持派、中立的立場の上田音市《うえだおといち》に色分けし、「大和会は九州では支持を得ていないが、全国水平社内でメンバー獲得に奔走している模様である」と危惧するほどであった。

一九四〇年二月二七日の衆議院本会議で、政友会《せいゆうかい》の庄司一郎《しょうじいちろう》が差別発言をおこなった。これを全国水平社は問題とし、浅沼稲次郎《あさぬまいねじろう》らの仲介によって三月一四日の松本治一郎《まつもとじいちろう》による衆議院本会議での「融和問題ニ関スル緊急質問」が実現した。これを全国水平社は「解放運動史上、永久に特筆銘記されるべきもの」と評価し、中央融和事業協会も四月の『融和時報』第一六一号で好意的に紹介した。

朝田や上田、北原、野崎、松田らは独自の動きを起こすために大和会から離脱し、四月三日に大阪市で部落厚生皇民運動全国協議会準備会を開いた。ここに部落厚生皇民運動が開始されたが、その目的は、帝国日本の戦争政策と政治革新に即応しつつ、部落の経済厚生によって天皇制国家の基礎組織を確立させることであり、そのために全国水平社を解消させて、革新的な一大国民運動を展開させようとした。部落厚生皇民運動は、一九三八年に西光万吉《さいこうまんきち》を中心に展開された新生運動グループの主張と酷似《こくじ》し、まるで新生運動の再来であるかのようであった。また部落厚生皇民運動は、大和会と密接に関係する日本国体研究所から分かれた川崎や尾崎によって一九四〇年一月に結成された、実践団体としての性格をもつ日本建設協会と連携することになった。

朝田と北原は、「部落厚生皇民運動はいずれの政治的団体にも参加せず、真の国民運動としての部落運動をなすべきであるとともに、他の団体の協力を求める方針を堅持すべきである」との方向を示した。しかし、研究団体として大和会を存続させる山本や成沢、井上らが部落厚生皇民運動に参加しなかったことをふまえ、松田は「大和会の運動資金が山本を通じて有馬頼寧から出ているため、山本が部落厚生皇民運動に参加しないと資金面だけでなく、融和団体関係者も山本と行動をともにするから、部落厚生皇民運動は窮地に陥る」との危惧を表明せざるをえなかった。

部落厚生皇民運動には四人の常任中央委員に加えて、山口の山本利平《やまもとりへい》や岡山の三木芳太《みきよした》、奈良の市《いち》山弥三平《やまやさへい》、愛知の生駒長一《いこまちょういち》ら、全国水平社の中央委員も参加した。しかし、松本や泉野、井元、田《た》中松月《なかしょうげつ》らは四月八日に協議し、「部落厚生皇民運動は左翼運動前歴者による共産主義運動にもとづく偽装運動であるから、破綻することは必然であり、全国水平社に大きな打撃はない」との楽観的な見通しを示した。とくに井元は、警戒しながらも「外観的には相当な勢力があるように見受けられるが、幹部に人間らしいところがなく、部落大衆はついていかない」と断定し、松本にいたっては「彼らの力で全国水平社をつぶせるものなら、つぶしてもらいたい。彼らはいわゆる思想転向者である」と敵意を露《あら》わにするほどであった。

◉全国水平社の近衛新体制運動への接近

一九四〇年二月二日、立憲民政党《りっけんみんせいとう》の斎藤隆夫《さいとうたかお》は帝国議会で著名な「反軍演説」をおこない、斎藤の議員除名が大きな問題となった。松本が所属する社会大衆党は除名に賛成の方針を決定したが、除名を可決した三月七日の衆議院本会議に委員長の安部磯雄《あべいそお》や片山哲《かたやまてつ》、西尾末広《にしおすえひろ》、それに松本ら一〇人が欠席した。社会大衆党は安部と松本を除く八人を除名したが、安部や松本らは新党の結成を準備することになった。全国水平社の福岡県連合会や広島県連合会は松本の新党参加の「極力応援支持」を決定し、長野県連合会の朝倉重吉《あさくらじゅうきち》も「新党へ松本代議士が力を入れている関係で、全国水平社はほとんどこれへ行く」との見通しを述べた。安部を担いだ新党計画は勤労国民党として具体化したが、五月七日に結社禁止の処分をうけた。

おりしも五月から、近衛を担いで挙国一致的な新党を結成しようとする新体制運動が盛り上がることになった。この近衛新体制運動を全国水平社は「国内体制の必然的動向」と評価し、情報の収集と具体策の立案にとりくみはじめた。とくに井元は田中に「近衛新党に便乗ではなく、一大国民運動的な新党支持運動を展開すべきだ」と伝え、松本も東京で積極的に情報の収集に努めた。全国水平社が警戒したのは、部落厚生皇民運動が山本らの大和会をとおして近衛の側近である有馬に接近することであった。しかし、有馬につながって近衛新体制運動に参加しようとしたのは大和会の山本であり、これを官憲は「全国水平社と部落厚生皇民運動を解消して国民融和運動を、近衛を中心に結成される新党の傘下に糾合しようとするものだ」と推測した。

六月二四日、松本は腹心である福岡の樋口理蔵《ひぐちりぞう》を、樋口の義父である朝日新聞社の笠信太郎《りゅうしんたろう》を通じて、近衛のための国策研究機関として一九三六年一一月に活動を始めた昭和研究会の後藤隆之助《ごとうりゅうのすけ》に会わせて、全国水平社が新党に参加する用意があることを伝えさせ、自身も後藤の紹介で近衛に会った。また松本は、全国水平社中央委員長名で「挙国新党と吾等《われら》の態度」という声明を発表し、ここで新党の政治的意義を述べるとともに、八月二八日の「解放令」発布記念日に「全国水平社解体の声明」を発表する用意があることを述べるほどであった。これは、六月二四日に近衛が新体制への意思を声明したのにあわせて、政党や大衆団体が解消を急いだ動きに呼応した結果であった。

井元は七月九日に泉野を訪ね、「近衛新党には、全国水平社としては大局的観点に立って協力したい。部落厚生皇民運動を科学的に解剖していくと杜撰《ずさん》であり、発展性があるはずがない」と述べた。これに対して、全国水平社の常任中央委員でありながら部落厚生皇民運動の野崎と親しく、また有馬とつながる西光とも連絡をとっていた泉野は、「全国水平社が解体して新体制に参加することは事実で、松本の腹は決まっているらしい。全国水平社も部落厚生皇民運動も解消して、近衛の新体制運動のなかに溶け込ましていくことでなければならぬ」と返答した。つまり全国水平社は、自らの解消さえ視野に入れながら、近衛や有馬らに何らの回路をもたない部落厚生皇民運動に先んじて近衛新体制運動に参加し、部落問題において主導権を握ろうとしたのであった。

◉全国水平社と部落厚生皇民運動の対立

全国水平社は、近衛新体制運動への参加を模索しつつあった六月一八日に協議をおこない、「全国水平社としては、部落厚生皇民運動は何ら意に介す程度のものではない。部落厚生皇民運動と対立するような態度をとること自体が、外部に全国水平社の分裂抗争を暴露する結果となるので、対策を講じず黙視する」との立場を確認した。しかし七月二二日、部落厚生皇民運動は東京で準備委員会を開き、八月二八日に大阪市で第一回全国会議を開くことや、新体制運動に沿って一大国民運動を展開することなどを決定した。

これに対して全国水平社は七月二四日に中央委員長の松本の名で、八月四日の緊急拡大中央委員会の招集状と、大阪の栗須喜一郎《くりすきいちろう》や東京の深川武《ふかがわたけし》、長野の朝倉、山口の田村定一《たむらさだいち》、徳島の成川義男《なるかわよしお》ら五人の中央委員を新たな常任中央委員として追加する臨時措置の報告文を発した。これに反発した部落厚生皇民運動の朝田や上田、野崎、松田は、全国水平社常任中央委員の肩書を付け、八月一日に市山や三木、山本利平らと連名で「全国水平社緊急拡大中央委員会招集に対する吾々《われわれ》の態度」という文書を各中央委員に送りつけ、全国水平社の切り崩しを図った。また、八月三日に部落厚生皇民運動は翌日に開かれる緊急拡大中央委員会の対策協議会を開いて、出席して全国水平社の解消を主張するか、欠席して文書活動のみとするかを協議したが、結局は、全国水平社の解消と部落厚生皇民運動の全国化を決意した声明書を発表することになった。

23-1 全国水平社緊急拡大中央委員会（1940年8月4日）。荊冠旗のすぐ後ろが松本治一郎で、部落厚生皇民運動グループの除名などを決めた

そして、八月四日に大阪市で全国水平社緊急拡大中央委員会が開かれ、朝田や北原、野崎、松田は全国水平社から除名、上田は処分一時保留、生駒や市山、三木、山本は事情聴取してから措置を常任中央委員に一任、そして常任中央委員は泉野と井元に七月二四日に追加した五人を含めて七人にすることなどを決定した。ここで井元は「部落厚生皇民運動の勢力はまことに微々たるものであり、発展性がない。小さいものを相手にすること自体が、外部に対して大きな全国水平社が二つに割れた印象を与える。彼らは全国水平社内ではできなかった共産主義運動を、飛び出して外でやろうとしている」と批判した。また、静岡の小山紋太郎《こやまもんたろう》は「いまさら全国水平社を解散して、部落厚生皇民運動に加盟して再出発しなければならない必要は認められな

い。部落厚生皇民運動の松田や北原には、われわれが信頼して歩み寄ることのできない何かがある」と、人格的な疑問さえ呈するほどであった。

部落厚生皇民運動は八月六日に京都市で協議し、全国水平社による八月四日の決定を黙殺しつつ、今後は全国水平社との摩擦を避け、文書によって全国水平社の自滅を誘導する方針に切り替えた。そして北原は、「われわれの影響下にある全国水平社の中央委員に部落厚生皇民運動への支持決議を発せさせ、全国水平社の内部的自壊作用を促進させる。全国水平社は依然としていわゆる階級闘争手段を持続させ、質的に変わらず大衆性をもっていないので、必然的に行き詰まっている。われわれは最後まで、全国水平社の完全解消にむかって邁進《まいしん》する」との決意を述べた。また朝田も、「松本は二、三年もすれば全国水平社は解消するので、急ぐ必要はないと言っている。自分は光栄ある除名と思っているが、全国水平社から挑戦された以上は、全国水平社の解消に全力を傾注するつもりだ」と挑発的な言葉を発した。

しかし、部落厚生皇民運動の松田と関係が深かった大阪の北野《きたの》実《みのる》は、「全国水平社は部落意識にもとづく運動、部落厚生皇民運動は国家意識にもとづく運動という点に、根本的な相違がある。理論的にみれば全国水平社にはまったく見る影もないが、部落厚生皇民運動は一応完成していて、自分としても同感である」としつつも、「自分は第三者として真面目なもののできるまで情勢をみるよりほかない」と状況の推移を見守ろうとした。つまり、全国水平社と部落厚生皇民運動の対立が激しくなるなかで、どちらにも巻き込まれず中立的な立場を堅持しようとした者もいたのである。

◉孤立する部落厚生皇民運動

全国水平社は、部落厚生皇民運動に参加する者を処分してから、部落厚生皇民運動にはまったくふれることなく、独自の運動を展開していった。そして一九四〇年八月二八日、東京で全国水平社第一六回大会が開かれた。参加者は代議員の一九七人を含めて四三三人を数え、弁護士の布施辰治《ふせたつじ》をはじめ衆議院議員の富吉栄二《とみよしえいじ》や水谷長三郎《みずたにちょうざぶろう》、田原春次《たはらはるじ》、中央融和事業協会から井上、中村至道《なかむらしどう》、伊藤末尾《いとうすえお》らが来賓として出席した。大会では部落厚生皇民運動に対する見解はまったくなく、中心議案の「部落問題（国民融和）完全解決体制樹立に関する件」で示されたように、「わが全国水平社は、部落大衆の純正真摯なる愛国の赤心を代表し、国体の真姿を顕現すべく東亜皇道秩序建設の行者として、軍官民一体の全国民的運動による部落問題（国民融和）完全解決をめざし、大和報国の維新体制樹立に邁進すべし」と主張した。

同じ日に部落厚生皇民運動全国協議会第一回全国会議が大阪市で開かれ、野崎が理事長に選出された。しかし参加者は八七人と振るわず、「経過報告」で「いまだ組織が微弱であること、全国的普遍性が十分とはいえないこと、主体勢力が弱い」と自ら認めざるをえないなど、部落厚生皇民運動の勢力はきわめて弱かった。また、全国水平社が参加しようとしていた近衛新体制には対抗的立場を鮮明にし、八月一六日に国家主義団体や国家主義者個人を糾合して結成された翼賛体制建設青年連盟などと連携して、自主的な国民運動による国家革新を実現しようとした。

　しかし、部落厚生皇民運動の地域的な影響力は限定され、部落厚生皇民運動の主導で協同組合運動が展開された地域は、上田の三重と松田の大阪、朝田の京都などわずかな府県にすぎなかった。むしろ部落厚生皇民運動が力を注いだのは、自らの影響力が及ぶ全国水平社の府県連合会と支部の解散であった。まず八月二五日、生駒らは全国水平社愛知県連合会の解散式を開き、荊冠旗《けいかんき》を焼却した。九月三〇日、上田らは全国水平社三重県連合会の解散と部落厚生皇民運動三重県協議会の結成を決定した。一一月一一日、野崎らは全国水平社岡山県連合会の解散と部落厚生皇民運動岡山県協議会の結成を決定した。このほか、山本利平らによって全国水平社山口県連合会が解散させられるなど、部落厚生皇民運動は全国水平社との対決姿勢を鮮明にしていった。

　これに対して全国水平社は、融和団体と連携する大和国民運動を具体化させ、一一月三日には融和運動家とともに大和報国運動を発足させた。この動きによって部落厚生皇民運動は孤立していくことになり、一一月一五日には常任理事会を開いて解散を決定した。解散の理由は「全国水平社との対立関係が激化し、部落厚生皇民運動そのものが部分的、対立的運動となった」とされたが、左翼転向者による運動であることから官憲の取り締まりが強かったことも作用していた。

　そして一二月九日、京都市で部落厚生皇民運動全国協議会解体会議が開かれたが、参加者はわずか三〇人ほどにすぎなかった。ここでは敗北的な解体ではないことが強調されたが、山口の山本藤政《やまもとふじまさ》からは「部落厚生皇民運動の解散による、われわれの今後の任務や活動について具体的に指示されたたい」、三木からも「解散後のわれわれの進むべき目標について具体的に指示されたい」など、戸惑いを隠せない質問があった。これに対して北原は、具体的な目標や活動について何ら説明することなく、ただ「自分自身こうしなければならないのだという信念をもってもらいたい」と各自の精神主義を強調しつつ、「融和団体が全国的に活動を開始し、われわれはその機構のもとに全力を挙げて各々の職場において御奉公が約束されている」と述べ、敵対していた全国水平社ではなく、融和団体に今後を委ねようとするだけであった。

部落厚生皇民運動は、日中戦争を遂行する帝国日本における国家的見地から部落問題を位置づけ、戦争政策と連動した国内改革をめざす革新的政治運動とつながろうとした。そのために、全国水平社の解消によって一大国民運動を展開しようとしたが、結果的には全国水平社との対立を強めて部落民の分裂を増幅させ、自らの影響力を拡大させることなく、孤立していくばかりであった。全国水平社と部落厚生皇民運動の激しい対立は、帝国日本の戦争政策と政治路線をめぐる諸勢力の対抗と協調に影響されつつ主体的にかかわった結果であったことをふまえると、今日における部落解放運動の方向を見極めるためには、現代日本をめぐる錯綜《さくそう》した国内外の諸状況を冷静に注視することも重要であろう。

◇参照文献

藤野豊「戦時下水平運動と部落厚生皇民運動の思想」（藤野豊『水平運動の社会思想史的研究』雄山閣出版、一九

八九年）

朝治武「戦時期水平運動における総本部派の位置」（朝治武『アジア・太平洋戦争と全国水平社』解放出版社、二〇〇八年）

24　大和報国運動

◉全国水平社の融和団体との連携

内部に分岐を抱えながらも、一九三八年一一月二三日の第一五回大会を乗り切った全国水平社は、あらためて自らの姿勢を明確にするため、一九三九年八月一日に『全水ニュース』を発行した。まず「革新的気魄《きはく》に充《み》ちて全水運動を斯《か》く進めよ」という論説では、「部落差別の原因となっている部落の悲惨なる経済、文化環境の根本的打開を、われわれの自奮自励によって実現させる。真の皇道主義、全一体主義建設をめざして、新東亜《とうあ》の樹立、国内革新のための国民運動の先頭にわれわれが立つべきで、国家的見地から部落問題を扱うべきである」ということが強調された。次に「国民融和への道」という論説では、「差別観念の根絶は、新東亜建設の第一要件である。差別事件が起こった場合は、水平社だけで糺弾するという方法ではなく、挙国一致達成、国内相克を排除して総親和の実を築くため、市町村当局、学校長、各種団体代表者、警察官、融和団体、水平社が差別対策協議会を組織し、連帯的に協力して処理する」ことが提案された。

このような姿勢は、全国水平社の最大拠点で中央委員長の松本治一郎《まつもとじいちろう》を擁する全国水平社福岡県連合会で早くから実践に移されていた。一九三九年一月七日に福岡県連合会は福岡県社会課や福岡市社会課、福岡県警察本部特別高等課、福岡憲兵分隊などと懇談会をもち、井元麟之《いもとりんし》によって「差別事件が起こった際には、われわれは過去の糺弾方針を清算し、国民的協力によって解決する」と説明され、参加者から賛意が表された。翌日に開かれた福岡県連合会支部代表者会議では「差別事件に対する糺弾に関する件」が提案され、田中松月《たなかしょうげつ》から「過去の水平社の差別糺弾は誤りであり、糺弾は絶対に必要とするが、その方法によっては水平運動を歪曲《わいきょく》し、国民融和を阻害する」とまで注意を与えられるほどであった。

この支部代表者会議では「融和団体との連携に関する件」も提案され、田中から「国民協力一致体制の確立を必要とするとき、全国水平社も積極的に各融和団体との連携を緊密にして、部落民の解放に専念すべきである」と説明された。一九四〇年一月一四日に開かれた福岡県連合会支部代表者会議では、「市町村に於《お》ける融和機関の確立」という方針も可決された。そして、融和団体との連携に積極的であった田中は、一九三九年から融和団体の福岡県親善会《しんぜんかい》の嘱託や理事になるほどであった。

一九三九年二月七日に松本は、衆議院予算第二分科会で厚生大臣の広瀬久忠《ひろせひさただ》に地方改善費の大幅な増額を要求し、三月中旬には総理大臣で中央融和事業協会の会長でもあった平沼騏一郎《ひらぬまきいちろう》と会見し、部落問題の現状を説明して完全解決の方策立案を力説した。また、全国水平社中央委員である東京の深川武《ふかがわたけし》は、部落産業である雪駄《せった》の製造に関係して四月六日に設立された日本漂白竹皮履物工業組合連合会の理事長になり、松本と中央融和事業協会の常務理事である小山三郎《こやまさぶろう》が顧問となった。これをふまえて年末には、井元と田中は中央融和事業協会の幹部と協議し、全国水平社から泉野利喜蔵《いずのりきぞう》や井元、田中、深川と中央融和事業協会からの三人によって非公式の連絡委員会が設置されることになり、全国水平社と中央融和事業協会の連携が具体化していった。

◉中央融和事業協会との合同の協議

一九四〇年四月三日、部落厚生皇民運動全国協議会準備会が開かれ、全国水平社は部落厚生皇民運動と激しく対立していくことになった。また、五月から全国水平社は近衛文麿《このえふみまろ》を軸とした新体制運動への参加を模索するようになった。この二つの動きは、密接に関係していた。つまり全国水平社は、自らより国家主義的傾向が強く近衛新体制運動への参加をも視野に入れていた部落厚生皇民運動に対抗するため、中央融和事業協会との連携を強める以上に一体化するところまで進むことによって、部落厚生皇民運動に先んじて近衛新体制運動への参加を実現し、部落問題における主導権を握ろうとしていたのであった。

近衛新体制運動への参加が全国水平社の命運を決すると考えた松本は、井元や田中、深川に東京での中央融和事業協会との会合を急がせた。七月八日に第一回の会合が開かれ、いきなり全国水平社から自らと中央融和事業協会が解消して「新機構結成にもとづいて一元化を図る」ことが提案されたが、あまりにも唐突で大きな問題であったので、両団体は持ち帰ることになった。中央融和事業協会では「合同の時期ではない」として反対する参事の下村春之助《しもむらはるのすけ》が、賛成の立場であった常務理事の小山や嘱託の伊藤末尾《いとうすえお》、中村至道《なかむらしどう》を説得し、「中央融和事業協会は解消せず、両団体は連絡協議会を組織して相互に連携する」ことで意見統一を図り、厚生省社会局生活課長の武島一義《たけしまかずよし》からも同意を得た。

七月一五日に第二回会合が開かれ、ここでは両団体が解消して合同することを主張する全国水平社の田中および深川と、「合同は困難である」とする下村が激しくやりあった。しかし武島は、中央融和事業協会の意思統一を無視して、「中央融和事業協会の解消は全国水平社の面目を立てるために必要だ」と述べ、これに中村が賛成した。そこで全国水平社から「新機構結成にあたっては、松本を副会長にすべきだ」と提案され、武島は「常務理事くらいが適当だろう」と答え、具体案を作成することになった。武島が態度を豹変《ひょうへん》させたのは、松本や全国水平社を中央融和事業協会に取り込めると考えたからであった。そして七月一六日と一八日に全国水平社の井元や田中、深川、中央融和事業協会の伊藤と中村が集まり、井元の案を修正して「新機構要綱試案」を作成した。「新機構要綱試案」の最大の特徴は、政府のもとに中央機関として「大和国民運動」を設置することであった。

「新機構要綱試案」は七月二〇日の第三回会合で協議されたが、下村が「全面的に反対だ」と述べたため保留となり、下村が新たに作成することになった。武島は、七月二五日に井元や田中、深川を厚生省社会局長の新居善太郎《あらいぜんたろう》に会わせるほど合同に熱心であった。しかし、下村は合同に熱心な小山や伊藤、中村に不信を抱き、小山らを信頼する武島へは「全国水平社と中央融和事業協会は性格やイデオロギーが違う。全国水平社には、反対する大臣は刺殺すとの暴言を吐く者もあり、はたして将来、無事には運営できない」と伝えた。そこで武島も下村に同意せざるをえなくなり、中央融和事業協会としては「全国水平社を解消し、中央融和事業協会に合併する」か「両団体で連絡協議会を設ける」という方針に変更した。

七月二六日に第四回会合が開かれ、中央融和事業協会は変更した自らの方針を説明したが、深川は「われわれをペテンにかけるものだ。両団体を解消するのみだ」と激しく反発して譲らなかった。そこで中央融和事業協会は、深川に押されながら、深川の提案を基本とした「両団体が八月二七日までに解体し、二八日に新団体の創立大会を開く」ことを内容とする「覚書案」に賛成せざるをえなかった。しかし、七月二九日に事態を重くみた中央融和事業協会の理事である三好伊平次《みよしいへいじ》らは東京に馳せ参《はせさん》じて、合同に反対であることを述べ、これをうけて武島は深川に全国水平社として「覚書案」を発表しないように要請した。合同の話が進展しないことを知った松本は八月一日に平沼にも会って合同の必要性を説いたが、平沼から積極的な発言を引き出すことはできず、全国水平社と中央融和事業協会が合意したはずの「覚書案」は宙に浮いてしまった。

◉中央融和事業協会の大和報国運動からの離脱

一九四〇年八月四日に大阪市で全国水平社緊急拡大中央委員会が開かれ、部落厚生皇民運動の朝田《あさだ》善之助《ぜんのすけ》や野崎清二《のざきせいじ》、松田喜一《まつだきいち》を除名し、中心議案の「部落問題（国民融和）完全解決体制樹立に関する件」が提案された。説明に立った深川は「近衛新体制運動に全国水平社も無関係ではない。政府と歩調を合わせるなら、全国水平社を解消してもよい」と述べ、「東亜皇道秩序建設の行者として軍官民一体の全国民的運動により、部落問題（国民融和）完全解決をめざし、大和《たいわ》報国の維新体制樹立に邁進《まいしん》する」ことが決定された。

八月七日に井元や深川、朝倉重吉《あさくらじゅうきち》、田村定一《たむらさだいち》らは内務省と警視庁を訪問して大和国民運動を説明し、八日には中央融和事業協会の小山や伊藤、中村と新居を訪ね、両団体から幹事を選んで大和国民運動協議会という暫定的連絡機関を立ち上げることで一致した。しかし、これは小山の独断によるものであったので、解任された小山に代わって菊山嘉男《きくやまよしお》が新たに常務理事に就任することになった。これは、合同に積極的な小山や伊藤、中村と、合同に反対する平沼や下村らの中央融和事業協会内における対立の結果であった。

ようやく八月二八日、東京で全国水平社第一六回大会が開かれた。松本に近い衆議院議員の富吉栄《とみよしえい》二《じ》や水谷長三郎《みずたにちょうざぶろう》、田原春次《たはらはるじ》とともに、中央融和事業協会として合同に動いた小山や伊藤、中村らも来賓として出席した。中心議案は八月四日にも緊急拡大中央委員会に提案された「部落問題（融和問

24-1 全国水平社第16回大会（1940年８月28日）。議長席には松本治一郎が座り、荊冠旗より日の丸のほうが目立っている

題）完全解決体制樹立に関する件」であり、大きな議論もなく可決された。翌日に東京で開かれた中央委員会では、総理大臣や厚生省、中央融和事業協会、府県の知事を訪問して協力を仰ぐことが決められ、全国水平社として近衛新体制運動に連動した大和国民運動の推進を急ぐことになった。

　九月八日、東京で大和報国運動準備第一回懇談会が開かれた。この時点で、名称は大和国民運動から大和報国運動に変更された。ここには、全国水平社の松本や井元、田中、深川、中央融和事業協会から菊山や伊藤、中村、井上哲男《いのうえてつお》、植木俊助《うえきしゅんすけ》、大和会の山本正男《やまもとまさお》と柳田毅三《やなぎだきぞう》が参加した。全国水平社と山本から「中央融和事業協会は全国水平社とともに解散すべきである」との意見が出されたが、菊山は「中央融和事業協会を解散すべきという会合に、常務理事として出席することは責任がもてない」と、不参加をほのめかすほどであった。

第二回の九月一九日に続いて、第三回の懇談会が九月二五日に開かれた。ここでは、厚生省も協力できるような新しい融和運動を起こすことで意見が一致されようとしたが、菊山から「中央融和事業協会と別個に組織をもつことには賛成できない。最初の話では協議機関を設けるはずだった」という異議が出され、中央融和事業協会は大和報国運動から離脱してしまった。この菊山の異議の背景には、「全国水平社は著しい反政府的過去を有する団体であるから、合同できない」という中央融和事業協会の会長である平沼の強い意思が存在していたという。

◉寄り合い所帯の大和報国運動

一〇月一二日、近衛新体制運動の帰結として大政翼賛会が結成された。総裁には総理大臣の近衛文麿が就き、ここに政府のみならず解散した政党関係者、軍や民間をも網羅した、まさに日本ファシズムの確立と評される官製国民統合組織が実現したのである。この日、松本らは明治神宮を参拝し、「我等は大御心《おおみこころ》を奉戴し、一切の私心を去り、過去に泥《なず》まず、個々の立場に捉《とらわ》れず、協心戮力《きょうしんりくりょく》、以《もっ》て一億一心大和報国の運動に全力を尽くさんことを誓ふ」という大和報国運動の「誓」を作成した。これは大政翼賛会の「誓」にあった「新体制確立の為《ため》」を、「一億一心大和報国の運動に」に変更しただけのものであった。また、同日に大和報国運動第一回準備会を開いて綱領案などを議論し、その後も一一月三日の大和報国運動発足大会にむけて準備を進めていくことになった。

一一月二日、東京で全国水平社府県代表者会議が開かれた。井元は「一億一心すべきときに部落問題だけを論じることは、国民思想の妨げになる。国家的見地よりみて、部落問題を解決する必要がある」と述べ、全国水平社の即時解消を主張した。しかし、松本は「われわれは全国水平社の解散の決意はもっているが、あのような中央融和事業協会の態度では無理だ」と述べ、全国水平社の解消は時期尚早であるとした。このように即時解散と時期尚早を主張する者に分かれたが、「我々は全国水平社解消の決意を有す。我々は総《すべ》てを挙げて大和報国運動を支持す」という決議を採択することで落ち着いた。

この日、松本や井元、田中、深川、山本、伊藤らが、大政翼賛会事務総長の有馬頼寧《ありまよりやす》と会見し、大和報国運動を大政翼賛会に位置づけるよう要望した。しかし、有馬は「大政翼賛会は大局的な問題を扱っているから、部分的な問題は関知していない。しかし、将来は大和報国運動を取り上げ、大政翼賛会の内部に組織化できるよう十分に検討していく」と述べるだけであった。また、同日に伊藤が厚生大臣の金光庸夫《かねみつつねお》と会見したが、金光は「当分、大和報国運動の健全な発展を見守る」と述べるにとどまった。このように、大政翼賛会と厚生省の大和報国運動に対する態度は、きわめて消極的なものであった。

しかし一一月三日、東京で大和報国運動発足大会が開かれた。組織方針を示す「実践指標」では大政翼賛会と表裏一体であることが強調され、一九四一年一月二七日の大和報国運動全国協議員会議では「運動方針」には、「亜細亜《アジア》を屈辱的地位より解放し東亜諸民族の協和を期す」という興亜運動的もしくはアジア主義的な内容が付け加えられた。とくに中心人物の一人である陸軍中将の島本正一《しまもとまさいち》は、「東洋民族はすべて大和報国運動に合流し、仲良くしていくことが必要である。大和報国運動は、新日本建設運動である」とのあいさつをするほどであった。

実質的な代表には島本が就き、深川は常務理事になった。島本は陸軍憲兵学校教授であった中村と親しく、中村は聖訓奉旨会の伊藤らとともに一九三九年一月に融和運動を興亜運動として位置づける興亜精神同盟を結成していた。つまり、理事の構成から大和報国運動をみると、基本的には松本や井元、田中、深川らの全国水平社系、山本や柳田、中西郷市《なかにしごういち》らの大和会系、それに伊藤や中村、島本らの興亜精神同盟系という三つの勢力の寄り合い所帯であった。ここで問題となるのが政府筋の対応であるが、内務省は「大和報国運動の主旨は不可ではないが、全国水平社の色が強いという印象を与えないため、松本を責任ある地位や実務的な任務に就けない」という意向であって、警戒の目を光らせた。

◉全国水平社の大和報国運動との決別

一一月二九日に大政翼賛会の府県組織として福岡県支部が設置され、顧問の一人として松本が推薦されることになった。そこで一九四〇年一二月七日の『九州日報』によると、松本は「新聞でその話は知った。どれだけできるか自分でもわからないが、県民のために滅私奉公の気持ちで懸命にやってみるつもりだ」と述べ、大政翼賛会福岡県支部の顧問に就任することになった。大和報国運動が発足したものの、大政翼賛会との関係は容易に進展しなかったが、その状況を打開する手段のひとつとして松本は大政翼賛会福岡県支部の顧問を受けたのであろう。

一九四一年に入って大和報国運動は各地で懇談会や協議会などを開くなど、その活動は本格化した。これらの場で井元は「欧米の桎梏《しっこく》より全東亜を解放して大東亜共栄圏を確立するため、とくに国内問題の中心にあるのが部落問題である」とし、「大和報国運動は大政翼賛運動と表裏一体として推進する」ことを強調した。また、伊藤は「東亜諸民族の協和こそ重要である」とし、山本も「部落問題は重大問題である」としつつも「大和報国運動は単に部落問題だけでなく、朝鮮同胞や台湾同胞の解放運動であり、東亜民族解放の運動である」と述べるなど、各人は興亜運動の側面を強調した。しかし、松本は「大和報国運動は融和問題の完全解決を目標とするものだ」と述べ、あくまでも大和報国運動の中心課題は部落問題であることを強調した。このように、大和報国運動内には意見の相違が目立ってきた。

一月一六日、松本は山本を伴って有馬と会見したが、有馬は自らの日記に「右翼の中には松本を知っている人は相当多い。全国の親分は、大部分が部落出身らしい」と記したように、大和報国運動ではなく松本個人に関心を示し、せいぜい個人として大和報国運動での講演を引き受けるだけであった。それでも、一月二六日に開かれた大和報国運動全国理事会で「大政翼賛会と表裏一体となる」という方向が確認され、また、伊藤や中西が発言したように引き続き「中央融和事業協会との一元化」がめざされた。しかし四月一二日、右翼団体など批判勢力に妥協することによって有馬が大政翼賛会事務総長の辞任に追い込まれ、大政翼賛会は当初の革新性を失って単なる内務省の補助機関と化していった。ここにいたって大和報国運動は、大政翼賛会との表裏一体にとって軸となるはずの有馬に期待できなくなった。

そして五月五日、大阪市で大和報国運動第一回全国推進員大会が開かれたが、最後になって大事件が勃発した。病気を理由に欠席した有馬に代わって講演した松本は「全国水平社が大和報国運動を支持するということは、水平運動が悪いからではなく、支持しても水平運動の妨げにならないから支持しているだけである。大和報国運動は、全国水平社を裸にせんとする陰謀である。その証拠に、中央融和事業協会は大和報国運動への参加を拒否しているではないか。われわれは、だまされてはならない」と発言し、大和報国運動との決別を宣言するにいたったのである。

もともと「島本は陸軍中将で、満州のどこかで憲兵隊に勤め、水平運動の抑圧者として行動するだろう」と見なしていた松本は、「極端な水平運動は益より害がある」と述べていた島本に対して単に反発しただけではなかった。そして松本は、大政翼賛会との表裏一体は進展せず、また、中央融和事業協会は解散の意思を表明しようとしないばかりか大和報国運動にさえ参加しようとはせず、さらに大和報国運動が全国水平社を解散させて興亜運動の方向を強めようとすることに対する強い苛立《いらだ》ちと失望をいだいた。これこそが、松本をして大和報国運動との決別を宣言させたのであった。

全国水平社には、井元のように興亜運動の側面に理解を示してひそかに大和報国運動とのつながりを維持する者もいたが、中央委員長である松本の意向に従って全国水平社は全体として大和報国運動と決別する道を選ぶことになった。全国水平社が決別した大和報国運動は、もはや部落問題において大衆的基盤を失い、八月三日に名称を大和報国会に変更して興亜運動団体としての性格を明確にすることになった。そして一九日には、大政翼賛会の外郭団体として七月六日に結成された大日本興亜同盟に加盟して、組織を存続するしかなかった。

全国水平社にとって大和報国運動とは、本来的に自らと中央融和事業協会が解消したうえで合同することによって、近衛新体制運動の帰結として結成された大政翼賛会に参加し、国家的規模で部落問題を解決していこうとするものであった。しかし、この全国水平社のもくろみは何ひとつ実現することはなく、最終的には破綻に帰結した。この無惨なまでの破綻は、全国水平社の中央融和事業協会への甘い見通しや、政府や大政翼賛会への度を過ぎた期待の裏返しであったが、何よりも帝国日本の戦争政策やファシズム支配に便乗した結果でもあった。これをふまえると、全国水平社の大和報国運動への対応から導き出される歴史的教訓が今日に投げかける意味は、あまりにも大きいといわねばならない。

◇参照文献

藤野豊「大和報国運動の思想」（藤野豊『水平運動の社会思想史的研究』雄山閣出版、一九八九年）

朝治武「全国水平社消滅をめぐる対抗と分岐」（朝治武『アジア・太平洋戦争と全国水平社』解放出版社、二〇〇八年）

25　全国水平社消滅

◉中央融和事業協会の融和事業新体制

一九四〇年九月一日、中央融和事業協会機関紙『融和時報』第一六六号の「埼玉社会事業協会版」の「餘白談義」に、「国内の新体制が近衛《このえ》文麿《ふみまろ》首相を中心に活発なる活動を開始し、国家新体制は事実の上に表れようとしている。このときにあたって、融和運動と水平運動は同一運動のもとに二元的運動は極力避け、団結をもって差別撤廃、融和完成に邁進《まいしん》すべきではないか」との意見が掲載された。しかし九月一九日、中央融和事業協会は大和《たいわ》報国運動から離脱してしまった。また、観念右翼で中央融和事業協会の会長である平沼《ひらぬま》騏一郎《きいちろう》は、近衛新体制運動を積極的に支持することなく沈黙し、当然に中央融和事業協会も一〇月一二日に結成された大政翼賛会に積極的には関係しようとはしなかった。むしろ中央融和事業協会が力を注いだのが、一二月一〇日から翌日にわたって奈良で開かれた全国融和団体連合大会であった。ここには、全国水平社と前日に解散した部落厚生皇民運動の主要な関係者も、主として府県融和団体の役員や職員として参加した。全国水平社では、東京市浅草区議会議員の深川武《ふかがわたけし》や大阪市議会議員の栗須喜一郎《くりすきいちろう》、大阪府公道会堺《さかい》支部参与で堺市議会議員の泉野利喜蔵《いずのりきぞう》、信濃同仁会《しなのどうじんかい》上田支会嘱託の朝倉重吉《あさくらじゅうきち》、山口県一心会《いっしんかい》評議員の田村定一《たむらさだいち》、福岡県親善会《しんぜんかい》理事の田中《たなか》松《しょう》月《げつ》、旧部落厚生皇民運動では、京都市社会課嘱託の朝田善之助《あさだぜんのすけ》や大阪市浪速《なにわ》区経済更生会会長の松田《まつだ》喜一《きいち》、三重県厚生会嘱託の上田音市《うえだおといち》、山口県一心会評議員の山本利平《やまもとりへい》らであった。

とくに全国水平社の関係者では、泉野利喜蔵が「われわれのバラバラな勢力は一体になって進み、高度国防国家建設のために、国家は部落差別観念の撤廃のために根本的な解決を講じていただきたい」と要望し、田中松月は「中央融和事業協会も全国水平社もひとつになり、政府も問題解決のために権威ある団体をつくることが大事な根本問題である」ことを強調した。しかし、可決された「答申」では「中央、地方ノ融和事業団体ノ系統化ヲ図ルト共ニ、之《これ》ヲ整備シ特ニ市区町村機関ノ充実ヲ期ス」と述べられるにとどまり、全国水平社と中央融和事業協会の合同や新しい団体の結成などには何らふれられなかった。

しかし、一二月一六日から一八日にかけて東京で開かれた大政翼賛会臨時中央協力会議で、奈良の中央協力員で大和《やまと》同志会理事でもあった中川義雄《なかがわよしお》が「大政翼賛会は内鮮協和問題にとりくみ、中央融和事業協会と全国水平社が合同した場合は、部落問題に力を注ぐべきだ」と問うたのに対し、連絡部長の三輪寿壮《みわじゅそう》らは「それらに協力する」との一般的な回答を述べるだけであった。すなわち大政翼賛会は、部落問題に積極的な姿勢を示そうとはしなかったのである。

これをふまえて中央融和事業協会は、一九四一年一月一四日に大政翼賛会事務総長の有馬頼寧《ありまよりやす》に部落問題解決にとりくむこと、内務大臣でもあった平沼に差別言動の取り締まりを陳情した。また中央融和事業協会は、一月二七日に内務大臣に提出した「融和事業新体制確立に関する件」にもとづき、大政翼賛会には部落問題の解決を期待せず、また自らが解散することなく全国の融和団体を一元的に統合して部落問題に唯一の役割を果たすという「融和事業新体制要綱」を二月二四日にまとめ、いかなる団体とも関係せず、独自の方向を模索することになった。

◉全国水平社活動家の同和奉公会への参入

それでも、一九四一年六月一六日から二〇日にかけて東京で開かれた大政翼賛会第一回中央協力会議で、岡山支部協力会議議長で岡山県融和事業協会副会長でもあった原澄治《はらすみじ》は「大政翼賛会は部落問題を積極的にとりくみ、地方改善は厚生省かどこかでやってほしい」と要望したが、事務総長の石渡荘太郎《いしわたそうたろう》は「今後、十分に研究します」とはぐらかすだけであった。四月一二日の改編で革新性を失うばかりか内務省の補助機関と化すことになった大政翼賛会は、もはや部落問題にとりくむ姿勢などまったくないことが明らかになった。

そこで中央融和事業協会と厚生省は、部落問題にとりくむ姿勢をみせない大政翼賛会や五月五日に全国水平社が大和報国運動と決別した状況をふまえ、「融和事業新体制要綱」にもとづいて融和団体の一元的統合を急ぐことになった。大政翼賛会第一回中央協力会議が開かれている六月一八日、前厚生大臣の吉田茂《よしだしげる》は、中央融和事業協会の常務理事である菊山嘉男《きくやまよしお》や大和報国運動の代表である島本正一《しまもとまさいち》、全国水平社の中央委員長である松本治一郎《まつもとじいちろう》、厚生省の生活局長である川村秀文《かわむらひでふみ》らを集めて、新しい融和団体の一元的統合機関のための懇談会を開こうとした。しかし大和報国運動は、全国水平社や中央融和事業協会と関係がなく、また自らは融和団体でもないとして欠席の意向を示した。また松本は、懇談会を厚生省が全国水平社を融和事業新体制に取り込むためのものであると感じ取ったため、参加を拒否した。

これをふまえて中央融和事業協会は六月二五日に理事会を開き、同和奉公会に改組した。改組した同和奉公会は、部落問題の解決を「高度国防国家、大東亜共栄圏の確立」と直結させ、何よりも一元的な統合のために府県融和団体を府県本部として再編し、強い統制力を発揮することになった。この改組は大政翼賛会の組織体制を模したものであったが、同和奉公会は大日本産業報国会や大日本青年団などの官製国民運動団体のように大政翼賛会の外郭団体としての位置づけではなく、あくまでも厚生省が所管する財団法人の社会事業団体とされた。これは、同和奉公会の会長である平沼が内務大臣であることから、大政翼賛会とは相対的に自立した影響力のある団体として存続を図ろうとしたものであったと考えられる。

中央融和事業協会の同和奉公会への改組によって、各府県の融和団体も同和奉公会の府県本部に改編されていき、全国水平社のみならず旧部落厚生皇民運動の関係者、それに新生運動を展開していた西光万吉《さいこうまんきち》に近い者も府県本部の役員に就任するようになった。東京では理事に深川、埼玉では協議員に森利一《もりりいち》、三重では理事に上田、京都では理事に朝田、大阪では理事に泉野と栗須、協議員に北野《きたの》実《みのる》と松田、奈良では副本部長に阪本清一郎《さかもとせいいちろう》、理事に駒井喜作《こまいきさく》と山本平信《やまもとへいしん》、協議員に木村京太郎《きむらきょうたろう》や西《にし》口紋太郎《ぐちもんたろう》、西浦忠内《にしうらちゅうない》、米田富《よねだとみ》、山口では協議員に田村と山本、福岡では顧問に松本、理事に田中や田原春次《たはらはるじ》、花山清《はなやまきよし》、協議員に井元麟之《いもとりんし》や播磨繁男《はりましげお》、吉竹浩太郎《よしたけこうたろう》らが就いた。

また、府県本部からの推薦による中央協議員には、三重の上田や京都の朝田、大阪の泉野、奈良の阪本、福岡の田中が就いた。ただ、松本は遅れて九月一五日に福岡県本部の顧問になったものの、心中は穏やかでなかった。松本は「同和奉公会への改組には、反対である」との意向を示していたが、田中から「反対的態度をとるのは不利だ」と諭されたため、しぶしぶ顧問を受けたのであった。このような状況から、内務省は「全国水平社福岡県連合会は、同和奉公会を注視し、静観した態度である」として警戒を怠らなかった。ともあれ全国水平社の主要な活動家は、同和奉公会に参入することによって、部落問題に関する新たな活動舞台のひとつを選びとることになった。

◉全国水平社の限定された影響力

全国水平社は大和報国運動と決別したが、もはや独自の組織的な運動をおこなうことなく、新た

25-1 日本新興革統制株式会社（1941年７月28日設立）。前列左から３人目が栗須喜一郎、右へ上田音市、松本治一郎、阪本清一郎、後列左から５人目が井元麟之

な活路を見いだすしかなかった。その重要な活路として選んだのが、新たな部落産業として広がっていた犬皮の製造に関係する業者の組織化であった。一九三八年六月に閣議決定された改訂物資動員計画基本原則にもとづいて、大半を輸入に頼る牛皮が統制されるようになった。そして一九三九年七月から、従来は統制の範囲外であった犬皮なども牛皮の代用品として統制されるようになった。

そこで一九四一年二月に、松本の信任が篤《あつ》かった全国水平社大阪府連合会の石田秀一《いしだひでいち》が、部落の犬皮関連業者の組織化にとりくみはじめた。そして石田の尽力によって七月二八日に設立されたのが、日本新興革統制株式会社であった。社長に松本が就任し、朝倉や静岡の小山紋太郎《こやまもんたろう》、埼玉の野本武一《のもとたけいち》、深川、それに大和報国運動への評価をめぐって松本と距離をおいていた井元ら、全国水平社の主要な活動家が実質的な実務を担うことになった。

その活動の範囲は全国水平社の基盤を中心に関東から九州までの広い各府県におよび、まさに日本新興革統制株式会社は全国水平社の営業的な別動隊の観を呈するものであった。全国水平社を中心とした日本新興革統制株式会社は、商工省や厚生省、陸軍省、海軍省などの後押しもあって順調に営業を続けたが、全国水平社の活動としてはいかにも限定されたものにすぎなかった。それでも内務省と司法省は「日本新興革統制株式会社は、全国水平社の勢力を会社組織に結集したものである。しかし、会社運営において全国水平社の独裁的行為を非難する者もあり、将来は紛争が起こることが予想される」と内部に混乱が起きることを期待し、警戒の目を光らせた。

一一月一〇日と翌日、厚生省で同和奉公会第一回中央協議会が開かれ、中央協議員の朝田や泉野、上田、阪本、田中も出席した。全国水平社の主要な活動家では、まず泉野が「国民一体化による同和問題一挙解決策に関する件」を提出し、「同和問題解決の国策審議機関」や「青少年海外移住訓練所」の設置、大政翼賛会の部落問題解決のための積極的協力などを訴えた。次に田中は「学務当局を通して中等学校生徒の同和促進を図る良法如何《いかん》」を提案し、文部省の積極的な姿勢を要望した。また田中は「同和問題を翼賛会に採り入れしめ一層効果を挙げしむる良法如何」も提出し、大政翼賛会が積極的に部落問題の解決にとりくむべきことを主張した。

全国水平社の泉野と田中は中央協議員として同和奉公会で自らの主張を展開したが、それは全体からみれば同和奉公会の方向を大きく左右するものではなく、単なる個別の発言にすぎなかった。しかも全国水平社の中央委員長である松本は、福岡県本部の顧問に就任したが、まったく同和奉公会にかかわろうとはしなかった。つまり、全国水平社の主要な活動家が同和奉公会に参入したものの、中央段階ではまったく影響力を発揮できず、もっぱら府県段階で融和団体の役員や職員として一定の役割を担うにとどまったのである。

◉全国水平社の法的消滅

日中戦争の長期化に伴って総理大臣の近衛文麿は、アメリカとの交渉によって泥沼化した局面を打開しようとしたが、政府と軍部の不統一や軍部内の陸軍と海軍の思惑の違い、何よりもアメリカの強い姿勢によって、好転の兆《きざ》しは生まれなかった。そして、優柔不断との評価が絶えなかった近衛は一九四一年一〇月一六日に内閣を投げ出し、一〇月一八日に陸軍大臣であった主戦論の東条英機《とうじょうひでき》が総理大臣となって政府を率いることになった。東条は内務大臣と陸軍大臣も兼ね、一二月八日に大東亜共栄圏の確立を目的にアメリカやイギリスに宣戦布告し、ここにアジア・太平洋戦争が始まることになった。

早くも一二月一八日の帝国議会で言論出版集会結社等臨時取締法を可決させ、二一日から施行したように、政府は戦争遂行のため、治安維持を目的とする弾圧立法の制定を急いだ。これによって政治結社や思想結社は認められなくなり、既存の結社も翌年の一月二〇日までに許可申請書を提出することが義務づけられることになった。当初から内務省は、「全国水平社は本来の使命や過去の闘争経歴からして、思想結社である。したがって存続については不許可の方針であり、全国水平社が自発的解消の態度をとるように指導する」という姿勢で臨んできた。

そこで全国水平社は、「全国水平社が過去の経歴から思想結社と認められるのであれば、期限内に存続許可願を提出しないことによって自らを自然消滅させ、必要であれば新しい団体を結成することになる」との対応をとることにした。一九四二年一月一五日に福岡県当局は松本と田中を呼んで自主的な解散を迫ったが、田中は「解散を表明すると全国水平社が思想結社であることを認めることになるので、解散の声明を出すことはない」と返答した。大阪府当局も井元と栗須に自主的な解散を働きかけ、井元らは一月一九日に大阪市内の事務所に掲げられていた「全国水平社総本部」の看板を撤去することになった。そして一月二〇日を迎え、全国水平社は法的には消滅することになった。

しかし内務省は、「いまだ支部に解消の通知を出していないので、全国水平社の組織は実質的には残存している。これは治安のうえで禍根を残す恐れがあるので、解散声明を出させる」という強硬な姿勢を示した。これによって大阪府当局は二月二七日に井元と栗須に圧力をかけたので、二人は三月二日に田中と相談することになった。さらに三月五日に松本と井元の協議によって、三月一〇日ごろには解散声明書を発表することにした。しかし、三月八日に松本と井元、田中が協議し、解散届と解散声明書については、松本が帝国議会に提出する「大東亜民族協和ノ基本国策樹立ニ関スル件」の採択とにらみ合わせて善処し、しかも三月一五日ごろに予定している全国水平社常任委員会で最終的な態度を決定するが、解散声明書はいいとしても解散届は必要ないという方針に転換した。つまり松本は、政府の圧力に屈して全国水平社の解散を容易に認めるような態度を拒否したのである。

この松本の態度に納得しなかった福岡県当局は、三月一一日に松本を呼び出し、早々に全国水平社として解散届を提出させ、さらに解散声明書を発表させるという内務省の意向を伝達しようとした。しかし松本は、内務省の意向を知っていたため、一二日から帝国議会が再開されることを理由に一〇日には東京へ発《た》ってしまった。このように松本が内務省などの強い圧力に抗することができたのは、衆議院議員と大政翼賛会福岡県支部顧問という一定の政治的立場を保持していたからであった。

◉解散届と解散声明書をめぐる攻防

解散届と解散声明書について議論するとしていた、三月一五日ごろに予定されていた全国水平社常任委員会は開かれなかった。しかし松本は三月二四日の衆議院建議委員会に、解散届と解散声明書に関係すると位置づけていた「大東亜民族協和ノ基本国策樹立ニ関スル件」という建議案を提出した。この建議案は、政府や軍部が一体となって推進する大東亜共栄圏構想を前提として、日本の植民地および占領地であるアジア地域の諸民族の協和に関する基本国策を樹立するため、軍官民一体となった大審議会の設置を政府に求めるものであった。しかし建議案は可決されたが、政府は大審議会の設置に動くなどの積極的な姿勢を示すことはなかったので、松本は解散届と解散声明書を具体化させようとはしなかった。

業を煮やした内務省は松本に解散届の提出と解散声明書の発表を迫ったが、松本は四月三〇日におこなわれる衆議院議員選挙の終了まで延期するよう内務省に了解を求めた。警視庁は松本を「時局の認識に薄く、いたずらに旧態を守り、常に反国策的・反政府的言動をなし、思想的には代議士として不適格な人物である」と評価していたが、松本は四月六日に大政翼賛会の政治部隊としての翼賛政治体制協議会から推薦され、福岡第一区において第二位で当選した。松本は六月に大政翼賛会福岡県支部顧問を辞任したものの、帝国議会では政治的に政府に近い翼賛政治会などに属することになった。

これをうけて内務省は松本に解散届だけでも提出するよう指示したが、松本は議員活動が多忙であることを理由に引き延ばしを図った。そこで泉野や井元らが、「旧全国水平社の内部では、この際、当局の指示に従うのがもっとも賢明の策であるとの意見が出ている」と松本に伝え、解散届を出すよう松本を説得した。そして六月に入って、泉野や井元らは全国水平社の幹部であった者を大阪に集め、正式に解散届を提出する予定を立てた。しかし、これも松本の同意を得られなかったため、実行には移されなかった。

そこで内務省は、「もちろん融和問題の解決は、挙国体制完備の観点から当面の重要課題である。しかし、全国水平社のように組織基盤を部落民におき、自主的組織力によって部落解放を企図することは、絶対に融和促進の実をあげないのみか、かえって一般民との乖離《かいり》を生じさせ国内的に対立抗争の弊害をもたらすので、存在は絶対に許容できるものではない」との基本的な認識を再確認した。また内務省は、この認識にもとづいて「松本ら幹部の意向を総合すると、彼らは新たに全国水平社を更生する団体の結成を意図しているようにも認められる。全国水平社の過去における運動の潜在能力と組織の特殊性からして、今後の動向に関しては相当の注意を要する」との対応をとることになった。つまり内務省は、松本の政治的立場を考慮して全国水平社が解散届を提出しないことを黙認しつつも、警戒だけは続けていくことにしたのである。

かたや松本は、一九四三年にいたって、「不肖ながら政治の革新を志す者として国体精神を保持し、積極的に建設的な立場より全体としての政治の強化と調和を図ることを目標として邁進《まいしん》し、職分を全うしたいと思います。いたずらに時局に便乗し、権力の庇護《ひご》を頼んで一時的な旗揚げをするようなことは、政治革新者のとるべき道ではありません」との姿勢を示すことになった。内容については一般的であるが、おそらく松本は、全国水平社のような新たな団体を結成することなく、基本的に政府の立場に立って政治活動のみに専念していくことを明確にしたかったのであろう。ここに解散届と解散声明書をめぐる松本ら旧全国水平社と内務省との激しい攻防は、完全な終局を迎えたのである。

全国水平社は思想結社であることを否定して法律上の消滅を選び、また、解散届の提出と解散声明書の発表を拒否しつづけたことからすると、その国家権力に対する抵抗の意味はきわめて大きく、とりわけ松本の果たした役割は非常に重要であったといえよう。しかし、帝国日本の戦争政策と激しい弾圧のもとで、全国水平社としての独自的な組織活動は展開できず、わずかに同和奉公会に吸収されることによって部落問題の解決を訴えていくしかなかった。

しかも、部落差別が厳然と存在するという状況に対して部落解放を実現しようとする全国水平社が消滅したという事実は、一九三七年の日中戦争を契機とした全国水平社の戦争協力の結果であり、また、画期的で輝かしいとされる全国水平社創立の最終的な帰結でもあった。これらのことは、今日の部落解放運動が水平運動の歴史と伝統を継承しているとの評価や自覚を前提にすると、今後においても戦争が可能な国家改造や国家の厳しい統制が進行する危険な日本の進路に直面しながら部落問題の解決が求められるかぎり、あまりにも深刻で重くのしかかるがゆえに必ず顧みられる価値を有する歴史遺産として、記録と記憶に深く刻まれるべきであろう。

◇参照文献

高山文彦『水平記―松本治一郎と部落解放運動の一〇〇年―』（新潮社、二〇〇五年）
朝治武「全国水平社消滅をめぐる対抗と分岐」（朝治武『アジア・太平洋戦争と全国水平社』解放出版社、二〇〇八年）

おわりに――「水平社論争の群像」の歴史的意義――

◉水平運動と部落差別認識

これまで二五項目の論争について検討してきたが、「水平社論争の群像」の歴史的意義について巨視的な観点から概括的に整理することにしよう。

近代の部落差別は、近世幕藩体制のもとで「穢多《えた》」身分として差別された封建的身分制に起因していた。しかし、明治四（一八七一）年八月二八日の賤民《せんみん》制廃止令、いわゆる「解放令」によって「穢多」身分は法制的にはなくなって平民身分となったが、部落民は「旧穢多」や「新平民」と呼ばれて社会的には差別が継続されていった。そして近代初頭においては、部落差別は封建的身分遺制の性格を強くもっていた。

やがて日本に近代社会が形成されてくると、封建的身分遺制は近代的ないくつかの論理に組み込まれるか接合されることによって、部落差別の新たな様相が生み出されることになった。たとえば、帝国主義化に伴う資本主義の発展は部落を全体として経済的劣位に追いやり、結果として部落は貧困や悪環境、不衛生、犯罪の温床などと見なされるようになっていった。また、近代天皇制の成立に伴って身分的階層秩序が再編され、このもとで部落を「貴い」天皇の対極に位置する「賤《いや》しい」最下層の存在とする血統観念が形成されていった。さらに、社会には平等の原理が広がっていったものの、新たに移入された人種主義や優生思想などの浸透によって部落は「異様な」社会集団であるとの眼差《まなざ》しが注がれていった。

このような侮蔑や排除、格差を基本とする部落差別の様相が顕著になったのは、日本において近代社会が確立された一九〇〇年ごろであると考えられ、この時期には「特殊部落」という新たな名称によって部落差別が象徴されることになった。しかし同時に「特殊部落」という新たな名称は、国家の論理だけでなく、社会的にも部落差別は解決を要する社会問題であるとの認識を生み出すことになった。しかも部落差別は、近代社会の確立によって顕著となった、日本に渡ってきた朝鮮人やアイヌ民族、ハンセン病者らに対する差別と関係づけられていった。このように近代の部落差別は、封建的身分遺制としての性格と近代社会になって再編されたという性格との重層性、他の被差別マイノリティに対する差別との複合性を特徴としていたといえよう。

ただし、部落差別が客観的に存在していたとしても、それを部落民と非部落民が部落差別として認識しなければ、本来的に部落差別は存在しているということが明確にならない。そこで、あとに述べる部落改善運動と融和運動という差別撤廃運動を乗り越え、部落解放を掲げて本格的に登場したのが、部落差別の存在と性格から必然的に生み出された水平運動であった。水平運動は、世界的には人種差別撤廃や民族自決論など、国内的には労働運動や農民運動など、思想的にはヒューマニズムや社会主義、無政府主義などから影響を受けて、部落差別からの解放をめざす部落民自身の自主性と組織性を重視することになった。

また、水平運動は徐々に社会科学的な観点、とりわけ社会を総体としてとらえようとするマルクス主義の影響を受けるようになったので、部落差別を現象面だけでなく社会の構造的な深みからとらえるようになった。当時のマルクス主義が理論的な限界を有していたものの、水平運動は、行為や意識、慣習、実態、制度などの分野で発現する部落差別を日本の経済や政治、社会などの特質と結びつけて総体的な構造として把握して概念化しようと努めたが、今日からみて不十分であることは免れなかった。

それでも、水平運動を含めて部落解放運動は部落および部落民を差別から解放する運動であったことは確かであり、その前提には部落差別の存在と認識があったことを考えると、まさしく水平運動の歴史は部落差別認識の歴史でもあった。その意味において、水平運動における論争は主として水平運動の方向と課題をめぐるものであったが、それは近代部落差別の認識が随所に反映したものであり、また、近代日本社会における部落差別の位置づけと認識をめぐる対抗でもあったといえよう。

◉水平運動の歴史的位置

部落解放をめざす運動という観点からすると、私は、明治維新からアジア・太平洋戦争の終結までの日本近代社会は大まかに三つの時期に区分されると考えている。

第一期は、欧米列強の強い圧力のもとでおこなわれた慶応四（一八六八）年の明治維新から、一八八九年の大日本帝国憲法の発布を経て一九〇〇年ごろまでの、日本の近代社会が形成される時期である。この時期の日本社会は、急激な近代化が進行しつつも封建的身分遺制が色濃く残存し、部落民は主として封建的身分遺制への対決を基本的な課題としなければならなかった。

いわゆる「解放令」を契機として部落民は、差別待遇廃止の要求をはじめ、学校の設立や分村からの独立、市町村への編入、祭礼への参加など、地域社会において多様な取り組みを始めた。また、中《なか》江兆民《えちょうみん》に代表されるように、自由民権運動からは封建的身分遺制による部落差別を被る部落を含めて平等な社会がめざされ、これに期待して部落民によっては自由民権運動に参加する者もいた。しかし、これらの動きは、部落差別をもたらす封建的身分遺制に対抗するものであったが、形成されつつある近代社会への参入によって部落差別から逃れようという性格ももっていた。

第二期は、帝国主義戦争が繰り広げられる一九〇〇年ごろから第一次世界大戦が終結する一九一八年までの、天皇制を軸とした国民国家が確立される時期である。この時期の日本は、資本主義が帝国主義化を遂げることによって近代国家が帝国として確立し、また東アジアでのあいつぐ戦争と植民地支配もあいまって、部落差別は近代日本社会に根ざす桎梏《しっこく》としての様相も顕著な社会問題として認識されるようになった。このような状況をうけて登場したのが、部落改善運動と融和運動であった。

部落改善運動は資本主義がもたらす経済的な劣位を問題としてとらえたが、現象としての部落の劣悪さなどの改善に終始するものであった。また、融和運動は部落民の自覚と非部落民の反省を説いたが、部落差別の存在を放置したままの融和が容易に進展することはなかった。部落改善運動と融和運動は、天皇制と国民国家を前提とした臣民化もしくは国民化によって部落差別を撤廃しようとしたものであったが、ともに官庁に依存するか官民の連携を重視するがゆえに、部落民の自主性が脆弱《ぜいじゃく》であるという特徴をもっていた。

第三期は、世界的には社会主義国家のロシアに対抗しつつ帝国主義国家間で協調と対立を繰り返しつつ、国内的にはデモクラシー状況と支配政策が対抗し、アジア・太平洋戦争の終結にいたる一九四五年までの総力戦体制の時期である。総力戦体制とは、戦時と平時を問わず、軍事のみならず経済や政治、社会、文化などを戦争という目的のために一体化させるものであったが、そのための国民統合を進めるにあたって、社会的な格差や不平等などを、必要なかぎりにおいて緩和させざるをえないという必然的な結果をもたらすものであった。このもとで登場したのが、自覚した部落民自身による初めての自主的かつ組織的な部落解放運動である水平運動であった。

水平運動は部落改善運動と融和運動を乗り越えようとしたが、資本主義がもたらす経済的な劣位の改善という意味では部落改善運動を、非部落民の反省による融和という意味では融和運動を継承していた。しかし、それは単なる継承にとどまらず、部落差別を近代日本社会に根ざす社会問題ととらえ、ある意味では社会を総括的に表現する国家権力に対峙《たいじ》しつつ、社会的な変革と結びつけて、その解決をめざす有力な社会運動としてきわめて重要であった。また本書で示したように、この時期について水平運動は、時期的な特徴から「国際協調とデモクラシー状況」「治安維持法と男子普選の体制のなかで」「侵略戦争とファシズムが進行するなかで」「総力戦体制とファシズム支配のなかで」の四期に区分することができる。この四期にわたる水平運動が対決しようとしたのは、封建的身分遺制というよりも、むしろ内実においては近代日本社会が再編した部落差別であり、そのために、当該の各時期において理念や方法が異なりながらも、部落解放を近代日本社会の変革と結びつけようとしたことに画期的な意義があるように思われる。

◉水平運動の独自性と特徴

近代日本社会において水平運動は、労働運動や農民運動などとともに有力な社会運動であったが、それぞれは成立や基盤など多様な面において独自性をもっていた。労働運動は主として労働者によって組織され、職場を拠点に賃金や労働条件をめぐって資本家と闘った。また、農民運動は主として農村の小作人によって組織され、小作料の減免をめぐって地主と対峙した。労働運動と農民運動は、独自性を有しながらも基本的には生産拠点における経済闘争が中心であったが、その経済闘争を有利に展開するためはもちろんのこと、政治的な革新をも実現するためにも、広い意味での社会主義運動としての内実をもつ無産政党に参加し、選挙や議会などでの多様な政治闘争にも進出することで共通していた。

それにひきかえ水平運動は、部落差別からの解放が基本的な闘いであった。しかし、実のところ部落解放という場合、その前提となる部落差別が何を意味するかということが大問題であった。すでにみたように、部落差別とは侮蔑や排除、格差の総体を意味し、それは行為や意識、慣習、実態、制度などの分野で発現するだけに、水平運動が部落解放とは何を意味するかと定義することについては試行錯誤を繰り返さざるをえず、立場の違いも関係して、多様な解釈が成立する余地があった。

水平運動の基本的闘争形態は差別糾弾闘争と生活擁護闘争であり、それと関連して労働運動や農民運動などとの共同闘争を展開した。また水平運動は、社会主義運動としての内実をもつ無産政党に参加した政治闘争と、部落改善を求めるための政府および地方行政に対する闘い、さらには差別を受けているという共通性から国内外の被差別マイノリティとの連帯への進出など、多様な闘争形態と取り組みを展開した。しかし、いずれの闘争と取り組みに重点をおくかによっては、水平運動の内部において意見が異なり、その方向や課題をめぐって意見の相違による論争が絶えなかった。

水平運動を労働運動や農民運動と区別する最大の特徴は、水平運動が独自的に闘った差別糾弾闘争であった。差別糾弾闘争とは、差別した者や社会的な差別事象に対する抗議もしくは異議申し立てを意味するが、差別する者は個人から権力側に立つ者まで存在し、また差別事象も地域社会から制度や政治的な機構などにいたるまで位相が異なり、その様相は実に多様であった。とりわけ個人による差別事件や地域社会の差別事象などに対する糾弾闘争は、軋轢《あつれき》や対立を生じさせることが少なくなかった。その意味で水平運動は、差別糾弾闘争に関しては当初から大きな困難を抱えて出発し、論理と方法をめぐる意見が対立しつつ、展開そのものが大きく変容していった。

また、差別を受けている部落民自身が自主的に結集したのが水平運動であったとしても、その部落民という存在は一様でなかった。たとえば階級および階層における関係という観点からみると、部落民には、生活に困難を抱える労働者や農民だけでなく、比較的に裕福な中小の資本家や商工業者も含まれた。それに対応して、政治的には革新的立場から社会主義運動や労働運動、農民運動などと連携する者だけでなく、保守的立場から権力と融和運動とも連携しようとする者までもが存在し、これらが部落民というアイデンティティを土台として水平運動に参加することになった。それゆえに水平運動は部落民アイデンティティの集約的な運動論的表現ともとらえることができ、その延長線上で個々の部落民アイデンティティを前提として水平運動の内部において分岐と対抗が繰り返され、結果として水平運動の方向と課題をめぐる大きな論争に発展せざるをえなかったということができよう。

◉水平運動の多様性と活動家

本書では、水平運動を全国水平社に総括される単一的なものとして扱ってきたが、その内実は多様性を帯びていた。水平運動の組織構成は、中央および全国を対象とした全国水平社、全国水平社のもとで府県を対象とした府県水平社、府県水平社のもとで地域社会を対象とした地域水平社の三層に分けることができる。しかし、水平運動において大きな権限を有していたのは全国水平社であり、府県水平社と地域水平社によっては組織構成員の数量と影響力に大小があったのは事実であるが、あくまでも水平運動としての本領は地域社会に基盤を置く地域水平社の闘いにあった。初期水平運動においては、地域水平社が全国水平社大会での議論に参加することが多かったが、この傾向は、全国水平社の組織構成が中央集権的もしくは単一的になるにしたがって次第に薄れていくようになった。

ただ、水平運動の本領が地域水平社の展開にあったとしても、地域水平社の基盤である個別の部落は必ずしも同じではなかった。当時において部落数は約四五〇〇ととらえられていたが、福岡や大阪、奈良などでは比較的に多くの水平社が結成されたとはいえ、全国的にみると、部落に水平社が存在した事実は少ないばかりか、その組織力量も限定されていた。しかし水平運動が大きく注目されたのは、単なる水平社の数量と組織力量ではなく、水平運動の掲げる部落解放の理念と闘いが日本社会に大きな影響と衝撃を与えたからであった。

また、都市や農山漁村などでの存在形態や規模の大小、有力な産業の有無、職業構成、生活の安定度など、地域社会に位置する部落によっては生活状況が大きく異なっていた。このような基盤のうえでは、部落差別に対抗するという一点を除いて部落民の生活に関する要求は多様であり、これを前提として展開された水平運動も、方向や課題をめぐって必然的に多様にならざるをえなかった。このような現実が水平運動における意見対立の深部にあったが、つねに意見対立を克服するために持ちだされたのが、部落解放のための統一と団結という論理であった。

水平運動における意見対立と論争をめぐっては、主要な活動家の政治的立場と思想的傾向を無視できない。それぞれの活動家は、自らの基盤と来歴、交友関係などによって適合的な政治的立場と思想的傾向を選択するが、広くは左派の社会主義に基盤を置いているものの、具体的には共産主義や無政府主義、左翼や右翼、中間派の社会民主主義などの潮流に分化し、さらには権力や融和運動と連携する保守的傾向、保守傾向とも異なる国家主義の潮流も存在した。それらいくつかの政治的立場と思想的傾向が水平運動において自らの優位を競うことになったが、水平運動の理想と現実にとってもっとも適合的であったのは、部落解放を日本社会の漸進的な変革と結びつけようとした左翼社会民主主義の潮流であったように私には思えてならない。

本書は「論争の群像」という視点から水平運動の活動家にも光を当てることになったが、それを通じて水平運動における主要な活動家を析出し、また、水平運動における活動家の世代交代にも注意を払うことになった。ただ、水平運動は二〇年間という短い期間であったために活動家の世代交代は必ずしも明瞭ではなく、中心に位置した活動家のもとで新たな活動家が進出していったことを確認するにとどまった。

それよりも驚かされるのは、全国水平社第四回大会から一貫して水平運動の中心的存在が松本《まつもと》治一《じいち》郎《ろう》であったという事実である。さらに、全国水平社創立からの南梅吉《みなみうめきち》、西光万吉《さいこうまんきち》、阪本清一郎《さかもとせいいちろう》、駒《こま》井喜作《いきさく》、米田富《よねだとみ》、泉野利喜蔵《いずのりきぞう》、平野小剣《ひらのしょうけん》、栗須七郎《くりすしちろう》、上田音市《うえだおといち》、山田孝野次郎《やまだこのじろう》らも重要であり、水平運動の進展に伴って徐々に頭角を現してきた木村京太郎《きむらきょうたろう》、高橋貞樹《たかはしさだき》、松田喜一《まつだきいち》、朝田善之助《あさだぜんのすけ》、北《きた》原泰作《はらたいさく》、朝倉重吉《あさくらじゅうきち》、井元麟之《いもとりんし》、小山紋太郎《こやまもんたろう》、深川武《ふかがわたけし》らも決して無視できない。とくに、水平運動における多くの論争に関係したという意味では、思想的な転換が激しかった北原はもっとも注目されてしかるべき人物であろう。もちろん、ほかにも多数の個性的な活動家が個々の局面で重要な役割を果たし、融和運動では三好伊平次《みよしいへいじ》や山本正男《やまもとまさお》らが重きをなしたことも、忘れてならない貴重な事実であることはいうまでもない。

◉水平運動の歴史的継承

水平運動は基本的に一九四二年一月二〇日の全国水平社消滅をもって終焉《しゅうえん》し、一九四五年八月にはアジア・太平洋戦争は日本の敗戦によって終結したが、一九四六年二月の部落解放全国委員会結成によって部落解放運動が復活して以来、部落解放運動において水平運動の理念と経験が参照すべき重要な歴史的前提としての意味をもつようになった。私は、今日まで続く戦後社会を近代社会と区別される現代社会ととらえているが、この現代社会は部落解放をめざす運動という観点から三期に区分できると考えている。

第一期は、アメリカを中心とした連合国軍による占領のもとで一九四六年二月に部落解放全国委員会が結成され、戦後復興を成し遂げた一九五五年八月に部落解放同盟と改称されるまでの時期である。部落解放運動は、占領下では民主主義革命の進行に部落解放の期待を寄せ、東西冷戦の本格化に合わせて一九五一年九月に日米安保条約が締結されるとともに戦後復興が本格化すると、平和と民主主義の象徴である日本国憲法にもとづく反基地闘争やアジア諸国との連帯、地方行政闘争などに力を注ぐことになった。

そもそも部落解放全国委員会は全国水平社の歴史と伝統を引き継ぐものであったが、名称からすると、具体的には水平運動の到達点とされた部落委員会活動を参考にしたものであった。そして、共産主義インターナショナル（コミンテルン）の三二年テーゼに依拠する講座派から強い影響を受けていた井上清《いのうえきよし》に代表されるように、部落とは身分や職業、居住などの三位一体の特徴をもつとして、水平運動の部落委員会活動における身分闘争と階級闘争の統一という歴史的経験が強調されることになった。この背景には、色濃く残る封建的身分遺制と再編された資本主義的な階級支配が部落差別を残存させ、部落解放運動とは必然的に身分闘争と階級闘争の統一にならざるをえないという認識があった。

第二期は、高度経済成長と五五年体制の始まりと軌を一にした一九五五年八月の部落解放同盟への改称から、一九八九年一一月にベルリンの壁が崩壊して東西冷戦が終結するまでの時期である。部落解放運動は、差別糾弾闘争や行政闘争などを展開するとともに、狭山闘争ともあいまって大きく発展し、国内の被差別マイノリティや労働組合、民主団体などと連携することによって革新勢力の一翼として重要な位置を占めるようになった。また、高度経済成長を背景として国と地方自治体の同和行政が大きく進展し、企業や宗教団体なども差別事件を契機として部落問題の取り組みを始めるようになった。

このようなもとで部落解放同盟に近い立場の研究者は、部落解放運動の原点を確認するために全国水平社創立と西光万吉の思想に関心を寄せるようになった。また、現実に展開されている部落解放運動の問題意識を反映して、階級的な観点から水平運動における差別糾弾闘争と行政闘争の原型とされた部落委員会活動を重視することになった。さらに、思想的には多様な潮流に目配りしながらも、水平運動において主導的役割を果たした松本治一郎や泉野利喜蔵らの左翼社会民主主義の潮流に注目し、同和行政の進展にあわせて支配政策と自由主義を重視する観点から、融和運動が果たした役割にも焦点を当てることになった。

かたや、一九七〇年六月に部落解放同盟から分立した部落解放同盟正常化全国連絡会議を支持する研究者は、共産主義的な視点で階級闘争と統一戦線を推進する立場から水平社と労働組合、農民組合との三角同盟を重視し、同和対策を融和主義として批判する観点から全国水平社の融和事業完成十箇年計画への批判を引き継ごうとした。そして、一九七五年になって突如として国民融合論が提唱されると、部落差別は封建的身分制の残滓《ざんし》であることが強調され、共産主義的な立場を放棄しつつ、部落解放運動は民主主義運動であるとして、一九三〇年代中盤の水平運動における人民的融和論に注目するようになった。

第三期は、東西冷戦が崩壊してアメリカが主導するグローバル化が世界を覆い、中国が台頭するとともに東アジア情勢が不安定化してくると、日本では新自由主義と国家主義的な排外主義が横行し、そのもとで部落解放運動が今日まで展開されてくることになった時期である。部落解放同盟は、第二期の部落解放運動を継承しつつ、グローバル化を反映した国際人権の立場から新たに国際人権諸条約の国内的具体化と反差別国際運動にとりくむようになった。また、新自由主義がもたらす生活不安と格差社会に対して、地域社会のまちづくりや福祉をはじめ教育などの分野での活動を活発化させるようになった。さらに国家主義的な排外主義が生じさせる社会的排除を重視し、勤労諸階層や中小零細業者、多様な被差別マイノリティなどと連携しながら対抗することに力を注ぐことにもなった。

グローバル化などがもたらす日本社会の構造的変化は巨大であっただけでなく急激であるため、歴史的には第二期以前と断絶しているとの意識を生じさせることになり、そのために部落解放運動においても部落問題の歴史的観点を以前と比べて後退させ、当然に水平運動そのものに対する関心も低下させていった。それでも部落史研究は、第二期の成果を継承し、国民国家論やポストモダン的思考などの影響もあって近代の国家と社会そのものを批判的に問う立場から、部落差別をもたらす近代的な思想や眼差しなど、新たな課題にも広げて発展させようとした。

水平運動に対する関心が低下していったとはいえ、一九九五年の敗戦五〇周年を前後して、全国水平社の戦争協力と消滅に関する研究が進んだ。また、部落解放運動の独自性を発揮しながら社会運動としての役割を果たすという今日的な問題意識と関連して、全国水平社創立と深く関係する部落民の主体形成にとって重要な部落民アイデンティティも新たな課題として浮上するようになった。さらにグローバル化を反映した今日的な新しい観点から、植民地朝鮮における「白丁《ペクチョン》」を中心とした衡平《ヒョンピョン》社《サ》をはじめとした国外の被差別マイノリティとの関係と連携を重視した。加えて、現実に進行する保守政権の顕著な右派的傾向を反映して、思想的には南梅吉に代表される保守的な潮流や平野小剣らの国家主義的な潮流にも注目が集まるようになった。

しかし国民融合論を継承した研究者は、近代天皇制のもとでの地域支配構造が封建的身分遺制としての部落差別を残存させたととらえるようになり、高度経済成長を契機とする地域支配構造の崩壊によって部落問題は基本的に解決したとの認識を示すようになった。そして、今日では排外主義的傾向をもつ独自の部落解放運動は必要ないとするだけに、部落問題の解決過程という範囲内で敗戦後からの民主主義的傾向をもつ部落解放運動には注目するものの、基本的に差別糾弾闘争を軸とする水平運動に対しては排外主義的な傾向をもっていたとして関心を低下させていった。

以上のように振り返ってみると、水平運動の歴史的継承といっても、基本的に展開されている部落解放運動の問題意識に沿って、水平運動において自らに適合する理念や経験などを選択して便宜的な効用を狙ったものにすぎないといえるかもしれない。しかし水平運動は、今日的に参照すべき教訓となる肯定的な側面だけでなく、今日的にみれば失敗や問題とさえ総括できる否定的な側面を有していたことを忘れてはならないであろう。そもそも水平運動史研究といえども、研究であるかぎり何物にも左右されない自立性と自律性を有しているが、同時に部落解放を実現するため独自の社会的役割も担っているので、そこには日本の国家や社会をめぐる状況や部落問題の状況に対する部落解放運動の問題意識が否応《いやおう》なしに反映せざるをえない結果となる可能性がきわめて高いといえるであろう。

四年後の二〇二二年には全国水平社創立一〇〇周年を迎え、新たな部落解放運動の展望のために水平運動の歴史的継承が広く議論されるであろうが、ただ安易に肯定と否定の両側面だけにとらわれることなく、実証的かつ体系的に解明された水平運動における理念と経験の総体を射程に入れ、それを新たな段階で生じてくる状況に活《い》かしていくことこそが問われているように思えてならない。そのために水平運動史研究が果たす役割は以前に増して重要であるといえるが、それを追求する戦列に、可能なかぎり私も引き続き加わっていく覚悟である。

参考文献

●史料集

秋定嘉和・西田秀秋編『社会運動の状況 水平社運動』(神戸部落史研究会、一九六八年)
秋定嘉和・西田秀秋編『水平社運動―一九二〇年代―』(一九七〇年)
渡部徹・秋定嘉和編『部落問題・水平運動資料集成』全五巻(三一書房、一九七三年～一九七八年)
浄土真宗本願寺派同朋運動変遷史編纂委員会編『同朋運動史資料』1～3(浄土真宗本願寺派出版部、一九八三年～一九八九年)
『水平運動論叢』(世界文庫、一九七一年)
高市光男編『新聞集成 水平運動資料』稿1～7(近代史文庫大阪研究会、一九七二年～一九七三年)
廣畑研二編『戦前期警察関係資料集』第一巻〈初期水平運動〉(不二出版、二〇〇六年)
『復刻版 初期水平運動資料集』全五巻(不二出版、一九八九年)
部落問題研究所編刊『水平運動史の研究』第二巻～第四巻(一九七一年～一九七二年)

●復刻版

『愛国新聞』(不二出版、一九九〇年)
『社会運動の状況』(三一書房、一九七一年～一九七二年)
『思想月報』(文生書院、一九七四年)
『水平』(世界文庫、一九七二年)
『水平月報』(福岡部落史研究会、一九八五年)
『水平新聞』(世界文庫、一九七二年)
『選民』(世界文庫、一九七三年)

『同愛』（解放出版社、一九八三年）
『特高月報』（政経出版社、一九七三年）
『労働週報』（不二出版、一九九八年）
『融和事業研究』（部落解放研究所、一九七三年）
『融和事業年鑑』（部落解放研究所、一九七〇年）
『融和時報』（三一書房、一九八三年）

●著書

秋定嘉和『近代と被差別部落』（解放出版社、一九九三年）
——『近代日本の水平運動と融和運動』（解放出版社、二〇〇六年）
秋定嘉和・朝治武編著『近代日本と水平社』（解放出版社、二〇〇二年）
秋定嘉和・桂正孝・村越末男監修『新修 部落問題事典』（解放出版社、一九九九年）
朝治武『水平社の原像―部落・差別・解放・運動・組織・人間―』（解放出版社、二〇〇一年）
——『アジア・太平洋戦争と全国水平社』（解放出版社、二〇〇八年）
——『差別と反逆―平野小剣の生涯』（筑摩書房、二〇一三年）
朝治武・黒川みどり・関口寛・藤野豊『「水平社伝説」からの解放』（かもがわ出版、二〇〇二年）
朝治武・守安敏司編『水平社宣言の熱と光』（解放出版社、二〇一二年）
朝田善之助『新版 差別と闘いつづけて』（朝日新聞社、一九七九年）
井上清『部落の歴史と解放理論』（田畑書店、一九六九年）
大阪人権博物館編『山本政夫著作集』（解放出版社、二〇〇八年）
——『近現代の部落問題と山本政夫』（解放出版社、二〇〇九年）
大阪人権博物館編刊『全国水平社―人の世に熱あれ！人間に光あれ！―』（一九九二年）

――『島崎藤村『破戒』一〇〇年』(二〇〇六年)
掛谷宰平『日本帝国主義と社会運動―日本ファシズム形成の前提―』(文理閣、二〇〇五年)
北原泰作『賤民の後裔―わが屈辱と抵抗の半生―』(筑摩書房、一九七四年)
金仲燮『衡平運動―朝鮮の被差別民・白丁 その歴史とたたかい―』(高正子訳、解放出版社、二〇〇三年)
キムチョンミ(金静美)『水平運動史研究―民族差別批判―』(現代企画室、一九九四年)
木村京太郎『水平社運動の思い出―悔いなき青春―』(部落問題研究所、一九七〇年)
近代日本社会運動史人物大事典編集委員会編『近代日本社会運動史人物大事典』(日外アソシエーツ、一九九七年)
黒川みどり『異化と同化の間―被差別部落認識の軌跡―』(青木書店、一九九九年)
――『創られた「人種」―部落差別と人種主義《レイシズム》―』(有志舎、二〇一六年)
――編著『部落史研究からの発信』第二巻(解放出版社、二〇〇九年)
小林茂・秋定嘉和編『部落史研究ハンドブック』(雄山閣出版、一九八九年)
塩田庄兵衛編集代表『日本社会運動人名辞典』(青木書店、一九七九年)
水平社博物館編『新版 水平社の源流』(解放出版社、二〇〇二年)
鈴木裕子『水平線をめざす女たち―婦人水平運動史―』(ドメス出版、一九八七年)
――『全国水平社を支えた人びと』(解放出版社、二〇〇二年)
鈴木良『近代日本部落問題研究序説』(兵庫部落問題研究所、一九八五年)
――『水平社創立の研究』(部落問題研究所、二〇〇五年)
高橋貞樹『特殊部落一千年史』(更生閣、一九二四年)
髙山文彦『水平記―松本治一郎と部落解放運動の一〇〇年―』(新潮社、二〇〇五年)
中村福治『戦時下抵抗運動と『青年の環』』(部落問題研究所、一九八六年)
――『融和運動史研究』(部落問題研究所、一九八八年)
日本近現代史辞典編集委員会編『日本近現代史辞典』(東洋経済新報社、一九七八年)

畑中敏之・朝治武・内田龍史編著『差別とアイデンティティ』（阿吽社、二〇一三年）
廣畑研二『水平の行者 栗須七郎』（新幹社、二〇〇六年）
福田雅子『証言・全国水平社』（日本放送出版協会、一九八五年）
藤野豊『同和政策の歴史』（解放出版社、一九八四年）
――『水平運動の社会思想史的研究』（雄山閣出版、一九八九年）
部落解放研究所編『水平社運動史論』（解放出版社、一九八六年）
――『部落解放史―熱と光を―』中巻（解放出版社、一九八九年）
部落解放・人権研究所編『部落問題・人権事典』（解放出版社、二〇〇一年）
部落解放同盟中央本部編『松本治一郎伝』（解放出版社、一九八七年）
――『写真記録 全国水平社』（解放出版社、二〇〇二年）
部落問題研究所編刊『水平運動史の研究』第五巻～第六巻（一九七二年～一九七三年）
――『北原泰作部落問題著作集』第一巻（一九八一年）
――『新版 部落の歴史と解放運動』（一九七四年）
――『部落の歴史と解放運動』近・現代篇（一九八六年）
馬原鉄男『水平運動の歴史』（部落問題研究所、一九七三年）
宮崎晃『差別とアナキズム―水平社運動とアナ・ボル抗争史―』（黒色戦線社、一九七五年）
宮武利正『「破戒」百年物語』（解放出版社、二〇〇七年）
師岡佑行『戦後部落解放論争史』全五巻（柘植書房、一九八〇年～一九八五年）
――『西光万吉』（清水書院、一九九二年）
渡部徹『解放運動の理論と歴史』（明治図書出版、一九七四年）
渡辺俊雄『現代史のなかの部落問題』（解放出版社、一九八八年）

あとがき

本書は、『部落解放』において二〇一二年一二月の第六七〇号から二〇一四年九月の第六九八号まで連載された「水平社論争の群像」の二一項目を修正し、新たに「婦人水平社」「少年少女水平社」「アナ・ボル対立」「生活擁護」「島崎藤村『破戒』再刊」の五項目と「おわりに」としての「「水平社論争の群像」の歴史的意義」を追加して、体系的に再構成したものである。

これら本文にあたる二五項目によって、通史的著作と異なる意味において、全国水平社を中心とした水平運動史に関する全体像を深く理解することが可能になるであろう。しかし、もっとも重要な項目のひとつと考えられる「部落差別」という項目はないが、本書の「封建的身分制」をはじめ全体を理解することによって、結果的には「部落差別」を理解することができるのではないかと考えている。それでも、水平運動の歴史は部落差別認識の歴史でもあったことをふまえると、「部落差別」という項目を設定するべきであったとの思いがなくはない。その意味において、全国水平社における部落差別認識の変容について検討した、私の「水平社が照らす部落差別の実相」（『歴史読本』編集部編『歴史の中のサンカ・被差別民』新人物往来社、二〇一一年）を参照されたい。

毎度のことではあるが、本書が完成するにいたる過程も紆余《うよ》曲折《きょくせつ》の連続であった。ことの発端は、二〇〇九年八月一日から二日にかけて高知市で開かれた第一五回全国部落史研究大会にさかのぼる。一日目の懇親会で向かいの席に座っていた小橋一司さんから、約三年後を目途として『部落解放』に何か連載してはどうかとの誘いを受けた。突然のことで驚いたが、うれしさもあり、酔いも手伝って気分がよかったのか、連載後の単行本化も含めて快諾することになった。

しかし、当初こそ近現代部落史に関するいくつかの適当なテーマが思い浮かんだものの、確信がもてる決定打とはならず、まだまだ連載は先のことだと高《たか》を括《くく》っていた。また二〇一〇年に入ってから、私の頭は『差別と反逆―平野小剣の生涯』（筑摩書房、二〇一三年）への作業や約束していたいくつかの原稿などに支配されていった。そして次第に連載への関心は薄れていき、不遜《ふそん》にも何か理由をつけて他人に任せればよいとひそかに考えだし、これをまわりの親しい何人かに漏らすようにさえなっていた。

二〇一二年三月に入って小橋さんから秋ごろに連載を開始するという連絡を受けたが、容易に連載をやめるとは言えず、五月末までにはテーマを報告すると約束してしまった。五月一三日の「普通選挙と部落問題」研究会を終えた酒席で連載のテーマを考えあぐねていると漏らしたところ、手島一雄さんから以前に私が話していた「水平社論争の群像」は興味深いテーマなので期待したいと言われた。いつものごとく酔いに任せて適当な思い付きをしゃべっていたのか、このことを不覚にも完全に忘れてしまっていた。

このころの私はといえば、問題意識が多方面に拡散してしまっていたため、水平運動史そのものに対する関心は徐々に減退しつつあった。もちろん、水平運動史に関する単なる通史的著作に何らの意義を見いだせなかったのはいうまでもないが、よくよく考えてみると「水平社論争の群像」は意欲が持続しそうなおもしろいテーマに思われたので、これに躊躇《ちゅうちょ》することなく決めるしかなかった。そこで五月下旬に急いで企画案を作成し、これを小橋さんに報告して、了承を受けることになった。そして第一回の原稿を八月上旬に仕上げ、ようやく一二月から連載されることになった。

水平運動史に関しては成立から終焉《しゅうえん》まで一応は検討していたが、項目ごとに先行研究や史料集、手持ちの史料などを読み直し、また新たに必要な史料を収集して読み込んでは考えをめぐらすことにもなった。原稿の執筆にあたっては、論争を軸に群像が浮かび上がる物語風の叙述となるように注意を払うことになった。実際の出来映えは措《お》くとしても、私としては珍しく言葉の応酬によるストーリー性を多分に意識したのは、おそらく嵌《は》まり込《こ》んでいた韓国ドラマから大きな影響を受けていたゆえであろう。ともかくも、検討したことがないいくつかの項目については予想を超える苦労を味わったが、多くの項目については楽しんで執筆することができ、意外と私の心身の波長にあった毎月の連載はスムーズに進行していった。

当初、連載の予定は一二回であった。これではとても全国水平社を中心とした水平運動史の全体をカバーできないことが判明し、また、単行本にするにはいかにもまとまりが欠けていたので、小橋さんの了解を得て二一回に延長した。連載の中間時点に位置する二〇一三年一二月一二日には、小橋さんと宮武利正さんを交えて私的な忘年会を開き、単行本化については連載した原稿を修正し、新たな五項目も追加してまとめることを話し合った。その後は連載も順調に進み、二〇一四年九月に連載を無事に終えることができた。

ここからすぐにでも単行本の準備へ移行しようとしたが、連載を終えた達成感と満足感が大きかったため、逆に気が完全に緩んでしまった。同時に、私が勤務する大阪人権博物館が、大きな危機に直面していた時期とも重なっていた。すなわち私は、二〇一三年四月一日から大阪府と大阪市が無謀にも補助金を全面的に廃止したため自主運営に力を注ぎ、二〇一五年七月二三日には大阪市が理不尽にも土地の返還を求めて提訴したため裁判闘争も闘わなければならなくなった。このことがいままでいつでもどこでも私の脳裏から離れず、しかも現在までの私にとって大阪人権博物館を存続させることが、もっとも重要な課題になっていることは確かであるが、必ずしも休日の史料調査や自宅で机に向かうなどのすべての時間までも奪ったというわけでは決してない。むしろ、単行本の準備が容易に進まなかった最大の理由は、「魅惑的に錯乱させる部落民アイデンティティ―『差別とアイデンティティ』の書評に触発されて―」（『和歌山人権研究所紀要』第六号、二〇一五年八月）や「非部落民の部落問題」（『奈良人権部落解放研究所紀要』第三四号、二〇一六年三月）、『全国水平社創立宣言の歴史的意義』（和歌山人権研究所、二〇一六年）、「全国水平社創立の世界史的意義」（『歴史評論』第八〇一号、二〇一七年一月）などの執筆と校正に追いまくられつづけていたことにあった。

誠実な小橋さんから会うたびごとに進捗《しんちょく》状況を聞かれたのは、正直いって心苦しかったが、ただただ愛想よく曖昧《あいまい》な返事を繰り返すだけであった。しかし、二〇一七年二月二〇日になって、さすがに痺《しび》れを切らしたであろう小橋さんから優しい口調で催促され、確たる保証もないまま、八月末までに原稿を仕上げると断言してしまった。それでも「高度経済成長前期における部落解放運動の歴史的位置―大阪の矢田・日之出地区を中心として―」(『部落史研究』第二号、二〇一七年三月)の執筆と校正を終えて、多少とも時間的かつ精神的な余裕ができたのは五月になってからであったが、急には気合いが入らず、ついに尻に火がついて、とりかかる意を決する破目になったのは、何と八月初旬に入ってからであった。まず、追加すべき五つの項目を立て続けに執筆し、とくに出来が悪くて不満が残ったいくつかの項目も含めて全項目にわたって検討したうえで、事実関係を中心として修正に励むことにもなった。

五月からとりくんでいれば苦労することもなかったのにと反省すること頻《しき》りであったが、やればできるではないかとの自信もひそかによみがえって、曲がりなりにも全体の草稿を余裕でそろえることができ、二〇一八年三月には出版できそうな可能性が見えてきた。ところが九月一三日、あろうことかパソコンの操作を誤って打ち込んだすべてのデータを消去するという大失態を犯してしまった。茫《ぼう》然自失《ぜんじしつ》となって焦りに焦って落ち込んだ私は、翌日に小橋さんを訪ねて連載した時点の古いデータの提供を受け、また小橋さんは打ち出し原稿があった新たに執筆した四項目をスキャナーで復元してくれたが、消え去ってしまった「島崎藤村『破戒』再刊」だけは記憶を手繰り寄せながら執筆し直し、再度の全体にわたる修正にも立ち向かわざるをえなくなった。

そこで、極度に萎《な》えかかっていた気力を無理やりにでも回復させ、当然に幾度かのたるみがなかったわけではないが、この時ばかりはさすがに昼食をはさんだ韓国ドラマと酒と必要以外の本はしばしの息抜き程度に抑制し、もう朝早くから夕方まで珍しく気合いを入れまくって机にかじりつくしかなかった。その甲斐《かい》あって、新たに総括として立項の必要性を感じた「おわりに」としての「「水平社論争の群像」の歴史的意義」や参考文献と人物索引なども含めてすべての草稿を辛うじて整えることに漕《こ》ぎ着《つ》けたのは、一〇月三日であった。このような苦労話は、反面では自慢話としか受けとめられかねないことを十分に承知しているが、正直なところ、一冊の著書をまとめるということは、個々の論文を発表すること以上に身も心も削ることにほかならないことを、あらためて痛感させられることになった。

いまにして振り返ると、本書で扱った二五の論争の場面に、あたかも私が居合わせたような感覚におちいることが少なくなかった。もちろん歴史研究であるから史料にもとづく歴史的な検討が必要であり、しょせんは後づけといえども今日的かつ客観的な判断が求められるのも当然といえよう。しかし執筆しながら思いつづけたことは、その論争の渦中に私が巻きこまれたら、どのような立場で、いかなる意見を述べたかということである。少なくとも部落解放に多大な関心を示さずにはおれない現在の私が水平運動の現場にいると想定すると、どの論争においても問われているのは当時の活動家らだけではなく、それに直面した私自身もではないかという思いが拭いされなかった。

連載しているとき、小橋さんから毎回にわたって校正刷りとともに誤字の指摘と検討すべき事項を記したメモが送られてきた。とくに検討すべき事項を減らすことに注意を注ぎつづけ、このことが結果的に連載の完成度を高めてくれることになった。また一〇月二二日には、小橋さんと宮武さんだけでなく井岡康時さんと手島さんも加わり、草稿の検討会を開いていただいた。ここで出された多くの意見によってすぐにでも修正を施そうとした。しかし、「解説 笠松明広さんの活動家ジャーナリストとしての闘魂」(笠松明広さん著作・回想集編集委員会編刊『笠松明広著作集—部落解放運動のジャーナリストとして—』、二〇一七年)、「何故に差別裁判かの解明こそが最大の課題—高松結婚差別裁判関係史料の紹介にあたって—」(『水平社博物館研究紀要』第二〇号、二〇一八年三月)、「豊橋連隊差別糾弾闘争の歴史的意義」(『愛知部落解放・人権研究所紀要』第一四号、二〇一八年三月)の執筆と校正に間断なく追われることになった。

しかも、八月初旬から机に向かいすぎたせいか、肩甲骨と腰などの上半身が極度に痛み、二〇一八年四月二〇日には十二指腸潰瘍にもなり、ようやく四月二九日からゴールデンウイークを活用して正確を期すため再度の修正に集中し、最終的に完成原稿を小橋さんに手渡したのは五月八日になってしまった。そして七月一二日から始めた校正については、小橋さんから指摘された多くの事実の間違いや表現のあいまいさなどを訂正して正確を期し、宮武さんからも格別の協力を得ることになった。また、森本良成さんには、本書の内容にふさわしい装丁を手がけていただいた。

ともあれ二〇一八年になったが、急激なグローバル化のもとで世界の各国においては新自由主義による格差社会と社会的排除が蔓延《まんえん》し、ナショナリズムによる排外主義的差別が激化している。また、日本においては右派的性格が顕著な安倍晋三《あべしんぞう》政権のもとで、政治をはじめ外交や軍事、経済、社会などの各分野で混迷が続き、出口が見えない閉塞感も増している。このような厳しい状況のなかでも、平和と民主主義を基調としながら人権とも深く関係する反貧困や反差別などの諸課題を追求する革新的なリベラル勢力が根強く存在している。この一環としての部落解放運動も、状況に応じて現実的な対応を選択しつつ、新たな展望を切り拓《ひら》くために多様な模索を試みている。

四年後の二〇二二年には、部落問題において大きな画期となる全国水平社創立一〇〇周年を迎えるが、あらためて全国水平社創立と水平運動史の歴史的意義に高い注目が集まるのは間違いないであろう。ひとえに、本書が全国水平社を中心とした水平運動史を深くとらえるだけでなく、ひいては今日の部落問題に対する理解を促進する一助にもなれば、これに勝る喜びはない。

二〇一八年九月一二日

朝治 武

写真出典一覧

（ ）は原所蔵者など

01-1　水平社博物館提供
01-2　『100人』
02-1　水平社博物館提供
02-2　『水平』２号（水平社博物館提供）
03-1　『アサヒグラフ』1923年３月５日付（水平社博物館提供）
04-1　水平社博物館提供
05-1　『100人』
05-2　『100人』
06-1　『100人』
06-2　『100人』
07-1　水平社博物館提供（01-1部分）
08-1　『100人』
09-1　『全国水平社』（松本龍）
10-1　『100人』
11-1　『六十年史』
12-1　『山本政夫著作集』
12-2　『100人』
13-1　『全国水平社』（(公社)福岡県人権研究所所蔵・井元麟之資料4-28）
13-2　『全国水平社』
14-1　水平社博物館提供（01-1部分）
15-1　『100人』
16-1　『100人』
16-2　『全国水平社』
17-1　『100人』
18-1　『100人』（水平社博物館提供）
18-2　『全国水平社』（水平社博物館提供）
19-1　『全国水平社』
20-1　『全国水平社』
22-1　個人蔵
22-2　『100人』
23-1　『全国水平社』（松本龍）
24-1　『全国水平社』（松本龍）
25-1　『全国水平社』（水平社博物館提供）

＊『全国水平社』は部落解放同盟中央本部編『写真記録 全国水平社』（解放出版社、2002年）、『100人』は『部落問題と向きあった100人』（大阪人権博物館編集発行、2005年）、『六十年史』は部落解放同盟中央本部編『写真記録 全国水平社六十年史』（解放出版社、1982年）、『山本政夫著作集』は大阪人権博物館編集発行『山本政夫著作集』（解放出版社、2008年）を、それぞれ略した。

人物索引

数字はすべて項目番号

た

な

は

ま

や

ら

わ

朝治 武（あさじ・たけし）
1955年７月８日、兵庫県多紀郡城東町（現在の篠山市）に生まれる。現在、大阪人権博物館館長を務める。著書に、『水平社の原像―部落・差別・解放・運動・組織・人間―』（解放出版社、2001年）、『アジア・太平洋戦争と全国水平社』（解放出版社、2008年）、『差別と反逆―平野小剣の生涯』（筑摩書房、2013年）などがある。

水平社論争の群像

2018年11月30日　初版第１刷発行

著者　朝治 武

発行　株式会社 解放出版社
大阪市港区波除4-1-37 ＨＲＣビル３階 〒552-0001
電話 06-6581-8542　FAX 06-6581-8552
東京事務所
東京都文京区本郷1-28-36　鳳明ビル102Ａ 〒113-0033
電話 03-5213-4771　FAX 03-5213-4777
郵便振替 00900-4-75417　HP http://www.kaihou-s.com/

印刷　萩原印刷

ISBN978-4-7592-4127-3　NDC210.1　397P　20cm

障害などの理由で印刷媒体による本書のご利用が困難な方へ

本書の内容を、点訳データ、音読データ、拡大写本データなどに複製することを認めます。ただし、営利を目的とする場合は、このかぎりではありません。

また、本書をご購入いただいた方のうち、障害などのために本書を読めない方に、テキストデータを提供いたします。

ご希望の方は、下記のテキストデータ引換券（コピー不可）を同封し、住所、氏名、メールアドレス、電話番号をご記入のうえ、下記までお申し込みください。メールの添付ファイルでテキストデータを送ります。

なお、データはテキストのみで、写真などは含まれません。

第三者への貸与、配信、ネット上での公開などは著作権法で禁止されていますのでご留意をお願いいたします。

あて先

〒552-0001 大阪市港区波除4-1-37 HRCビル3F 解放出版社
『水平社論争の群像』テキストデータ係

テキストデータ引換券
『水平社論争…』
4127